开启自立人生

天津市北辰区第二模范小学
文化建设与实践研究

吕欣颖 著

天津社会科学院出版社

图书在版编目（CIP）数据

开启自立人生：天津市北辰区第二模范小学文化建设与实践研究 / 吕欣颖著 . -- 天津：天津社会科学院出版社，2020.9

ISBN 978-7-5563-0654-1

Ⅰ.①开… Ⅱ.①吕… Ⅲ.①小学—校园文化—建设—研究—北辰区 Ⅳ.① G627

中国版本图书馆 CIP 数据核字 (2020) 第 159730 号

开启自立人生：
天津市北辰区第二模范小学文化建设与实践研究
KAIQI ZILI RENSHENG:TIANJINSHI BEICHENQU DI'ER MOFAN
XIAOXUE WENHUA JIANSHE YU SHIJIAN YANJIU

出版发行：天津社会科学院出版社
地　　址：天津市南开区迎水道7号
邮　　编：300191
电话/传真：（022）23360165（总编室）
　　　　　　（022）23075303（发行科）
网　　址：www.tass-tj.org.cn
印　　刷：北京建宏印刷有限公司

开　　本：787×1092毫米　　　1/16
印　　张：19.25
字　　数：300千字
版　　次：2020年9月第1版　　2020年9月第1次印刷
定　　价：78.00元

把脉高品质学校发展

　　天津市北辰区第二模范小学建立于2014年，是一所年轻而富有活力的学校。建校之初，学校就确立了"文化治校，文化育人"的办学方略。六年来，以文化建设为牵引，学校在办学理念与实践上进行了创新性的探索与实践，这本书就是他们实践探索经验的凝练、思考改革发展的结晶。

　　一所新学校怎么建设，怎么在短期内实现质量提升与特色发展，天津市北辰区第二模范小学给出了答案。新学校硬件往往是一流的，但仅仅有一流的硬件显然难以建成现代化的高质量学校，学校的建设必须在一流的硬件中注入灵魂，而这灵魂就是学校的文化。天津市北辰区第二模范小学建设之初，就开始了自己学校文化的顶层设计，正是由于找到了学校建设的密码，学校从一开始就找到了科学的发展之路。在某种意义上，学校的文化建设比学校的硬件建设更重要，有了文化建设，硬件建设才能以育人为本，更富有教育的价值。有了文化引领，学校改革和发展才有价值取向和精神追求，所有的教职员工才能凝聚在一起，致力于育人目标的实现。

　　学校文化是一个广义的概念，包含多层含义，最基本的就是指学校的办学理念、办学目标，这是学校发展的价值系统，是学校持续发展的理想支撑和精神动力。学校办学理念不是凭空产生的，需要根植于时代与学校所处的环境，充分考虑学校的教育对象。天津市北辰区第二模范小学坐落在举世闻名的大运河之畔,诞生于中华民族伟大复兴的新时代,在充分分析新时代教育发展需求以及大运河优秀传统文化精髓的基础上,构建了自立文化框架,并在办学实践中不断完善。学校秉承"扬自立之精神,育模范之人才"的办学理念,确立"创育人之模,立办学之范"的办学目标,形成"经过学校六年的培养,每一个学生成为自能学习、自健身心、自主成长、拥有自立人格的好少年"的育人目标;学校坚持落实"积跬步,至千里"的校训,"健康乐观,求真向善"的校风,"言传身教,教学相长"的教风,"学而不厌,持之以恒"的学风,形成"自立教育"的办学特色。

随着时代的发展,人民群众对优质教育的需求越来越强烈。优质教育不仅是让学生获得高分,更要促进学生德智体美劳全面发展。优质教育一定是有特色、有个性的教育,能还学生一个金色童年,充分释放学生的天性和潜能,为学生的未来发展提供必备的能力和品质。天津市北辰区第二模范小学把自立文化充分渗透进课程建设中,以文化、理念推动学校的课程建设。特色学校的建设不是开办一些特色活动,而是以办学理念、办学目标为支撑,建构体现自己学校理念、目标的课程体系,开发能够培养学生核心素养的课程,在课程与学校育人目标之间建立起联系。天津市北辰区第二模范小学以自立文化为指引,以"自能学习、自健身心、自主成长、自立人格"为目标,建立了"自立教育"课程体系,构建了"自能学习"教学模式,开展了学业发展评价改革。学校的文化理念不是挂在墙上供人参观的,而应切实成为推动学校课程教学评价改革的思想指针。在学校基于自立文化开展的办学实践中,又不断产生新的理念,不断完善了自立文化思想内涵。理念与实践的双向互动是推动学校发展的基本路径,是建设优质的、有特色的学校的重要法宝。

教师是学校发展核心,对于一所新学校而言,如何打造一支团结奋进、自立向上的教学团队尤为关键。自立文化的理念思想不仅是学校课程建设的重要支撑,也是教师团队发展的建设纲领。要培养学生的核心素养,教师必须从知识型教师转变为素养型教师。天津市北辰区第二模范小学非常重视教师校本教研、校本培训,提出了"双轮驱动"的教师专业发展之路:一是通过"五项修炼"提升教师基本素养,为教师从事教育活动打好基本素养之基;二是通过"1334

系列教研活动"提升教师的教学素养、教研素养，建立教师的教学自信，培养教师自主发展的意愿与能力。自立文化的思想理念转化为学生的成长离不开教师对学生的影响，在自立文化中成长起来的教师才能真正培养起具有自立人格的学生。只有教师乐学、会学，他们在教学中才会注重培养学生学习方法、批判精神，激发学生自主探究，激励学生求知的热情。只有教师乐观、自信，他们在教学中才会培养孩子们战胜困难的意志，及时给学生以鼓励，把自强不息的精神传递给学生。以自立文化为统领，实现教师与学生共同发展，是天津市北辰区第二模范小学办学的重要经验。

自立文化体现于学校的办学理念，渗透于学校的课程建设，打造着学校的教师团队，浸润于学校的环境建设，成为家校合作的纽带，共同作用于学生的发展。这本书展现了在短短的六年中学校取得的众多成绩，孩子们在广阔的舞台上自由成长，这为他们的自立人生奠定了坚实基础。生活在这所学校的老师、学生收获了无比的快乐和幸福，这是他们通过努力，用智慧和汗水换来的成长。当一个人的需求得到满足，目标得以实现，潜能不断开发，价值得以体现，生命得到尊重与认同时，所获得的幸福感最强。天津市北辰区第二模范小学在吕欣颖校长的带领下，师生共同成长，这本书就记录了他们成长的过程，抒写了他们的感受体验，对我们如何建设一所新学校，如何实现学校优质化发展有众多启示。

教育的探索永无止境，希望天津市北辰区第二模范小学在文化治校，文化育人的道路上继续探索，不断创新，为中国教育现代化发展、建设教育强国提供更多有益的经验。

丰向日

天津师范大学教育学部教授、教育学博士

2020年6月

"自立教育"让学生绽放生命的色彩

学校是社会主义先进文化建设的重要基地,是传播社会主义先进文化的重要窗口,优秀的学校文化对学生的健康成长有着不可替代的作用。学校文化建设是学校管理、改革和发展的价值取向和重要内容;是学校办学理念、办学特色的集中体现,反映了学校独特的气质与品格。学校应加强文化传承与文化创新,更应在文化自信中推进文化育人。小学是一个人身心成长与发展的关键时期,小学教育担任着涵养人格素养的使命。文化育人对于小学教育尤其重要,教育必须牢牢把握文化育人这一环,为学生系好人生的第一粒扣子,上好人生的第一堂课。

天津市北辰区第二模范小学成立于2014年,是一所年轻而富有活力的学校。建校六年来,学校凭借着高端起步、高位发展的优势,始终坚持立德树人根本任务,努力打造精致、和谐、有品位的"自立文化",把学校文化建设与育人工作有机结合。学校秉承"扬自立之精神,育模范之人才"的办学理念,确立"创育人之模,立办学之范"的办学目标,形成"经过学校六年的培养,每一个学生成为自能学习、自健身心、自主成长、拥有自立人格的好少年"的育人目标;学校坚持落实"积跬步,至千里"的校训,"健康乐观,求真向善"的校风,"言传身教,教学相长"的教风,"学而不厌,持之以恒"的学风,形成"自立教育"的办学特色。

学校注重培养学生德智体美劳全面发展,追寻教育现代化的要求,在科学教育、知识教育全面发展的背景下,注重人文教育,培养学生的奉献品格,坚韧品质和崇高的理想信念。学校致力于还学生一个金色童年,在培养学生各项知识技能的同时,始终不忘学生的天性和潜能,通过多种方式传授知识,结合学生的年龄特点,以寓教于乐的方式激发学生的想象力、创造力,帮助他们养成良好的生活学习习惯,让他们在未来的学习中有坚实的基础可以依靠。学校以关注全体师生的快乐幸福、促进师生的生命发展为价值取向和整体目标,把让学生感受体验快乐、学习创造快乐、主动传递快乐、形成健康快乐的校园环境作为具体的工作目标,为学校的人文环境、师生精神面貌的转变搭建多种平台,拓展多条途径。如今,教师们精神饱满,正以更高的热情和勤奋的工作积极打造幸福校园。

九层之台,起于累土。教育的目的是把人的无限可能变成现实,教育不应该是强加,而应该是激励和唤醒。人的成功来源于自己,人生是自己书写的,人生的轨迹不一样,所以需要自立,只有自立才能成就美好未来。从学生个人发展看教育,教育是每个人的生活准备,是走向未来的基础,分享前人积累的知识财富,获得独立生活的前提。从国家和民族的未来看教育,教育决定国家和民族的未来,是民族振兴、社会进步的基石。学校在文化建设过程中,总结教育经验,结合教学实践,营造具有教育特色的学校文化氛围,开展了"自立文化"建设,以提升学生的自立能力、促进学生全面发展为目标;通过育人环境的改变,育人课程的完善,评价机制的导向、管理的跟进,逐步探索,走出了一条文化育人的创新探索之路。

学校充分发挥"自立教育"的引领作用,提升师生的人文科学素养,引领师生精神追求,营造"和合"文化氛围,实现了学校的内涵发展和可持续发展,形成了全员、全过程、全方位的育人格局。为了进一步精心提炼学校教育教学核心理念，形成学校办学的精神动力，学校特策划编辑出版了《开启自立人生——天津市北辰区第二模范小学文化建设与实践研究》一书。本书是天津市北辰区第二模范小学文化教育实践的经验汇总与探究思考的成果。本书认真追踪了"自立文化"的构建与探索之路，详细阐发"自立教育"支撑理论的同时，还全面地呈现了"自立教育"在学校各项工作范畴中的面貌，并通过体系架构的规划寄予未来发展的愿景。

扬帆起航风雨兼程，乘风破浪再接再厉。天津市北辰区第二模范小学正以大格局、大胸怀、大视野走向新时代，在"自立文化"的熏陶下，使学生能够以昂扬自信的姿态迎接未来的学习生活。教育是一条永无止境的道路，我们将不忘初心，不断探索研究，努力实现一切为了学生全面发展的目标，为金色童年呕心沥血，为"自立教育"尽心尽力。鉴于我们认识水平和编写水平的局限，书里可能存在一些错误与疏漏，恳请大家不吝赐教，以待今后修正完善。

2020年4月

学校发展领导小组成员

吕欣颖　于　红　王连娟　王凤启　安玉军

李长辉　吴全好　孙元媛　刘树海　宋　雅

戴彦蕾　王　超　刘建强　陈　帅　张茜茜

目 录

第一章 自立的开启

"自立教育" 之学校办学

　　学校文化是学校发展的核心,是学校的灵魂,学校发展的水平很大程度上取决于学校文化的水平。学校选择什么、崇尚什么、追求什么,外显为教育行为和校风,内隐为学校的办学理念和文化导向。在天津市北辰区第二模范小学,"质量立校、育人为本、办出特色"是学校不变的追求和理念,努力实现学校办学有特色,学科教学有特点,学生发展有特长的办学愿景,使学校的教育达到了人格塑造和智力开发的和谐统一。

善歌者，使人继其声；善教者，使人继其志。

——《礼记·学记》

第一节
学校成长——"自立教育"的提出背景

习近平同志在全国教育大会的讲话中指出:"增强学生的中国特色社会主义道路自信、理论自信、制度自信、文化自信,立志肩负起民族复兴的时代重任。"培养学生勇于负责、敢于担当的品格,对于增强其自立自强的信心至关重要。所谓责任担当,就是对国家忠诚爱戴,对事业高度负责,在党和人民需要的时候能够担起重任,敢于挺身而出。

一所学校的文化,就是一所学校的名片,一所学校的灵魂,一所学校的精气神。学校作为"以文化人"之所和"立德树人"之地,更应广泛地凝聚文化力量、坚定地传承文化自信。因此,遵从学校文化特质要求,结合文化传统,主动吸纳与实践地域文化,是"自立教育"文化建设的必然选择。

一、国家的要求

自强自立是涵养中华民族精神的重要内容。"天行健,君子以自强不息"和"自立立人"的思想,激励着一代又一代炎黄子孙奋发图强,勇于自立于世界之林。在历史发展的新时期,党和国家强调教育要"注重培养学生自主学习、自强自立和适应社会的能力"(《国家中长期教育改革和发展规划纲要(2010—2020年》),在学生中广泛开展以"天下兴亡、匹夫有责"为重点的家国情怀教育,以"仁爱共济、立己达人"为重点的社会关爱教育,以"正心笃志、崇德弘毅"为重点的人格修养教育(中华人民共和国教育部《完善中华优秀传统文化教育指导纲要》),使年轻一代顺利承担起建设中国特色社会主义重任,实现复兴中华民族的中国梦。

二、地域文化的影响

学校坐落在举世闻名的北运河之畔,在悠长的中华文明中,运河文化是中华优秀传统文化的有机组成部分。北运河在沟通中华大地南北物资交流的同时,也促进多种文化的融合,并形成了独具特色的运河文化。通过对北运河历史文化的考证,学校认为:北运河从开挖到航运,形成了鲜明的文化特征——自强、自立的思想精神,积跬步、至千里的人生态度,诚信、友善的待人品德。这一文化特征的核心是自立。运河水滋润了这方土地,运河文化涵养了民众的品格。

天津市北辰区第二模范小学占地25000平方米,建筑面积15000平方米,设计规模为36个班,可容纳1400余名学生就读。为使学校步入发展的快车道,建校伊始,学校就利用各种教育资源,组织多种研讨论证活动,采取系统思考、顶层设计的思想方法,制订了《"自立教育"建设纲要》。学校把"自立教育"作为育人特色的精神内核,学校特色的外显形态,用"自立教育"润养学生心灵,启迪学生智慧,发展学生特长,让学生在以文化人的氛围中逐步提升综合素养,为学生未来奠定重要基础。

三、适应学生核心素养的发展

《中国学生发展核心素养》指学生应具备的适应终身发展和社会发展需要的必备品格和关键能力,突出强调个人修养、社会关爱、家国情怀,更加注重自主发展、合作参与、创新实践。建校以来,学校一直坚守自己的办学特色——"自立教育",即充分尊重学生的发展规律,尊重教育规律,激发学生内在的潜能和动力的教育。"自立教育"是发展学生的核心素养的一种教育方式,实施"自立教育",发展学生核心素养是学校的教育使命。

建校以来,学校的办学条件得到了改善,学校的管理理念、教育教学方式有了很大的提升,"自立教育"的特色得到了发展。然而,时代在进步,科技在发展,人的观念也在转变,学校所处的社会环境、家庭环境、学生基础都在发生变化。现代化学校是发展的,是动态的,学校如要保持高位发展,就要适应新时期的教育发展的需要、符合学生的实际,就要不断发展和完善,补充新的教育内涵,与学校现代化发展相适应。

四、学校文化建设的框架

学校以学生健康成长的规律为依据,汲取优秀传统文化的精髓,构建了学校育人文化——"自立教育"的基本框架。学校将用5～6年的时间,通过有计划的建设过程及对学校教育实践文化的积淀和升华,初步建成有学校育人特征的"自立教育",即在以文化育人的过程中,用"自立教育"陶冶品格、开发智力、健康身体,使每个学生做到"心理自信、学习自主、人格自强、品德高尚、做事负责、学业良好",促进学生全面而有个性地成长。

"自立教育"建设框架由两大部分构成,一是"自立教育"的理论体系,二是"自立教育"的实践体系。两个体系中各自包含相关重点内容。具体如1-1图:

图1-1　"自立教育"建设框架

"培养什么人,是教育的首要问题",2018年9月13日,全国教育大会强调指出:"要在坚定理想信念、厚植爱国主义情怀、加强品德修养、增长知识见识、培养奋斗精神、增强综合素质上下功夫。""自立教育"充分尊重学生自然生长规律,唤醒每个学生与生俱来的各种潜能和无数的发展可能,让学生变成自己教育自己的主体,为学生的终身发展奠定坚实的基础;同时,更好地赋能师生自我管理、自主成长,实现学校育人品质的螺旋式递进生长。

第二节

理论引领——"自立教育"的理念体系

学校一切教育活动的目的在于促进学生的发展。全新的办学思想,创造性的教育工作,使天津市北辰区第二模范小学发展步入快车道。学校严格执行国家课程计划,开齐课程,开足课时,全体教师遵循教育规律,发扬"自加压力、负重拼搏、与时俱进、开拓创新"的精神,求真务实,因材施教,为学生的幸福成长奠基。此外,学校以人为本,服务育人,工作氛围团结和谐,教育教学秩序规范,办学质量优良;学校全员育人、全方位育人、全过程育人的整体育人体系以及学校、社会、家庭的教育格局已形成,学生养成教育效果突出。

一、"自立教育"的含义:"三自三立"

党和国家明确要求学校注重培养学生"自强自立"精神。自立是人的主体性的基本特征。人的发展从本质上说是一个自我建构、主动发展的过程,即自立的过程。人的发展从总体上说离不开社会环境条件,离不开特定时代的影响。但是,在同一历史时代,在大体相近的客观条件下,不同的个体却往往有着不同的发展状况,这种情况体现出个体自主选择、主观努力,即自强自立、立己达人的重要作用。特别是人的创新精神和能力的发展,更是在个体自强自立、积极进取、自主发展过程中提升的。

为促进学生形成"自强自立"的思想、情感和能力,学校精心设计了有本校个性特征的"自立教育",其基本内容可概括为"三自三立"。

具体而言,"三自"是指自信、自主、自强。这"三自"依次是从态度、能力和人格三方面为学生提出了努力方向,同时也是学校教育的重点。其中,自信是指影响学生和教职工发展的首要因素,自信就是要求师生悦纳自己、对自己未来发展满怀信心,形成一种积极的人生态度。快乐学习、快乐工作是走向成功的前提。自主是指自觉、主动和独立地对待学习和生活的意识与信念。有自主能力的人,才能自觉地与时俱进,主动调节自己的思想和行为,不断为自己制定新的目标并为之努力。自强是一种健康人格的标志,它表现为人格上的独立自主、没有依附性,自我约束、不随波逐流,奋发图强、不怕困难。

"三立"是指立德、立功、立言。这"三立"依次是从做人、做事和做学问方面提出的人生追求,同时也是学校教育的目标。立德即自觉修身、涵养高尚的品德,每个师生不仅要能"独善其身",而且还要做到"相善其群",把爱国、敬业、诚信、友善的社会主义核心价值观融入日常学校生活之中。立功即负责任地做好每一件事,具有既实现个人的人生价值,又为集体、为国家做出贡献的能力。立言即能够经过独立思考,实事求是地发表个人的思想认识和见解,不说假话。这是求真、求实的科学态度与精神。

"自立教育"帮助和指导师生认识自我、发展自我,正确处理自我与他人的关系,使"自立教育"成为师生日常的生活方式,成为个人与学校发展的内在动力,促进师生健康成长、助推学校步入发展的快车道。

二、办学理念:扬自立之精神,育模范之人才

《国家中长期教育改革和发展规划纲要(2010—2020)》指出:树立以提高质量为核心的教育发展观,注重教育内涵发展,鼓励学校办出特色、办出水平,出名师,育英才。学校的特色与水平,必须建立在能真正促进师生成长、为中华民族伟大复兴奠基助力的基础之上,并以是否切实履行时代赋予教育的责任与使命为衡量标准和依据。

建校六年来,学校在"扬自立之精神,育模范之人才"办学理念的引领下,担起责任,让文化薪火相传,播种希望,让生命馥郁芬芳,谱写了内涵发展、特色发

展的篇章。具体而言,扬自立之精神:"三自三立"是"自立教育"特有的内涵,经系统思考、顶层设计的多样化实践建设活动,大力弘扬"自立教育",培育师生的自立精神,形成文化自觉。育模范之人才:模范,即表率、榜样。这既是学校的校名,也是学校办学育人的标准——让每一个师生都成为具有强烈社会责任感、创新精神和实践能力的模范人才。

办学目标:创育人之模,立办学之范。学校立足实践,以学生培养、学校发展为己任,不懈努力,孜孜追求,用爱心和智慧把教育的美好展现得淋漓尽致。这方校园就如同绘本里描绘的神奇世界一样,多姿多彩,魅力尽显,充满无限可能。

"模"即模式,"范"即范式。创育人之模即学校的育人工作要有基本的规范和操作模式,要与时俱进,不断探索,不断创新和改进。学校有了育人规范和模式,就能避免育人工作的无序和盲目,就能集中人力、财力、和精力在某一方面长期实践,反复操作,持续发力,有利于学校和教师积累经验,便于在全校中推行。

立办学之范即怎样办学要有个范式。"范式"在中文解释中意为模范的样本,在英文中意为一个事物内部之间各要素合理化程度。立办学之范意为学校的精神、物质、规章制度、环境建设、审美观念、教学、育人、课程等诸要素处于和谐统一体中,在学校的发展中发挥各自的功能和作用,并成为良好发展的样本。

三、育人目标:每一个学生成为自能学习、自健身心、自主成长、拥有自立人格的好少年

学校的育人目标简单地说是学校在育人方面的价值取向,即学校要培养什么样的人,怎样培养人是全体教职工的共识,并被学生和家长认可。学校是培养人的地方,学校的一切工作都是为了学生,为了实现育人目标。培养什么样的人,怎样培养人,这是学校应当回答的问题。学校的育人目标、育人理念只有形成全体教师的共识,并被学生认可,才能形成育人文化;只有形成育人文化,

学校的育人工作才能发挥作用,育人目标才能实现。

经过六年的培养,学校达成"每一个学生成为自能学习、自健身心、自主成长、拥有自立人格的好少年"的育人目标。具体而言,自能学习即质疑批判、监控反思、知识应用、问题解决;自健身心即自信自爱、自护自强、自制自调、乐观尚美;自主成长即笃志弘毅、自诘自划、自律自管、自我实现;自立人格即品德高尚、懂得担当、合作沟通、人格完整。

四、校训：积跬步，至千里

校训是广大师生共同遵守的基本行为准则与道德规范,它既是学校办学理念、治校精神的反映,也是学校文化建设的重要内容,是教风、学风、校风的集中表现,体现学校文化精神的核心内容,以勉励全校师生,共同用其来规范日常言行,指导精神生活和追求人生目标。

学校的校训是"积跬步,至千里"。校训源自荀子《劝学》中的"不积跬步,无以至千里",其蕴含着的哲理是,告诫人们做任何事情都要从大处着眼、具有全局意识,要小处着手、持之以恒。校训含义有三：一是每个人都要有强烈的成大事的意识,要做到胸中有全局、志在千里外,不为琐事累、不受杂事扰;二是每个人在做事时都要脚踏实地,从细微小事扎扎实实地做起,要做到踏石留印、抓铁有痕,不畏艰难、坚持到底;三是大运河纤夫南来北往的成功,靠的不仅是个人持之以恒的坚持,还靠整个团队目标一致、同心同德、各尽所能、协力合作,要弘扬运河文化的团结奋斗精神。

五、校风：健康乐观，求真向善

校风即学校的风气,校风体现在学校人员精神面貌,体现在教师的教风、学校干部的作风、各班级的班风、学生的学风上,还存在于学校的各种事物和环境之中。建设好的校风是学校管理者的一项重要任务。学校的校风是"健康乐观,求真向善"。健康的体魄,乐观的心态,真诚真实地待人、做事、学习,善待自己、推己及人,这是全体师生的追求。健康乐观的人才能更加自信,求真才能自主,向善才能通达立德。

六、教风：言传身教，教学相长

好的教风是学校崇高的精神旗帜,它对学生可以起到熏陶、激励和潜移默化的教育作用。教风是学校生存和持续发展的不竭动力。学校的教风是"言传身教,教学相长"。教师在工作中,言传身教,换位思考,了解、尊重、宽容学生,唤醒、激发学生的潜能,因材施教,促进每一个学生的发展。同时,教风使教师明确：成就学生的过程,就是自身学习、思考、实践的过程,这个过程也成就了教师自己。

七、学风：学而不厌，持之以恒

学风就是学校的学习风气。学风是师生在治学精神、治学态度和治学方法等方面的风格,也是学校全体师生知、情、意、行在学习问题上的综合表现。良好学风为学生发展奠基。学校的学风是"学而不厌,持之以恒"。"学而不厌"出自《论语》,即学习不知道满足,对学习充满热情。《孟子》中说"勤勉之道无他,在有恒而已。"只要能够向着目标,持之以恒地努力,就能实现自己的目标。

八、校徽

学校校徽造型沉稳、端庄、大气、圆润不失灵动,蕴含着理性、包容、团结、积极向上、努力进取的精神内涵。"立身以立学为先,立学以读书为本。"校徽由"模范"二字拼音首字母"MF"组成,整体造型看上去像是一个学生在阅读。学校校徽的设计意在让学生在潜移默化中了解阅读,喜爱阅读,学校通过校本课程、多彩的活动,帮助学生养成阅读的好习惯。"问渠那得清如许,为有源头活水来"。校徽上蓝色的一笔是一条河流,既表示着学校坐落在北运河畔,大运河滋养着一代又一代人,又标志着这是一条生命之河,教师要呵护学生的生命成长,以阅读浸润学生的人生。

图1-2　天津市北辰区第二模范小学校徽

九、校歌

津沽大地,北运河畔,美丽的校园,第二模范。自信自主自强,立德立功立言,自立文化,融入我们心田。

津沽大地,北运河畔,美丽的家园,第二模范。积跬步至千里,养成良好习惯,牢记校训,幸福与我相伴。

第二模范,第二模范,我成长的乐园,我飞翔的起点,持之以恒,学而不厌,朝着梦想,向前!向前!

天津市北辰区第二模范小学校歌

图1-3　天津市北辰区第二模范小学校歌曲谱

学校理念体系从无到有,不断探索,逐步完善,不断丰满,适合学生的发展。学校基于为学生幸福人生奠基,为教师专业化成长搭台,师生构建学习共同体,学在其中、乐在其中,让学习成为学校、师生发展与成长的核心能力,为终身学习、终身发展奠定坚实的基础,促进学生自主发展,培养学生核心素养。

第三节
创新探索——"自立教育"的框架结构

党的十九大报告指出:"文化是一个国家、一个民族的灵魂,文化兴国运兴,文化强民族强。没有高度的文化自信,没有文化的繁荣兴盛,就没有中华民族伟大复兴。"学校文化建设已成为广大学校管理与发展的积极诉求,既是推动学校立德树人、科学可持续发展的重要力量,又是培养学生社会主义核心价值观和核心素养的需要。

教育是培养人的事业,学校是完善人的场所。"自立教育"就是弘扬人文精神,用文化来熏陶人、感染人、培养人,用文化来引领学校发展,用精神激励师生成长,把学校变成师生共同成长、和谐发展的精神家园。教育的根本目的是培养真正的人,这也是办学的使命所在,学校必须不断追求管理的新境界,在不断前行中超越自我。

学校"自立教育"理念需要在具体的实践中落实。学校根据各项工作进行整体设计,分为课程文化、德育文化、教学文化、艺体文化、环境文化和教师发展文化等。每个部分都设计了文化建设的基本原则,用以统领具体工作的实施,确保文化落地。在实施原则指导下,学校对各部分的具体实施进行了细致的设计,明确了总体要求和办法。

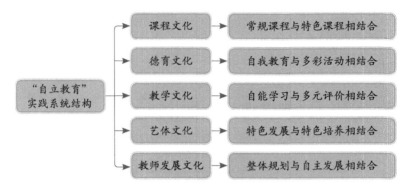

图1-4 "自立教育"实践系统结构

一、"自立教育"课程文化

课程是教育的灵魂,课程建设是培养学生核心素养的需要。本着"无处不课程、无事不课程、无时不课程"的大课程观,学校从实际情况与办学特色出发,着眼于促进学生全面而有个性的发展、着眼于促进教师教学能力的提高、着眼于促进学校整体育人质量的提升,将国家课程、地方课程和学校课程融为一体,探索与思考建设校本化、特色化、生本化的课程体系,为培育有素养的学生打下坚实基础。学校采取常规课程与特色课程结合的方式,达到以自立课程的建设促进学生全面发展的目标。

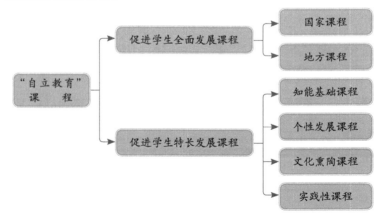

图1-5 "自立教育"课程构成

（一）促进学生全面发展课程

促进学生全面发展课程包括国家课程和地方课程。国家课程指全面落实国家课程计划安排的课程。地方课程指天津市课程计划中要求的"习字与书法"等课程。对常规课程，要严格按照课程计划的要求开齐开足，保证落实，促进学生的全面发展。

（二）促进学生特长发展课程

学校以关心每个学生，关注学生的个性差异，促进学生的特长发展为出发点，设置特色课程，其主要包括知能基础课程、个性发展课程、文化熏陶课程和实践性课程。

知能基础课程关注基础知识和基本能力培养，在课程计划规定内容落实的基础上，根据本校学生实际，设置拓展性课程。如为增强学生表达的自信，设计听说能力提升课程等。知能基础课程的设计中要关注学科的整合研究。

个性发展课程基于培养学生全面而有个性地发展这一理念。设计中将学校办学理念蕴含其中，通过课程的设计，培养具有北辰区第二模范小学气质的自立少年。通过特色品牌活动的开展，社团课程的丰富化来发展学生的特长。为保证教学质量，一是规范教学内容、教学计划和教案；二是关注过程性管理，根据学生需要，采取本校教师和聘请外校专业教师结合的方式；三是采取固定时间与整合时间相结合的方式授课；四是学生根据爱好自主选择，突出个性化，培养兴趣和特长；五是在每学期安排教学展示活动。

文化熏陶课程旨在通过校园文化和班级文化建设，发挥其育人功能。一是通过营造"自立教育"环境来发挥课程的育人功能。二是通过开展系列文化活动对学生进行教育，达成教育目标。

实践性课程体现着知行统一的原则，通过开展研学活动、社会实践活动，加强校内与校外的联系，学以致用，开阔学生的视野，提高学生的实践能力。

二、"自立教育"德育文化

学校始终坚持立德树人,努力创新育人路径,坚持全员、全过程、全方位育人的理念,着力构建方向正确、内容完整、衔接完善、载体丰富、常态开展的德育文化工作体系,着力提升学生社会责任感、创新精神和实践能力,培养学生高尚的道德情操和公民素养。学校在实践中,始终把学生的终身发展作为育人的价值追求,贯彻落实知行合一的目标,促进学生全面发展、个性发展和主动发展,努力实现德育的专业化、规范化和实效化。

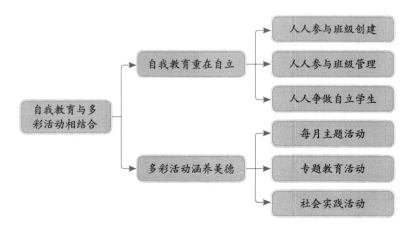

图1-6 自我教育与多彩活动相结合

（一）自我教育重在自立

"德育重自治",学校要为学生创造各种机会,培养学生自我管理的意识,教给自我管理的方法,提高自我教育的能力。

1.人人参与班级创建:一班一特色。学生全员参与班级创建,制定班级目标、班级文化、班级规则,让学生对班级产生情感。

2.人人参与班级管理:实行班干部轮流制,每日值日生制,让每个学生都有管理的机会,从而树立主人翁意识和自治、自律意识。

3.人人争做自立学生：实行班级、年级、学校自立学生评选制度，以激励的方式使学生记住要求、心有榜样、从我做起、互相帮助。

（二）多彩活动涵养美德

学校发挥教育熏陶感染的作用，让学生在多彩的活动中潜移默化地受到教育，自我成长，关爱他人，热爱集体。

1.每月主题活动：结合学校文化和每个月的特定节日等，整体规划每月活动主题，并通过主题活动使学生潜移默化地受到教育，以活动促养成。

2.专题教育活动：根据办学理念和学生实际情况，帮助学生以自信、自主、自强、立德、立功、立言为目标，开展各项专题活动。如演讲比赛、专题讲坛、互动交流等。

3.社会实践活动：最好的教育就是从生活中学习、从经验中学习。因此学校要通过开展各种形式的社会实践活动促进学生的自主发展。如社区活动、实践基地活动等。

三、"自立教育"教学文化

深化教育教学改革，是教育发展的重要基础。学校"自立教育"教学文化的有效建设，是全面深化教学改革的核心内容，也是促进有效教学的必要举措。学校在办学理念指引下，一如既往地实施课堂教育教学改革，形成了自主学习与多元评价相结合的教学文化。

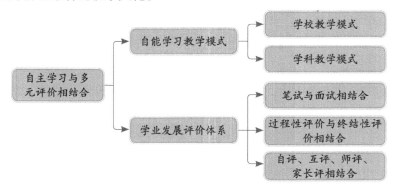

图1-7 自主学习与多元评价相结合

（一）自能学习教学模式

经过实践和研究，学校确定"自能学习教学模式"，模式的基本要素为：阅读、思考、表达。各学科在总的教学模式下，研究出适合自己学科特点的基本结构。在此基础上，通过备课、上课和练习的规范化、优质化促进学生自主发展。

1.备课。各学科根据自能学习教学模式要素，采用"两研两思"方式进行备课。即备课前集体研究、统筹自主备课、课后集体再研、个人反思改进的方式，既有教师个人特色，又体现集体智慧，为高效课堂打下基础。

2.教学。课上以教学模式要素为依据，按照教学基本环节和要求落实教学活动。研制"自能学习课堂教学观察记录"，通过多种形式的听评课活动和课堂点评活动，促进教师不断提高课堂教学质量，加强信息技术与课堂教学融合的实践，充分发挥学生的主动性，促进自主发展。

3.练习。结合教学模式，对练习的设计和批改提出细致要求，确保教学质量。

（二）学业发展评价体系

为不断提高教育教学质量，学校要建立教学质量基本标准和监测制度。积极探索以促进学生核心素养提升为目标的评价体系。重点探索将纸笔测试与面试相结合的评价方式，解决纸笔测试不能检测出的能力和素养问题。为确保评价的科学性、全面性，各学科均以促进发展为目标，制定评价方案，并按照方案中各项细目进行科学评价。改革评价方式，将过程性评价与终结性评价相结合，将自评、互评、家长评、教师评相结合，促进学生的全面发展。

四、"自立教育"艺体文化

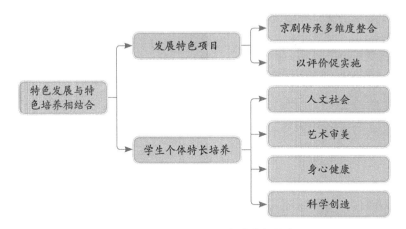

图1-8　特色发展与特色培养相结合

学校全面推进素质教育,以美启真,引导学生掌握真知,培养真情,学做真人,帮学生"扣好人生第一粒扣子"。"教育是人的灵魂的教育,而非理性知识的堆积"。学校拨正"将艺体文化当作智育的辅助手段"等错误定位,将其作为"大众的教育"和"打基础的教育",让每一个学生亲近艺体、体验艺体、享受艺体。

（一）发展特色项目

音体美课程对促进学生全面而有个性的发展有着不可估量的作用。在艺体工作中,应把上好每一节艺体课作为首要目标。要加强音体美日常课的巡视与指导,并通过制定相应的评价制度和评价方案来规范艺体常规教学,保证教学质量。

京剧是中华优秀传统文化。学校要以艺术体育为基础学科,传承京剧艺术。采取多维度整合的方式实施。一是将音体美学科整合。编写校本学习资料,音乐课让学生们欣赏并演唱优秀唱段;美术课让学生们通过绘画、剪纸、泥塑等方式表现京剧人物;体育课让学生们做京剧戏曲操,在这个过程中,爱我中华之传统文化落在每个学生心中。二是将学习与表演结合。为学生创造各类表演机会,使学生在实践中学习,在学习中提高。三是将校内与校外结合。师资方面采用聘请校外京剧专家和本校教师结合的方式。与社会团体建立联系,组织学生外出参观等,使学生深植热爱京剧的情感,接受专业的培养。

（二）学生个体特长培养

学校设置人文社会、艺术审美、身心健康、科学创造四大类社团,内容包括歌舞、器乐、绘画、书法、棋类、科技、手工、情景剧、快板等,以丰富多彩的社团来促进学生的特长发展。课程采取打破年级界限,学生选课走班的方式开展。

在活动中,注重"三个一"。第一个"一"是一个整体,即整体规划专业社团的递进式发展。第二个"一"是一个结合,即普及性社团和精品社团结合。学生根据自己的爱好选课走班,确定自己喜爱的社团,但学生之间是有差异的,为此学校根据以学定教的原则,在普及性社团的基础上,选拔优秀的苗子进行精品社团的培养。第三个"一"是一场展示,即为了让素质拓展活动有实效,同时给学生展示的舞台,每学年要开展素质拓展成果展示活动。全部社团通过办展览、文艺展演、体育竞赛等方式全方位进行展示,并对优秀学生进行表彰。

五、"自立教育"教师发展文化

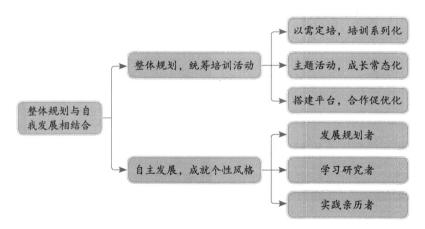

图1-9　整体规划与自我发展相结合

学校始终将教师队伍建设作为学校发展的中心任务,不断创新工作思路,采取多项措施,营造良好的教师发展环境,充分调动教师发展的主动性,激发教师发展的能动性,努力打造高品质的教师专业发展服务体系,坚持整体规划与自我发展相结合,努力提高教师的幸福感,提升教师的专业发展。

（一）整体规划，统筹培训活动

教师队伍建设坚持师德为先,学生为本,能力为重,终身学习四大理念的指导作用,针对教师队伍的共性需求,统一标准、统一内容、统一时间、统一考核。

1.以需定培,培训系列化。根据教师发展需要,学校在每学期初整体安排系列化培训。采取自主培训和外请培训结合,请进来和走出去结合,倾听讨论和以考代培结合等方式,帮助教师树立正确的职业观、价值观,丰富教师专业知识,提高专业技能。

2.主题活动,成长常态化。整体设计全年教师常规活动,每月都有主题活动,从读书、教学等多方面促进教师提升,并使这种活动常态化。如1月教育论坛、2月自主学习实践、3月"我秀我课"、4月读书论坛、5月班主任妙招展示及自立教师评选、6月教师艺术节、7月教学论坛、8月自主学习实践、9月"人人献课"活动、10月名师引路课、11月青年教师展示课、12月"我与我的团队"座谈。

3.搭建平台,合作促优化。对外合作,建立手拉手校、联盟校,通过活动搭建学习和实践平台。给老师提供外出学习和比赛的机会,使教师在学习与实践中不断提升。对内合作,开展校内展示、竞赛等活动,搭建锻炼平台,学科之间、年级之间、年级组内都应树立自立、立人意识,自我提升,相互成就,共同发展。

（二）自主发展，成就个性风格

学校加强教师队伍的建设,引领和提升教师自我实现的心理需求,进而整体提高教师专业水平,促进教师形成有个性的教学风格。首先,每位教师能够客观认识自己、科学设计自己、及时反思自己、有效调整自己、勇敢超越自己。其次,学校积极创造条件,为教师的自我发展搭建平台。

1.发展规划者。开学初,学校对教师发展提出整体规划,即"学有专长、行为示范、教有成绩、育有特色、研有成果"。在此基础上,每一位教师完成个人三年发展规划,目的是使每位教师客观认识自己、科学设计自己,明确自我发展的目标,形成个人发展需求。

2.学习研究者。一是采取集体学习与自主学习结合。学校采取推荐集体阅读书目和教师自选阅读书目相结合的方式,教师完成读书笔记并于每学期期中和期末开展主题论坛活动,促进教师的读书与反思,促进阅读收获的分享。二是开展"课课思""月月思""学期思"活动。"课课思"即每课教学后写反思,由于各个学科都是一位教师教两个及以上班,反思后,就会在下一个班的教学中实践,这样真正将反思与实践结合起来。"月月思"即每月完成一篇德育反思和一篇教学反思。"学期思"即在每学期末,针对学生过程性评价和终结性评价情况,对教育教学质量进行分析,包括基本情况、共性优点、发现不足及改进措施等,有的放矢,逐步提升。三是有计划地开展课题研究,激发每位教师自觉进行教育教学研究,提高教师的科研意识和科研能力。

3.实践亲历者。校长、主管教学领导及学科组长要加强日常听课并做到"逢听必评,评后追踪"。教师之间坚持互听课活动,每学期至少开展一次骨干教师展示课,一次全员展示课,一次新秀展示课。每学年开展班主任论坛活动和班会课活动各一次,提高教师科学管理班级的水平。为每位教师提供外出送课、经验交流和参加各级比赛的机会,在锻炼中促进教师发展。通过这一过程,帮助教师及时反思自己、有效调整自己、勇敢超越自己。

六、"自立教育"环境文化

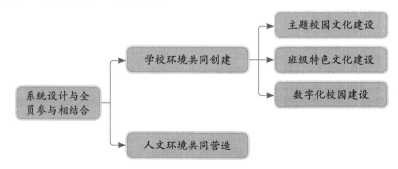

图1-10　整体规划与自我发展相结合

校园是育人的重要载体,校园环境是学校文化建设的重要内容。在环境建设中,学校坚持以育人为导向,以树立美德、养成习惯、丰富知识、陶冶情操为主要内容,构建校园有风格、楼层有重点、班级有特色的高品位学校环境文化。

(一)学校环境共同创建

1.主题校园文化建设。以学校"自立教育"为核心,通过主题校园文化建设营造良好育人环境,使学生潜移默化受到教育。校园里的运河园、自立花园、"三自三立"路牌等标识牌;楼道内整体设计的自我管理文化涵养区、图书推荐休闲区、科学技术互动区、艺术展示活动区、人与自然体验区以及"与大师面对面"名人事迹墙、师生作品展示区及"星光大道"等都充分发挥环境育人的功能。

2.班级特色文化建设。各班结合班级特色对班级文化进行建设,实现一班一品,并通过各班门外的展示栏和班内的展示区进行展示和宣传。

3.数字化校园建设。坚持"统一规划、分步实施、加强应用、整合资源、共享数据"的指导思想,以数字化信息和网络为基础,在计算机和网络技术上建立起对教学、科研、管理、技术服务、生活服务等校园信息的收集、处理、整合、存储、传输和应用,使数字资源得到充分利用。实现从环境(包括设备、教室等)、资源(如图书、课件等)到应用(包括教、学、管理、服务、办公等)的全部数字化,在传统校园基础上构建一个数字空间,以拓展现实校园的时间和空间维度,最终实现教育过程的全面信息化,从而达到提高管理水平和效率的目的。

(二)人文环境共同营造

每位师生都应将"自立"精神融入日常学校生活之中,让自信、自主、自强、立德、立功、立言逐渐发展成为师生共同的生活方式,让校园充满正气。同时,学校通过工会开展各项活动,丰富教师的文化生活,提高教师的幸福指数。

文化建设从本质意义上来说如同春风春雨,不仅可以点亮他人,还可以化育自己,进而化育群才。恰如荀子所说:"蓬生麻中,不扶自直。"通过学校"自立教育"实践系统建设的育人实践,学子们已然初步具有高尚的品德、健康的身心、出色的能力和服务的精神,推进了学校跨越式发展。家长对于学生们取得的进步频频点赞,社会对于学校的不懈努力也给予了广泛的赞誉。

第四节

践行求真——"自立教育"的办学实践

教育从根本意义上来说，就是培养人追求幸福、感受幸福、创造幸福的能力。而要达此目的，教育过程本身也应该是幸福的。天津市北辰区第二模范小学通过"自立家园"的办学实践，积极打造理想课堂、促进教师专业发展等，致力推进师生的精神成长，让教育成为师生幸福生活的历程，使教师在这里找到了家的归属感和事业发展的幸福感；使学生因尊重天性而绽放光芒，因张扬个性而绽放光芒，社会各界的赞赏与好评接踵而来。

一、"自立教育"培育自立年级组

以四年级组为例：学校是一个大"家"，组就是一个小"家"，在忙碌的教学工作中，教师们在四年级的"家"里进步，在这个"家"里感受温暖。虽然教学工作繁忙，但大家心往一处想，劲往一处使，有事集体商量，大家一起出主意想办法，做到公平、公正、公开。大家坦诚相待，互相关心，互相帮助。一路走来，大家攻坚克难，齐头并进。

（一）勇于钻研，严谨治学

为了让每一个学生更好地学习知识，组内教师潜心钻研教材，认真研究教学教法，积极倡导"轻松、高效"的课堂教学新思路，尊重学生个体发展，注重培养学生的综合素质。赵明老师在教学中用情感因素营造和谐的课堂氛围，课堂教学效果优良，他的方法总是让人拍案叫绝，年轻教师总是希望从他身上学点什么，他也从来不吝赐教，老师们戏称他为"宝葫芦"，他却自嘲说自己是"杂货铺"；边晓玥老师年龄小但是本领不小，常为年级组出谋划策，所教两个班级成绩优异，并驾齐驱；"技术控"王海龙老师温文尔雅、乐于助人、不拘小节、电脑技术娴熟，别看他是男老师，但是心特别细，他将班级分组，制定了细致的班规，每天都给学生们记录分数，他用自己的钱给学生们买奖品，他的无私奉献、耐心教导，让学生们一点一点在进步。他们身上都体现出乐学、善思、言传身教的优良作风。

（二）踏实肯干，学生至上

教师们十分注重研究学生心理、思想及性格特点，大家和家长沟通，进行家访，全方位了解学生，只为更好地因材施教。王泽鹏老师在工作中重视研究学困生的心理，帮学生制订学习计划和学习策略，她为班级中的学困生建立小群，每天晚上进行一对一的辅导。张彤老师"人小心大点子多"，做事讲究效率和科学方法，处处以身作则，时时严于律己，要求学生做到的自己首先做到，对学生的教导犹如春风化雨，班级成绩稳中有升。

王琦老师在准备结婚期间一直坚守在自己的岗位上，从不轻易请假。早晨、中午、托管都可以看到她给学生补课的身影。郎姗姗老师的婚期正是四年级全区统考的日子，为了让学生们安心，她毅然放弃自己的婚假，来到学校为学生加油打气。

（三）团结合作，和谐发展

四年级组教师们把全部的精力投入到教育教学工作中来，注重团结合作，丰富教研活动，共同探讨，献计献策，听课评课，提出建议，探索教学规律，不断研究，反思教学。

教师们彼此扶持，团结一心，楼道里经常会看到王莹老师跟学生耐心沟通的情景，她不厌其烦，对个别"问题学生"付出大量的时间和精力。两个班的学生发生了小矛盾，她和王泽鹏老师一起站在学生角度耐心教导，动之以情、晓之以理，让犯错的学生很快就低下了头，并且深刻反省了自己的问题，使班级间学生的关系更加融洽，增强了整个年级组的凝聚力。

（四）互相关爱，温暖家庭

四年级组既是团队又是一个小家庭，大家彼此相互扶持，团结一心。英语组长王超老师虽然在另一个办公室，但时刻关心组里工作，常常贴心地把印的试卷、各种材料亲自送到老师们手里或放在大家办公桌上；边晓玥老师病了，赵明、王海龙等老师主动给她代课，王泽鹏老师主动开车送她看病。家长会上王泽鹏老师因为说话多，嗓子失声，她准备了几页发言稿，由组长代她按发言稿与家长进行沟通。在四年（一）班，王泽鹏老师坚持要亲自说，刘雪丽老师默默守在教室外，如果王泽鹏老师实在说不下去了，刘雪丽老师随时接替她；王琦老师几乎把办公室的卫生承包了。一次王贵红老师请家长到校沟通工作，错过了午餐盯班时间，家长走了，王贵红老师去教室时已经12点多了。那时王琦老师在那里组织学生午餐，她不是副班主任，她只是看到王老师和家长说话，想到班里可能没有老师，她就去盯班了。王琦老师还开玩笑地说："您再不来，我就把讲台上的饭吃了。"年级组教学吴主任对大家随时提醒、指导、帮助，为大家掌舵，是坚强的后盾。正是大家相互帮助、相互关心，铸就了一个和谐的团队。

四年级组在继承中创新，在研究中发展，教育教学等各个方面渐入佳境。教师们不仅成就了自己，而且成就了学生。《你在为谁工作》中有这样一段话："很多时候，一个团队所能给予一个人的帮助，更多的在于精神方面。一个积极向上的团队能够鼓舞每一个人的信心；一个充满斗志的团队能够激发每一个人的热情；一个时时创新的团队，能够为每一位成员创造力的延展提供足够的空间；一个步调一致、和睦融洽的团队能给每一位成员一份良好的感觉。""集体的力量如钢铁，众人的智慧如日月。"有这样的年级组，学校的明天会更加辉煌、灿烂。

二、"自立教育"培育自立学科组

以艺体学科组为例：艺体学科组是一个在工作中齐心协力、在活动中相互补位的团队。这个团队由音乐、体育、美术三个小组组成。几年来，在学校各级领导的关心指导下，艺体组积极开展各项各类活动，成绩显著，硕果累累。

（一）甘于奉献，乐此不疲

艺体学科经常参加市区级文艺展演、艺术节、市区级体育比赛，接到任务的时候，大家分工合作，完成各项活动。在一次校园合唱节中，学校定做了合唱台，需要老师们拼装搭建,零零碎碎的零件真是难倒天天唱歌弹琴的音乐老师们。于是,体卫艺孙元媛主任带着体美组的老师们拿着工具来了。大家一起慢慢摸索安装方法,成功搭建了合唱台。老师们团结协作精神在这一刻体现得淋漓尽致。这次合唱节是学生参与人数最多、活动任务最重的一次。艺体组的分工合作,给学生们创造了一个良好的环境,活动圆满结束。这就是团队的力量。

在学校4月举办的互比互学互看活动中,美术组需要在四楼展示京剧特色课程,接到任务后,美术组老师们马上开始布置方案、采买材料,牺牲休息时间为学生耐心辅导画作,帮小讲解员练习台词。尤其是布置展位时,要去食堂搬桌椅运往四楼,10张大桌子20把凳子,孙主任带领体育组老师们,利用中午休息时间,用小推车一趟趟把桌椅摆到了指定位置,此时众人都是大汗淋漓,疲惫不堪,但看到摆放整齐的桌椅,脸上却洋溢着成功的喜悦。

5月,天津市美术教研活动在学校开展,美术组老师积极进行活动准备。活动前一晚,全体行政组和艺体组老师们一起留下加班,有的老师调试机器,有的老师摆放桌椅,有的老师打印桌牌,有的悬挂作品,好不热闹。夜色中只有整个团队忙碌的身影,大家都为能在这样一个大家庭里工作感到无比开心、自豪。这次市级教研活动也获得了与会专家领导的高度好评。

体育组策划并成功举办了春季运动会。运动会每一个项目的设计,时间规划,人员分配,场地设置,所需器械都需要精细考虑,组内教师多次加班到晚上十点,大家一起讨论怎么分配比赛小组,怎么划分比赛场地,如何对各班进行奖励,大家都在为更好地完成本次活动而努力着。通过举办运动会,教师们从实践中积累了丰富的经验。在全体教师的齐心努力下,运动会圆满完成。就是由这样一件件小事汇聚成了大大的感动,在工作中大家齐心协力,拧成一股绳,就没有战胜不了的困难。

(二)无私奉献,见证成长

艺体组的每位教师都为组内的共同发展做出了自己的贡献,大家朝着共同的目标前进。

王田老师是电脑小能手。在筹备儿童节活动期间,她负责制作课件,由于原来的制作软件不够先进，无法满足更高的要求，因此王老师立刻从网上下载了一款新的软件，紧接着自己边学习边实践，将大伙儿收集的照片等材料进行汇总，重新制作，两个不眠之夜后，她完美地完成了此次工作。

张学强老师在各方面都严格要求自己，在组内主动工作，做事沉稳、工作积极肯干，被评为了"自立教师"。默默无闻的高小勤老师，在完成本职工作的同时，主动承担学校体质监测上传上报工作，多少次上传失败、多少次熬夜统计数据，他都没有抱怨，保质保量地完成了工作。

（三）追求卓越，硕果累累

艺体组可爱的小伙伴们，无论哪个小组有困难，都能够主动帮助，毫不推辞，积极承担着自己的责任。人人都秉持着"哪里需要我，我就在哪里"的团队合作意识。大家互相理解，互相帮助，团结一心，再创佳绩。近年来，艺体组所取得优异的成绩有：在天津市啦啦操比赛中获得第一、二名，北辰区三跳比赛中获得团体总分第二名。学校积极参与北辰区足球、武术、跆拳道比赛，取得了优异成绩。在天津市文艺展演中，《家风颂》荣获市级一等奖，《猫之二重唱》荣获市级二等奖。在北辰区文艺展演中，集体项目荣获1个一等奖、3个二等奖；个人项目荣获11个一等奖。在北辰区艺术节比赛中，美术作品获得了4个一等奖、5个二等奖、7个三等奖的好成绩。

在今后的工作中，相信艺体组将一如既往发扬团队合作精神，为学校发展贡献自己的力量。艺体组虽然年轻，但年轻人会不断积累经验，将学校的优良作风在工作中践行，创造属于学校艺体的辉煌成绩。

三、"自立教育"培育自立教师

以邸佩佩老师的成长为例：从分配到学校那天起，每名教师都会聆听校长解读学校的"自立教育"。刚开始，年轻教师可能并没有深刻的理解和体会。随着在学校工作时间的推移和经历的丰富，教师们就能慢慢感受到"自立教育"就像七彩的风铃，叮叮当当，伴随教师一步步成长。

邸老师来学校的四年时间里，在一点一点地进步，她可能不像一些老师那样熠熠生辉,但是也有属于她的闪光点。她所带班级成绩优异,学生们对她敬爱有加,家长对她工作的理解与支持,同事之间互帮互助,共同进退。

（一）榜样示范——成长的起点

刚来学校,第一次"普听课",邸佩佩老师以为只是简单的听课活动,所以在忙忙碌碌中准备了一节课,结果可想而知,讲得一塌糊涂,还连累整个年级的语文老师受到了批评。当时校长的一句话让邸佩佩老师记忆尤深:"你们是一个整体,要互相帮助,互相学习,共同进步。"为什么不主动找其他老师请教呢?

在后来的工作中,邸佩佩老师开始学会默默地向其他老师学习,将"自立"精神内化于心。向徐丽航老师学习自信地掌握课堂,向李郑婷老师学习如何有创意地治理班级,向宋雅老师学习如何开展有特色的班级活动。尤其是王连娟副校长在职业道德、教学方法、管理学生方面都毫不保留地给邸佩佩老师提供了许多指导和帮助,可谓"倾囊相助"。这些帮助使她在各方面进步。有了大家的帮助,邸佩佩老师在教学之路上少走了许多弯路。从他们身上,邸佩佩老师不仅学到了教育教学经验和教学基本功,而且也看到了大家严谨务实的工作态度,这对邸佩佩老师的教学生涯产生了深远影响。

随着学校不断注入新鲜血液,优秀教师越来越多,她学习的地方也越来越多,学习于红副校长用春风化雨的方式化解老师与学生、老师与家长的问题,学习宋雅老师多姿多彩的带班方略,学习吴主任为老师搭建平台,默默付出的精神……

（二）同事帮助——成长的动力

邸佩佩老师觉得自己很幸运,有关心成长的领导,每次新教师磨课的时候校长都会亲自指导,校长的关心让她感动,邸佩佩老师对工作更有激情了,她从中收获不少,自信心也增加了。

邸佩佩老师幸运地遇到一群真诚合作的好同事。每次互听互学课之前,语文组的老师总是不辞辛苦地调课来听课,毫不保留地提出意见,在一次次的试讲中,使邸佩佩老师的教学目标更加清晰,教学流程更加明了。虽然和其他老师还有一定差距,但是邸佩佩老师相信只要不断努力,一定会迎头赶上。

（三）研讨反思——成长的方向

身边的榜样不断引领着她成长，但是自立、自强精神的加持，也是成长的必备条件。邸佩佩老师喜欢这样一句话："实践出真知，磨砺育新人。"用在青年教师身上，是何其恰当。

学校会经常开展学科教研活动，在这研讨氛围下，可以促进新教师专业发展，提高教学质量。她积极参加学校语文教研组组织的各种研讨活动，从理论学习、课堂实践到总结提炼、反思再实践。在这个艰辛而充满收获的过程中，邸佩佩老师日渐成熟，理论素养提升了，思维活跃了，视野更开阔了。扎实的学习研讨，让她解决了日常教学中存在的问题。另外，她还通过读书加深自身底蕴，反思自己的教学。

（四）特色活动——成长的助力

学校举办了各种特色的活动帮助教师提高专业素养，在这些特色活动中，邸佩佩老师的专业技能得到很大的提高。双周晒技能，通过晒板书，她有动力用心练字，精心设计板书，同时也能看到其他老师的杰作，从而让自己取长补短，见贤思齐；通过朗读环节，让她能够静下心来走进文本，体会朗读的乐趣；即兴演讲，让她深知"口若悬河"的本事必不可少。同时通过其他学科的展示，让她了解到学科之间的关联性，能够学习他们的精彩之处。

在短短的从教生涯中，邸佩佩老师进步得很快，学校的"自立教育"已在她心中生根发芽，并开出满地繁花。邸佩佩老师表示会一直努力下去，在自己的岗位努力奉献。

如今，在学校"自立教育"的感染下，年轻老师充满感激地继续前行。在学校领导和老师的关心和帮助下，他们能在这个温暖的集体中，继续点击人生的鼠标，描绘自己的蓝图，书写美好的人生。

第二章

自立的统领

"自立教育"之学校管理

学校管理重在唤醒教师、激励教师、促进师生的发展、实现师生的幸福人生。学校坚持"尊重师生、依靠师生、服务师生、发展师生"的管理理念，坚持人本化管理理念，始终抓住全面、全程和全员管理这个纲，建构了分层管理模式，党支部领导、校长负责、教代会民主监督，从而焕发全体师生"向善向上、有志有为"的进取精神，使学生感受到成长的价值和快乐，使教师体验到职业的尊严和幸福，更好地推进和谐学校的建设与高效运行。

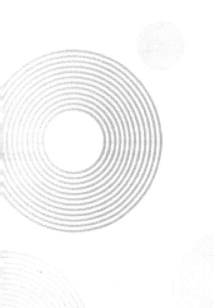

只有能够激发学生去进行自我教育的教育，才是真正的教育。

——［苏］苏霍姆林斯基

第一节
核心建设——党建工作引领学校发展

学校党组织是党在学校的基层组织,是学校的领导核心,对上级党组织和学校党员大会负责,领导学校的思想政治与学校治理工作。天津市北辰区第二模范小学始终坚持"围绕教育抓党建,抓好党建促发展"的理念,充分发挥党支部的政治核心作用和党员的先锋模范作用,推进学校各项工作持续健康发展。

学校党支部成立于2015年1月,党员人数约占全校教师总数的40%,党员平均年龄只有30多岁,是一支工作思路新、创新意识强、服务水平高的年轻团队。学校党支部坚持以学校的综合发展为核心,以构建"一个环境、两类活动、三个先锋"的"123"特色党支部为目标,在学校的"自立教育"建设及教育教学改革等方面充分发挥了广大党员、干部的先锋模范作用。学校以党建工作引领师德建设,努力构筑新时代师德建设长效机制,全面提升教师师德修养和专业素养。2019年,学校被评为天津市首批党组织领导下的校长负责制试点单位。

一、构建"一个环境",营造庄严、厚重的党建氛围

学校党建室是党员活动的主阵地。为了更好地发挥党建活动室的功能作用,学校党支部结合学习教育活动定期在党建室进行宣传布展,包括全国、全市和本校优秀党员范围内先进事迹展、党支部学习和实践活动展等。学习园地以"两学一做"为主题,宣传栏、展示柜及书报架的内容都能做到及时更新,营造了常态化、制度化的学习氛围。

为了进一步突出党建工作的重要地位,学校将党建学习宣传不断向校园扩

展,在三楼大厅建立了以"不忘初心,砥砺前进"为主题的党建活动基地,通过"习语真言"板块引导广大党员干部学习习近平同志的讲话,通过长征纪念展引导广大党员干部不忘初心,牢记使命。同时,学校充分利用微信公众号、主题墙、大屏幕等宣传媒介进行宣传,形成了师生共学习、党群共提高的良好氛围,充分发挥了环境育人的功能。

二、落实"两类活动",开展精准、高效的组织工作

（一）着力开展专题学习活动

为了不断提升党员干部教师的政治理论水平,不断提高党员队伍的服务能力,学校以中心组学习、党员集中学习、书记讲党课、集体讨论交流等多种形式组织开展各类专题学习活动。学校先后组织开展增强"四个意识",坚决做到"两个维护"专题学习活动,"坚持'四个服从',以坚毅如铁的信念诠释对党绝对忠诚"专题学习讨论,学习廖俊波、黄大年先进事迹,观看专题片《将改革进行到底》《巡视利剑》《小官巨贪,微权巨腐》,开展"贯彻十九大精神""不忘初心、牢记使命"等主题教育活动等。

同时,党员教师积极开展读书活动,先后学习了《习近平的七年知青岁月》《习近平谈治国理政》《党的十九大报告学习辅导百问》《习近平关于"不忘初心、牢记使命"论述摘编》《习近平新时代中国特色社会主义思想学习纲要》等书籍或文章。学习中,教师们采用圈画批注的方法,真学深悟;学习之后,大家积极交流感悟,并及时记录自己的学习收获,撰写学习笔记,党员干部的思想政治觉悟不断提升,理想信念更加坚定。

（二）着力开展主题实践活动

为了促进党员干部教师从实践中不断丰富自身的内涵,拓展自己的视野,学校以主题演讲、知识竞答、义务劳动、参观体验等多种形式积极组织开展各类主题实践活动。清明前夕祭扫烈士陵墓,在缅怀烈士的同时,接受爱国主义教育;党的生日前夕参观周邓纪念馆,感受老一辈革命家的奋斗历程及丰功伟绩;

教师节之际开展学习先锋模范、重温入党誓词活动,号召党员不忘初心,争做"四有"教师;开展校园环境专项清理,从小环境做起,构建安全、稳定、和谐、清新的大环境,为了落实"不忘初心、牢记使命"主题教育,学校还组织开展了"主题教育知识竞答""立德树人,办好人民满意教育主题演讲"及"习近平重要讲话摘抄书法作品展"等主题实践活动。

除此之外,为了体现党支部对学校群团工作及少先队工作的领导与支持,学校精心组织非党员教师、团员及少先队员参加党员实践活动。如先后在天津尔宝瑞蜡像馆开展了"了解伟人事迹,致敬时代伟人"活动、在天津戏剧博物馆开展了"坚定文化自信,传播时代新声"主题活动、参观滨海新区图书馆等。通过这些活动进一步凝聚了党群关系,使学校整体工作在党支部的领导下不断更新理念,不断创新发展。

三、突出"三个先锋",培养合格、有担当的模范党员

(一)师德建设中,党员勇当立德树人先锋

为了打造一支政治信仰坚定、思想作风过硬、品行道德出众的先锋团队,党支部号召全体党员争做"立德树人先锋"。立德树人是党的教育方针提出的,作为党员要率先垂范,只有自己师德高尚,才能为党和国家培养出德智体美劳全面发展的社会主义建设者和接班人。为此,学校把党员的师德建设放在首位。通过胸前佩戴党徽,办公桌上摆放桌牌,"我是党员"展示栏张贴照片和简介等方式亮明党员身份,使党员能够自律。通过优秀共产党员评选、夸夸身边的党员等系列活动,树立身边的榜样,使党员能够随时对照不断进步。通过民主生活会等方式,加强学习交流和批评与自我批评,使党员能够自我激励、自主发展。通过学校网站上的"党建专栏"和微信公众号及时宣传报道党支部开展的各项活动,发挥信息化在党建中的作用。通过参观、访问等丰富多彩的固定党日活动综合提升党员的师德修养。

（二）教育工作中，党员勇当教育教学先锋

为了有效地发挥党员教师在教学工作中的先锋模范作用，学校党支部号召党员教师争做业务精湛、成绩突出的教育教学先锋。党支部采取了"定目标、拜师傅、给机会、搭平台"的方式促进党员教师在教育教学领域的成长。定目标，指党员教师制定发展规划，明确自己的努力方向。拜师傅，指采取自主拜师和党支部帮助协调的方式，为每位党员教师确定一个师傅。师傅有的是学校的骨干教师，有的是区级教研员或名师，这样可以使党员教师在师傅的正确引领下快速成长。给机会，指的是各级各类学习机会。党支部根据党员教师在教育教学方面的不同水平，为其提供学习的机会，将"请进来"和"走出去"相结合，开阔视野，学习招法，修炼自身。搭平台，指给党员教师提供各种展示交流的平台，使他们得到历练，在历练中成长。

党支部相继启动了"三级校本研修工程""教师素养提升工程""双轮驱动校本研修机制""双培养机制"。"双培养机制"是把优秀党员培养成教育教学骨干，把骨干培养成党员的机制。戴艳蕾等多名党员在各类研修活动中担任组长并带领学科组积极开展"读、写、思、晒、讲"五项修炼活动；在教师素养提升工作中，王连娟等党员被列为专家型教师，带领青年教师共成长。党员教师在支部的引领下成长很快。目前，学校党员中大多数都成为区级以上学科骨干，年轻党员也成为学校各学科领域的中坚力量。更为可喜的是，在党员教师的带动下，全校教师都能志存高远，积极进取，佳绩频传，多人在各级各类比赛中获得佳绩，学校教育教学质量不断提升。

（三）业务学习中，党员勇当潜心学习先锋

学校党支部一直把促进教师发展作为重点，以党的理论知识铸师德，以教育理论知识强师能。在学习中，要求党员要先学、广学、多学。先学，是各项学习要先于群众一步，了解最近的理论知识。广学，是学习面要广，不仅要学习大政方针和教育教学理论，还要广泛涉猎提高修养。多学，是党员要用高标准严格要求自己，在学习方面要比其他教师学得多，学得深。为了进一步鼓励党员做潜心学习的先锋,学校采取集中学习与自主学习相结合的方式。每周安排党员集中学习半天时间,大家共学,共学时有读书批注、学习笔记、体会交流等形式。自主学习采用支部布置和自己选择两种方式,党员要完成学习笔记和反思体会。通过这一系列学习活动的开展,党员专业素养得到提升,多人的论文获得全国、市区奖项或在报刊发表。

学校"123"特色党建工作的开展,不仅打造了一支先锋模范的党员队伍,而且带动了教师队伍的整体提升。学校党建工作被国家教育行政学院录为微课,供全国党员网上学习。在教育系统党建工作交流会上,学校进行典型经验介绍;学校的多项工作获得市区级奖项和各界一致好评。通过党建工作的顺利开展,基层党组织的政治核心作用和战斗堡垒作用得到充分发挥,广大党员、干部的理想信念、宗旨意识和群众观念进一步强化,立足岗位做贡献、履职尽责当先锋的意识和能力得到不断提升,为全面推进学校党的建设营造良好的舆论氛围和思想基础。

第二节

规范方圆——制度建设与自主管理

建校以来,学校始终倡导"学校无小事,事事是教育,教师无小节,节节是楷模"的管理理念,倡导师生要自我约束,自我管理,发挥"自立教育"在学校管理中的作用。学校通过制度规范与自主管理相结合的方式凝心聚力,打造优秀教师团队,培养团队精神,激发教师的发展意识。工作中,学校注重从感情疏通、爱和人格的感化等方面使师生在学校创设的柔性管理中找到自尊、自信,让教师以饱满的精神状态、昂扬的育人姿态投身工作,让教师在和谐温馨、团结拼搏的氛围中受到潜移默化的熏陶。这种管理文化让学校成为教师成长的舞台,成为学生梦想启航的起点。

一、自主管理促团队发展

学校管理按照党的教育方针,以立德树人为总要求,坚持以教师和学生发展为本,坚持依法办学、民主管理、科学决策的基本思路,突出自信、自主、自强和立德、立功、立言的"自立教育"特征。学校采取自主管理与多方协作相结合的方式促进学校科学发展。

（一）自主管理各尽其责

强化责任意识,每个人都是学校的主人,都对学校发展负责;明确岗位职责,保质保量完成各项工作。

1.学校发展在校长。校长坚持文化治校理念,做好学校文化的顶层设计与不同发展阶段的建设实施规划;坚持现代学校治理理念,研制有个性特征的学校章程和制度。带领团队创建优美独特的育人环境，营造良好人文环境，使学校呈现制度树立正气，文化涵养正气，人人弘扬正气的良好氛围。

2.项目发展在中层。校长室下设三个中心，即学生发展中心、教师发展中心和发展保障中心。各中心分管德育处、体卫艺处、教学处、总务处等部门，各部门根据学校整体要求，自主做好部门学期计划、月计划、周安排和日巡视，并做好上级各部门部署的各项工作。这种校长下设三个中心的管理模式看似与传统的副校长管理相关主任的模式差异不大，实际上是通过中心负责制，提高大家的大局意识、责任意识和合作意识，各中心一盘棋，各分管主任既要各司其职又要相互配合。同时统整机构，上有利于校长统筹协调和责任监管，下可以有效减轻基层的工作负担，避免了多口工作缺少协调，造成基层忙碌不堪的问题。

中层干部在工作中有"项目"意识，就是要合理规划、主动完成、关注质量。在"自立教育"的理念下，各部门在工作中要树立"项目"意识，即每次活动都当作一个工程项目来对待，必须要确保研究论证、统筹规划、关注过程、确保质量四个环节逐个高标准落实。如教师朗读大会是学校工会每年都坚持开展的一项活动。每次活动前，都会由工会主席完成活动计划，然后由学校行政会议和年级组长研究审议，计划通过后，由工会主席进行细致部署和实施，确保落实到人。过程中各级干部教师都会各负其责，主管领导会随时对各环节点位进行指导检查。活动当天，大家不仅各司其职，还会相互补台帮忙。正因为如此，学校主办和承办的市区级各类会议、活动都获得了圆满成功。

最好的管理是示范，最好的教育是感染。因此，各项工作干部们都是抢先干，挑脏活累活干，敢于担当、善于作为，正是在这样的干部的带领下，教师也充分发挥了自立团队的精神，才有了学校的跨越式发展。这就是学校"自立教育"建设所带来的成效。

3.学生发展在教师。每位教师都有"育人为本"的文化自觉，主动促进每个学生的全面发展，在各自岗位上自律、自强。学校一手抓师德建设，一手抓专业提高;既重视制度建设,又重视科研引领,使教师队伍专业化水平整体得到较大提高,促进了学校的健康快速发展。要提高学校的教育教学质量,首先要提高教师的教育教学水平。学校一手抓学习,一手抓研究,面向全体,突出骨干,循序渐进,持之以恒,使教师的专业水平迅速提高。

（二）制度规范，公平公正

制度用于规范人的行为,保证学校各项工作有序开展,提高工作效率。在这一思想指导下,学校编制了《学校管理手册》,其中包括岗位职责和各项制度。岗位职责是让每位成员明确自己的工作职责,了解工作标准,从而提高责任意识;各项制度是让大家明确底线要求和奖惩办法,从而严格自律。同时,对于制度建设学校采取的是动态原则,即每个学年都根据需要对《学校管理手册》中的职责、制度进行不断修订和增添,从而满足管理的需要和教师的需要,真正发挥制度管理促规范的作用。

在执行制度管理的过程中,学校本着公平、公正的原则,对事不对人。对违反制度的教职工不仅要按照相关规定给予处罚,更要与之谈心,提高其思想认识。让教师在受到处罚后,能够审视自身问题,心服口服。只有这样教师才能发自内心地去改正,从而起到以制度进行管理的作用。几年来,教师认同学校的制度管理,人人遵守各项规章制度。同时,干部更是严格自律,处处做表率,学校形成良好的氛围。

（三）民主管理，依靠教师

教师是学校的主人,最关心学校。既然教师是学校的主人,学校的管理就要全心全意依靠教师,把教师的被动管理变成积极主动参与到学校的管理中去,这样学校才能在管理中实现快速发展。民主管理做法如下:

1.全员参与学校章程的制定,参与制度建设,调动教师主动参与学校管理的积极性、主动性。学校在全员参与的基础上完成《校荣我荣　我荣校荣——岗位职责及制度汇编》。

2.坚持校务公开制度,各项规章、制度都会征求大家意见,使大家达成共识。各项工作全体教师都有知情权、参与权。充分发挥教代会作用,各项工作实施前,应充分考虑教师的意见与建议,将民主集中制落在实处。

3.实行全员述职与点评制度,将月考核与学期考核相结合,教师自评与学校评议相结合,促进各项工作的落实。每月召开总结会,各部门汇报各项工作和下月计划,全体教师参与讨论,校长总体点评。每学期期末召开述职会,全体教职员工对自己的工作进行讲述,全体展开讨论,并对中层进行评议。通过自我梳理和相互点评,促进个体提升和全体提升。

4.实施专家引领,成立专家顾问团、专家导师团,对学校各项工作进行指导,确保科学性、规范性、可行性。

二、让文化浸润师生的心灵

最好的管理是"不管"而学校的工作仍能有条不紊地开展,全体师生依然遵守约定俗成的行为规范,这就是学校文化的作用。文化是心灵驱动的"软件",是人的行动指南,具有强大的引导力,越是强大的文化影响力越大。"自立教育"不只是写在纸上、贴在墙上的美好愿景,而是在实践层面进行充分论证和设计。为此,学校加强"自立文化"建设,在广大师生中大力弘扬学校的"三自三立"文化,通过以下途径让文化浸润师生的心灵:

(一)加强学校文化建设,彰显"自立教育"思想

让每一面墙壁、每一处物品都能彰显"自立教育"思想。学校自立文化内涵在一楼大厅墙上赫然入目,在二楼大厅记录了文化建设发展成果。在学校各类自编文本封面、各类活动和发言中必会提及。同时,学校将"自立教育"所倡导的团队精神具体为可操作的行为准则,编写了团队精神金字塔,在每个办公室悬挂,大家随时可见。

(二)开展多彩仪式活动,贯彻"自立教育"的理念

学校将"三自三立"内涵、校训、学风等编入校歌歌词,每周歌唱。编创学生誓词:"自信自主自强,做自立少年;立德立功立言,做少年模范。"每周学生在

"自立教育"仪式上宣誓,通过庄严的誓词,加深学生对"自立教育"的理解与认同。学校每学年评选"自立"教师、"自立"团队和"自立"学生,让"自立"成为师生行为指引,通过表彰得到进一步认同。

(三)加强舆论引导,推动"自立教育"的落实

每学期开学初,由校长逐条解读"自立教育"理念,并在每月例会上结合当月工作实际进行总结点评。工作中,教师们都能从"自立"内涵的角度来看问题、想问题、做工作。学校加强微信公众号报道,宣传"自立"团队和教师的事迹,促进"自立"落地生根。

"努力让每个学生都能享有公平而有质量的教育"是党中央对教育事业提出的要求,也是学校砥砺前行的目标。学校加强民主管理,采取多种有效措施,搭建学习交流平台,创造良好的成长环境,促进教师个人素养和专业水平的不断提升,努力打造一支师德修养高、业务能力强、结构合理、充满教育智慧、洋溢着教学热情的教师队伍。

第三节
尊重沟通——工会活动凝聚团队精神

在学校党支部和上级工会的领导下,学校以"自立教育"建设为核心,坚持以构建和谐、进取的自立教师团队,着力提升教师工作的幸福感为工作目标,紧紧围绕服务与创新,大胆实践,逐步形成了"1223"工会工作模式,即"坚持一个方向、发挥两个民主、落实两个服务、开展三类活动"。

一、坚持工会正确的政治方向,自觉接受党的领导

工会工作做得好不好、有没有取得明显成效,关键看有没有坚持正确的政治方向。正是基于对这一点的认识,学校工会始终与党组织保持密切沟通,并在党支部的直接领导下有计划地落实各个方面的工作。

工会日常工作中,学校严格遵守"申请—审批—落实—汇报"的工作程序。每项工作计划或方案首先向党支部提出申请,党支部通过召开支委会对相关申请做出决定,工会根据支部的决定着手开展工作,并且每月定期向党支部汇报工会各项工作的开展与落实情况。

学校工会在教职工的学习教育等方面也与党支部的政治学习紧密联系。学校工会先后多次组织教职工开展专题学习;组织开展"学习先锋模范,争做优秀教师"学习教育活动;组织开展"唱红歌"活动等,可谓活动丰富且方向明确。只有坚持党的领导,工会工作才能方向明确、不走偏路,才能做得有声有色、扎实有效。

二、充分发挥民主管理与民主监督职能，维护教职工的正当权益

学校教职工大会在学校民主化管理中发挥着重要的作用。学校各项制度的建立、各项规划方案的出台，都必须经过教代会审议通过。审议过程中，教职工通过研讨有权提出自己的意见或建议，对于教师的疑问，教代会及时安排相关负责人予以解答说明。学校教代会先后审议通过了《学校章程》《"自立教育"纲要》《文明办公室管理制度》《绩效分配方案》等多项制度、方案，而这些经过广泛认可的制度和方案，在实施过程中也发挥了巨大的效力，促进了学校工作和谐、高效地开展。

学校的各类评优、评聘工作自然也离不开全体教职工的参与。无论是区级先进的推荐，还是校内优秀的评选，我们都遵循公平、公开、公正的原则，按照"自主申报—公开述职—民主投票—综合测评"的程序逐步落实。

教职工是学校改革发展的主体，工会工作创新发展离不开教职工的广泛参与和实践创造。每年度的工作中，工会除了组织开展"我为教育事业献一计"活动之外，还会结合学校工作的实际需要，为教师搭建表达诉求的平台，积极组织教师为学校的各方面工作谏言献策。学校先后组织开展了"我为学校发展献一计""我为工会活动提建议""六一活动我策划""我的社团我规划"等民意征集活动。通过集中梳理、调研分析，很多教师的建议在学校的具体工作中被采纳实施，并收到了良好的效果。可以说，在学校的众多工作中无不凝聚着民主化的智慧和力量。

除此之外，学校工会本着"真实为本，重在监督"的原则，积极践行民主监督职能，使学校制度化管理不断规范，校务公开工作得到进一步完善。从师生评优到职称评聘；从绩效考核到财务收支；从党统党建到学校规划，可以说，各方面工作的公开公示均得到了有效的监督，教师的知情权、参与权、决策权和监督权得到了充分发挥，权益得到了有效地保护。而校务公开工作也得到了北辰区教育局工会的积极肯定。

三、服务学校发展，为教师发展搭建平台，构建和谐高效的团队

（一）注重素质提升，为教师专业化发展服务

学校的中心工作是教学，而教师是教学活动的实施者。因此，教师的专业化素养对于教学质量的保证具有决定性作用。作为一所新建校，教师平均年龄只有30多岁。新教师有活力、干劲足，但缺乏教学经验。因此，学校工会积极与教务处沟通配合，每学年有计划地组织开展教材分析、说课交流、互听互看等业务交流活动，并积极举办读书论坛交流、教学故事分享等活动，有效促进了年轻教师的成长。经过不断地磨炼，张倩、郎姗姗等众多新教师逐渐成为业务骨干，并在市区乃至全国的比赛中获奖。

（二）强化团队建设，服务于学校发展

学校工会始终把团队建设作为推进学校不断向前发展的重点工作。每学年初，为了加强新老教师的交流与沟通，增进教师间的了解，工会都会组织开展"我与团队"座谈会，由新加入的教师交流分享自己加入团队以来的心路历程。为了增强团队的凝聚力，学校定期开展"拓展训练营"活动，通过各种协作训练，提高团队的合作能力。为了突出先锋模范作用，每年度学校分别组织开展"自立"教师及"自立"团队的评选，并对入选的教师及团队予以表彰宣传，为带动学校的整体发展起到了积极的促进作用。

四、有计划地开展三类文体活动，着力提升教职工的幸福指数

（一）常规活动健身心

为了在紧张的工作之余帮助教师放松身心、调整状态，工会将每周五下午定为固定的工会活动时间。经过广泛地征求意见及实际调研，学校工会与多方面沟通协调，分别开设了瑜伽、阅读、软笔书法、乒乓球、篮球等教师社团。教师们根据自己的爱好自愿报名参加相应的社团活动，课余活动丰富多彩。

（二）竞赛活动促合作

工会每月组织开展一次形式多样的竞赛活动。活动内容既包括竞技类的，如羽毛球比赛、乒乓球比赛、传统游戏比赛、拔河比赛等，也包括竞智类的，如学校文化知识竞赛、接唱歌曲比赛、棋牌比赛等。无论哪种形式的比赛，原则上都是全员参加，目的就是要让每一位教师通过参与集体活动，体验团队拼搏的价值。

（三）品牌活动显特色

为了彰显学校的"自立教育"，突出阅读及革命传统教育，学校工会逐步打造了一系列的品牌活动。如每年4月开展"美文共分享，朗读传真情"活动，与读书节相结合，突出了学校阅读特色；7月开展"唱支红歌给党听"活动与"自立"教师表彰活动相结合，在突出革命传统教育的同时，大力宣传先锋模范；元旦开展"迎新年，展风采"活动，人人参与策划、人人登台表演，为每一位教师提供了充分展示自我的舞台。教师们精心准备的每一个作品无疑都是对"自立教育"内涵的一种诠释。

通过工会活动的开展，教师紧张的精神得到放松，人际关系得到改善，人与人之间相互关心，形成了共同发展的良好局面，营造和美的办公环境，让好环境陶冶好心情。开展丰富的工会活动，体育运动、趣味游戏、棋牌活动、琴棋书画等，丰富教师的生活，陶冶情操，增进理解，凝聚团队精神；营造新型会议氛围，回顾展望，学习理解，共同成长。

第四节

践行求真——"自立教育"的管理实践

如何让学校持续稳步发展,成为学校管理团队的一个课题。在立德树人核心理念指导下,在学校办学理念引领下,秉承"精管理、细规范、重落实"的管理策略,全体教职工达成共识,要为学生幸福人生奠基,为教师专业化成长搭台,师生构建学习共同体,学在其中,乐在其中,让学习成为学校、师生发展与成长的核心能力,为学生终身学习、终身发展奠定坚实的基础。

一、运用"钉钉(Ding Talk)"平台,实现学校管理向现代化迈进

学校于2019年4月开始正式使用钉钉App(应用程序)作为学校打造智慧校园的管理平台,经过近半年的测试、了解,钉钉App已经融入教师的日常工作中,并大大提高了工作效率。

(一)信息发布沟通超时空

1.普通交流用消息功能。教师之间的工作交流、沟通、文件发送等,一般使用钉钉的私聊功能。消息发送后,消息右下角会提示消息未读或已读,发送者就可以及时跟踪消息的阅读情况。聊天框右上角提供了两种呼叫对方方式,普通的手机呼叫和网络加密呼叫,使沟通变得多样。

2.重要通知用DING功能。DING功能主要用来发布一些重要的通知、文件或紧急的事项等。提示的方式有应用内提醒、短信提醒、电话提醒,根据通知的紧急程度来区别使用。钉钉App的各个应用中都渗透了DING这个核心功能,

诸如企业群、私聊、审批、任务等,任何消息都可以DING一下,使命必达。如私聊中对方长时间未读消息,发送者可长按所发消息DING对方一下,钉钉App就会通过生成手机短信或使用话务机器人拨打电话的方式提示对方有消息未读,消息内容是什么,请对方打开钉钉App及时查看。再如校长需要在下午两点召集部分教师在会议室开会,十分紧急,此时校长就可以使用DING功能,先输入消息内容,选择接收人,最后选择电话DING,接收人就会第一时间收到话务机器人拨打的电话,话务机器人会通知接收人下午两点在会议室开会,让信息的发布沟通超越时空限制。

(二)考勤管理手机打卡统计

1.上下班打卡功能。上下班打卡对于学校人事管理而言是一项重要的工作,其能规范校园的工作秩序,增强教师的工作意识和态度。之前,学校一直使用指纹打卡,每天早晨上班时,总能看到教师们排着长队进行打卡,造成食堂门口拥堵,教师们总是"抢时间",而且管理人事的教师每月进行考勤统计的时候,都需要拿下考勤机通过电脑导入考勤数据,十分烦琐。而钉钉的上下班打卡功能有效地解决了这个问题。钉钉App管理员在后台可以设置上下班的时间,参与人员等,为保证打卡的真实有效,管理员可以选择打卡地点,并设置打卡的范围,如学校设置的定位地点就是北辰区第二模范小学,为防止教师们的手机定位功能不准确,又设置了在学校周围300米内都可以进行打卡。教师们在规定范围内点击上下班打卡,系统就会通知教师打卡成功。如教师出现忘记打卡的情况也不用担心,可向管理员说明原因,申请补卡。这不仅使教师们方便了,管理人事的教师也变得轻松了,他们通过管理后台几秒钟就可以将本月的上下班打卡数据通过Excel表的方式下载下来。

2.课后托管社团打卡功能。传统的统计课后托管或者开展社团次数的方式是教师自行统计,每月底上报至年级组长,年级组长统计后上报教务处。这种方式不仅仅增加了组长的负担,教务处也不易监督。因此学校研发了课后托管打卡和社团打卡功能,界面清爽易操作,需填写托管班级或社团名称,再用钉钉App进行实时定位拍照,点击提交即可。教务处每月底从后台下载表格即可清楚地看到统计后的教师们托管和开展社团的次数。这种方式不仅为教师们减了负,而且推动了人事、教务人员的工作高效优质开展。

（三）申请与审批方便及时

1.教研请假申请功能。在过去,教师们如果需要外出或者请假,需要先填写纸质表,然后去找主管校长签字。而教师们每天要处理大量的教学工作,很难抽出时间处理这些事情,如果遇到主管校长外出等情况,请假就无法得到及时审批,耽误教师外出。为改变此现状,学校对教研、请假、公务外出这三个耗时的审批项目进行了革新,一律改到钉钉App上进行审批。申请人只需填写教研或请假的开始和结束时间,教研或请假的原因,上传教育网发布的教研通知即可提交给主管校长,主管校长通过钉钉即可进行审批,审批同意后会生成审批确认单,可用于报销和充当出门条使用。值得一提的是,在外出的时间内,钉钉App会自动将状态栏的"工作中"状态改为"外出"或"请假中",并提示外出时间,方便他人及时了解外出教师的情况。

2.后勤保障申请功能。学校在钉钉App中开设了物品领用、多媒体报修、总务报修、会议室申请、信息技术支持等后勤保障功能,教师在提出申请后,对应的教师会收到通知,便可及时处理问题,不会再出现维修却要到处找人的现象。

（四）钉钉文档促协同办公

钉钉文档是一款可多人协作的在线智能文档,于2019年9月初开始公测。教师们可以通过钉钉文档对Word、Excel和PPT三种类型的文件进行多人实时在线编辑,云端实时保存,权限安全可控,管理者可以选择哪些教师可以在线编辑,哪些教师可以浏览。在某些使用场景,如教务处要统计各班学生的语、数、外成绩,以往语文教师录入完成后再需要数学教师、英语教师依次录入。但通过钉钉文档,语、数、外三科教师便可同时在线进行成绩的录入,时间便缩短为原来的三分之一,大大地提高了工作效率。

(五)钉盘使文件触手可及

钉钉App的钉盘功能使教师的文件更加具有私密性,充分保证了文件的安全性以及系统的使用效率。通过文件的云端存储,可永久保留文件,教师能够随时查找所需的文件,更加及时快捷。

以往需要教师下载文件再人工分类整理,但钉钉App的钉盘功能能够直接将文件上传到不同的文件夹里,分类整理高效有序,这方便各部门收集相关材料,大大提高了工作效率。如教务处需要收集教师们参加某一比赛的电子版论文,这时教务处就会在钉盘中新建文件夹,教师们即可将论文上传至各学科文件夹中。到达截止日期,教务处即可将文件夹下载到本地电脑中,目录与钉盘中的目录一致,无须再调整。

更为便利的是,钉盘中的文件与QQ群文件不同,钉盘中的文件可在移动端或者电脑端在线查看,无须下载占用手机、电脑空间。

(六)在线直播促交流研讨

钉钉App的在线直播功能,消除了距离、时间、地点的限制,转变了传统的教研观念。将网络信息技术运用于教研,使教师不出办公室就能"面对面"进行学习研讨,使教研活动实现了跨越式发展。学校每个学科的备课组都会在每周规定的时间内进行直播,对上周的教学进行总结,发现问题并研讨解决措施。对下一周的教材内容进行梳理,对备课、教案提出改进意见。

此外,在线直播也有利于教务处的统一检查,因为工作繁忙主管领导和部分教师也许无暇参与组内的教研活动,这时就可通过钉钉App的直播回放功能进行回顾收看,便于教师随时在线学习,促进了各备课组之间的交流研讨。

钉钉 App 还有很多功能有待学校进一步探索与实践、总结与创新,对学校的传统管理流程进行革新,加快推进智慧校园建设。正如钉钉的宣传理念:"钉钉,是一种工作方式。"而学校也希望通过这种全新的工作方式,让教师们的工作变得更简单、纯粹,有更多的精力投身教育教学当中。

二、团队评选展示,自立精神深入人心

"自立"团队展示是学校每学年末开展的活动,组长们会梳理一学年组内工作,在活动中进行展示。学校会聘请专家进行评选和点评。这一举措,既可以促进各团队之间的相互学习,又能突出以评代培的效果。

如 2019 年 7 月 3 日,学校报告厅气氛热烈,掌声阵阵。在这里举行"自立"团队评选活动。天津师范大学王光明教授、丰向日教授、北辰区教研室魏中和主任作为评委参加了此次活动。"自立"团队评选从建校开始举办,意在激发广大教师积极投身学校教育教学改革的工作热情,强化团队建设在学校工作中的积极作用,表彰一批乐于奉献、团结互助、积极进取、勇于创新的"自立团队"。

在活动正式开始之前,大家一起观看了本学期的工作纪录片,一起回顾这学期的工作历程。然后由学科组和年级组的组长分别进行汇报,以抽签顺序进行展示。

一是学科组展示。分别为数学组、语文组、英语组、音美组和体育组。每个学科组长展示了各学科基于学生核心素养开展的教学研讨活动,做到了科科有主题、有招法、有特色。特别是围绕学科自能学习教学模式进行了细致阐述,展示中处处彰显了自立精神,一个个凝心聚力、拼搏向上的集体展现在大家面前。

二是年级组展示。一年级组教师在工作中毫无怨言,耐心地用爱呵护每一个学生的成长。二年级组教师讲述了他们"无奋斗,不青春"第二部——"青春协奏曲","青春""成长""磨合""收获"是他们的关键词。三年级组教师的

"蚂蚁精神"诠释了"小蚂蚁"们的智慧和力量。四年级组教师是一支拥有精兵强将且真抓实干、锐意创新的优良团队,他们不畏艰难困苦,勇往直前。五年级组教师以"老友记"的方式,用群体不凡的智慧演绎教学的精彩,用锲而不舍的拼搏书写奉献的美丽,用细腻柔润的爱心温暖学生的心灵。

三是专家点评。天津师范大学丰向日教授、北辰区教研室魏中和主任对此次活动进行了精彩点评。他们对此次活动给予了高度评价,对短短几年时间学校所取得的成绩和快速发展给予充分肯定,对拥有这样一支年轻、有责任心、有创造力的团队而感到高兴,并对学校今后的发展提出了宝贵的意见,祝愿学校明天更加美好。

四是颁奖环节。各位专家为获奖团队颁发奖牌,并宣读颁奖词。大家深受鼓舞,表示今后会进一步加强"自立"团队建设,使学校各项工作再上台阶。

自立的根基

"自立教育" 之教师成长

　　善之本在教,教之本在师。为谁培养人、培养什么样的人和怎样培养人,是新时代中国教育事业必须解决的重大问题。一所学校,必须要培养出一批有影响力的精英骨干、名师,才能算得上好学校。因此,培养骨干、打造名师必须要摆在学校所有工作里重中之重的位置。学校本着"善知善育,有为有位,充分尊重,大胆使用,引领支持"的原则,创设特色课程开发、与名师同行、教学第一线论坛、青蓝工程、教师成长手册等一系列的教师专业化发展平台,激发教师团队的战斗力,助推教师队伍全方位、立体式发展。

先生不应该专教书，他的责任是教人做人；学生不应该专读书，他的责任是学习人生之道。

——陶行知

第一节
成长之路——以工程促教师分层发展

学校在建校初期,采取的是每年递增一个年级的发展模式,因此每年都有新教师来到学校。其来源主要有两个,一是外校调入的教师,二是当年教育局招聘的教师。教师的年龄从20多到50多岁,其中35岁以下教师占70%左右。从教学经验看,青年教师中既有大学毕业直接入职的,又有之前有过短暂工作经历的;中年教师中既有市区级骨干教师,又有一直默默无闻却兢兢业业的教师。

为了促进不同年龄、不同水平的教师全面发展,学校制订了《教师素养提升工程实施计划》,并实施了教师素养提升工程,针对不同教师设计分层的培养方案,让各类教师都能在原有水平基础上有所提高。如此,促进教师队伍的整体提升,创造良好的教师队伍发展生态环境,让教师在专家引领、同伴互助、个体反思实践中实现主动发展、专业发展。

一、教师素养提升工程培养目的

帮助教师树立科学教育教学观,增强其教育教学的科研能力,提升其综合素养,为其发展为专家型教师、专家型班主任奠定基础。同时,形成学校教师梯队,依次为潜力型教师、能手型教师和专家型教师。

二、教师素养提升工程时限

3年为一个阶段。

三、教师素养提升工程不同类型教师遴选标准

（一）专家型教师标准

有市级以上比赛课或展示课，市级以上获奖论文或案例，区级以上班主任技能大赛获奖，区级以上科研课题。

（二）能手型教师标准

有区级以上比赛课或展示课，区级以上获奖论文，参与区、校级科研课题；在校级各类交流展示中有优秀表现的酌情考虑。

（三）潜力型教师标准

有教育教学研究的积极性，有自我发展的内在需求，能主动在校级教研中进行展示和交流。

四、教师素养提升工程培养目标

（一）专家型教师培养目标

促使教师形成学科教学的个人风格和特色，成为市区名师、名班主任、特级教师等。

（二）能手型教师培养目标

提高教师的教育教学能力、学科知识拓展能力和创新能力，成为区级骨干教师。

（三）潜力型教师培养

建立教育教学规范，掌握基本的教育教学技能，成为学校的骨干力量。

五、教师素养提升工程实施方法和途径

（一）教师素养提升工程实施方法

1.加强自我学习、实践与反思。

2.聘请各类专家、市区优秀教师进行专业引领。

3.创造外出学习机会,搭建各级平台以供展示交流。

（二）教师素养提升工程实施途径

1.专家型教师实施途径:

（1）为教师聘请市区教研员、各类专家做师傅,帮助其发现自身优势,形成自己独特的教育教学风格及特色,班主任形成特色治班方略。

（2）积极推荐教师参加全国及市级各类培训与教育教学活动,为教师创造外出学习、展示自我的机会,提高教师的综合素养和知名度。

（3）对教师进行科研方面的培训。聘请专家指导其开展教学研究,并对自己教学经验和特色进行总结提炼,从而提高科研水平。

2.能手型教师和潜力型教师实施途径:

（1）采用自学与共学相结合的方式,加强教育教学理论培训。优先为能手型教师提供参加市区级培训的机会。

（2）为教师在校内精心挑选导师,开展"携手共进"活动。

（3）强化对青年教师教育教学基本功的培训。教学每单周开展专业技能的"晒群"活动,并且完成三级点评:学科组长评、教学校长评、校长评。班主任在每月班主任例会活动中开展相应活动。

（4）典型引路,示范带动。用示范课引领教师学习新理念、新方法,提高教育教学实践能力。

（5）跟踪听课,提高专业技能。导师定期到年轻教师班中听课,交流指导。

（6）为青年教师提供实践锻炼的机会。积极为教师创设实践锻炼的机会,优先推选能手教师参加区级各类教育教学比赛和展示交流。

（7）对教师撰写论文、教育叙事等进行培训。聘请专家、名师指导。

六、教师素养提升工程培养对象确定程序

1.自主申报。

2.领导小组审核。

3.全体会宣布并公示。

七、教师素养提升工程发展评价方式

（一）专家型教师每学期一考核，完成"四个一"

1.一次经验交流展示。根据自己近期研究的内容，进行总结、归纳、提升，并且在校级及以上平台进行展示。

2.一节示范引领课。认真研究学校的自能学习教学模式，有自己独到的见解和行之有效的教学策略，于每学期完成一节示范引领课。

3.一篇教学论文。完成一篇教学论文，内容应体现自己对教材研究或课堂教学经验的总结。

4.一项课题研究。参与一项市区级课题；注重把课题研究或专题研究成果转化为教学成果。

（二）能手型和潜力型教师完成"六个一"

1.一次教育展示活动（责任部门：德育处）。组织一次主题班会课或进行班级管理经验交流。

2.一节公开课或说课（责任部门：教务处）。

3.一个教育或教学案例（责任部门：德育处、教务处）。

4.一篇教育或教学论文（责任部门：德育处、教务处）。

5.一次专业知识考试（责任部门：德育处、教务处）。对青年教师进行一次学科专业知识考试，考试内容是课程标准、学科知识、学科教学技能。对班主任进行一次班主任理论知识和实践技能考试。

6.一项课题（责任部门：教务处）。参与一项课题，课题的级别不限。

注：每学期末，各级教师要写出一学期的成长记录和总结，择优进行交流，促进相互学习和提升。

教师素养提升工程的实施是一个长期而系统的工程，学校以此工程建设为载体，打造师德高尚、教育教学能力精湛的教师队伍，为办好人民满意的教育而努力。

第二节
德业精进——五项修炼促专业素养提升

教师是学校发展的第一资源,是立校之本、兴校之基、强校之源。只有培养一支师德高尚、业务精湛的教师队伍,才能担当起立德树人的重任。学校自建校来,非常重视教师队伍建设,通过创新校本研修方式,逐步形成了五项修炼校本研修机制。

一、"五项修炼"的形成背景

(一)基于国家对教师队伍建设的要求

2012年《国务院关于加强教师队伍建设的意见》提出:"到2020年……教师队伍整体素质大幅提高,普遍具有良好的职业道德素养、先进的教育理念、扎实的专业知识基础和较强的教育教学能力……"《关于全面深化新时代教师队伍建设改革的意见》指出:"为深入贯彻落实党的十九大精神,造就党和人民满意的高素质专业化创新型教师队伍,落实立德树人根本任务。"习近平同志在全国教育大会上也指出:"要坚持把教师队伍建设作为基础工作。"

(二)基于学校发展的需要

教师是学校发展的第一资源,是立校之本、兴校之基、强校之源。只有培养一支师德高尚、业务精湛的教师队伍,才能担当起立德树人的重任。学校教师中,教龄在5年以下的青年教师占比71.6%。青年教师在参加工作初期,存在专业背景与教学需要不匹配,理论知识与实践能力反差大,专业知识与专业技能均欠缺等问题,导致课堂教学效率不高,出现教学质量不尽如人意等问题。同时,学校一直进行自立课程建设,课程的开发、建设与实施也需要教师具备扎实的专业知识和专业技能。基于以上原因,学校必须建立能够快速提高教师专业素养的校本研修机制。

二、"五项修炼"的目标指向

五项修炼校本研修活动的目标基于学校《"自立教育"建设纲要》的设计,包括团队和个体两个层面。团队层面的目标是建立学习型自立教师团队。个体层面的目标是让每个教师掌握必备的专业知识和教学技能,提高课堂教学水平,成为符合学校文化要求的,师德高尚、业务精湛、力行卓越的自立教师。

三、"五项修炼"的内容与实施

"修炼"是指需要研究和熟练掌握,并在实践中加以应用的理论和技能,是为了获取某些技能或能力的培育发展路径。"五项修炼"是学校根据《小学教师专业标准》中对教师专业知识和专业能力的基本要求,结合学校教师最有待提升的五个方面而设计的,其内容可以概括为:读、思、写、讲、晒。"读"指向专业知识,"思、写、讲"指向某项专业能力,而"晒"指向综合实践能力。这五项修炼可以各自独立研修,同时又是一个整体,多维浸润、整体推进,提高教师的专业素养。

(一)读:阅读活动

《小学教师专业标准》对教师专业知识的基本要求包括学生发展的知识,学科知识和通识性知识。阅读活动就从这三类知识的学习入手,整体规划。这一阅读活动体现"两个结合",即共读与自读结合,批注与交流结合。

共读与自读结合。共读指每学期学校为教师推荐一本书,大家共同阅读。书目主要侧重学生发展知识和通识性知识,如《多元智能新视野》《可见的学习》《翻转课堂与慕课教学》等。自读指教师自主选择的图书,主要侧重学科知识。

批注与交流结合。指的是教师读书方式。我们要求采用批注式阅读。即在阅读过程中,采用圈画批注的方法,将重要的地方标画出来,在有感触的地方写上所思所想,文末还可以写上理解感悟。采用这种方式,是因为学习不只是为了接收信息,更是追求一种心灵的根本性转变或提升转化。

为了打造学习型团队,将阅读学习的效果最大化,学校通过读书论坛和朗读大会两种方式促进阅读成果交流。每学年第一学期期中开展读书论坛,第二学期期中开展朗读大会。读书论坛侧重谈理解感悟,朗读大会侧重分享好书佳作。两次活动都采取全员参与、逐级推荐、现场展示的方式。通过阅读活动的开展,教师专业知识不断丰富,学校形成了良好的读书学习氛围。

(二)思:三思活动

反思是教师成长的必由之路。为了提高教师的反思能力,学校开展了"课课思""月月思"和"学期思"活动。"课课思"是每课教学后,在教案中进行过程性反思和全面性反思。由于学校采用的是"两研两思"集体备课模式,同年级教师合作完成一册教案,所以课后反思不仅没有增加老师的负担,反而提高了教师的教学设计和改进能力。"月月思"是每月结合自己的教育和教学工作写反思。主要有统一主题和自主选题两种方式。这一活动可以帮助教师养成边实践边思考的习惯,以反思促改进。"学期思"是每学期召开教学质量分析会,教师填写教学分析表并进行反思交流,学校会根据不同目的采取年级分析会和学科分析会两种模式。每次会议,校长、主任均会进行整体分析和指导,意在提高教师教学实施与评价能力。

（三）写：书写和写作

写一手规范漂亮的字是教师重要的基本功，需要长期坚持练习并有专业的指导才能事半功倍。为此，学校为每位教师下发《田英章硬笔楷书技法》一书，此书每页均有写法指导，每字均有描红和田字格，要求每周写一页，并在自主编制的《书法练习册》上练习两行。月末书法组长进行批阅和点评指导。由于练习量适度，时间自主，教师练习认真，书写质量不断提升。

写作能力是教师专业发展的必备能力。很多教师对常用文体的写法并不清楚。所以，学校定期聘请有关专家对教师进行写作培训。培训主要分为两类，一是通用类，如论文、案例、教育故事、课题等。另一类是学科类，如科学实验报告、语文应用文等。

为了鼓励教师常积累常练笔，学校编写了《有爱才有教育——教育故事集》和《耕耘——教师论文集》，里面收录了全校每位教师的作品，人手一册分享互学。各级各类写作比赛也鼓励教师全员参加。这种"培训+实战"的模式使教师写作水平得到全面提升。

（四）讲：教育教学论坛

口头表达能力是教师重要的基本功，也是学习能力的最高体现和综合反映。每学年的两个学期末，学校分别开展教育论坛和教学论坛活动。围绕活动主题人人参与，进入学校交流层面的为各组优秀代表，论坛发言要求制作幻灯片脱稿演讲。每次活动学校均会邀请专家进行培训式点评。通过这一活动，教师在思维、表达、信息技术等方面的能力都得到了提高。

（五）晒：教学技能展示

"晒"用在五项修炼中，既指修炼的内容，即教师的专业综合技能，又指展示的方式，即教师在各学科建立的微信学科风采群中展示自己的技能。与前四项修炼相比，"晒技能"具有综合性、灵活性和互动性的特点，其内容可以根据教师专业发展的需要随时进行调整,还可以互动交流,深受教师欢迎。

晒技能内容由各学科组长组织教师基于学科核心素养和教师技能发展状况来确定,体现了研修的自主性。

几年来,各学科晒的内容根据教师发展的需要不断提升改进,由1.0版本升级到3.0版本。目前,各学科晒技能的内容如下:语文:名家模仿秀、片段设计思维导图、创意板书、即兴演说;数学:单元思维导图、实例解析十大核心概念、几何图形绘制与解说;英语:情境板书设计、单元整体思维导图、英语流利说;音乐:自弹自唱、特色乐器演奏、多声部作品演唱;体育:基本运动技能展示、专项技能展示;美术:图解板书秀、主题创作秀。

晒技能活动的流程分为三个阶段。一是技能展示。每双周的周四,教师在学科群里展示自己的技能。二是三级点评。各学科导师、教学处负责人和校长依次做出点评。三是互学改进。教师会认真观看其他人的技能展示和各级点评指导,对照自身进行改进。

为了增进各学科之间的互学,学期末学校还召开教学技能展示活动,以学科组为单位,人人参与集体展示,在合作中促提升。

四、五项修炼取得的成效

五项修炼校本研修突破了常规的校本教研形式,突出了教师的主体地位,使其由受训者变为研修者。活动内容来源于教师的自主需求,活动过程充满了教师的探究热情和生命活力。目前,整个团队有共同的愿景,每个人都能系统思考、自我超越,专业素养和职业幸福感得到不断提升,学习型团队特征明显,各项工作成绩斐然。学校的自立课程建设方案获市级一等奖,"11233"学生学业发展评价体系获天津市第六届基础教育教学成果奖、被评为北辰区综合办学水平一等奖等。从教师个体层面看,五项修炼对促进教师专业素养提升效果显著。

（一）教师教学基本功明显提升，教学质量稳步提高

多名教师在市区教师技能大赛、双优课比赛中获奖。一师一优课多人获省部级课和市级课奖。十余名教师执教市级研究课，区级获奖课五十余节，研究和展示课100余节。在区级教学质量检测中，学校学生的成绩名列前茅。

（二）教师专业知识日渐丰富，科研能力不断提高

学校有十余个市区级课题已结题。教师参与市级经验交流5人、区级经验交流50余人，论文市级获奖20余篇、区级50余篇，市级刊物发表文章近20篇。

（三）不同层次教师均有发展，涌现一批学科骨干教师

学校教师志存高远，脚踏实地，有职业神圣感和幸福感。现有天津市未来教育家奠基工程学员1人，市级领航工程学员2人，区级名师、名班主任6人，区级学科带头人7人，并有多人成为区级青年骨干。

五、五项修炼的经验与反思

五项修炼不仅提升了学校教师团队的整体水平，也使学校在校本研修方面积累了多种经验。

（一）做好研修的顶层设计是前提

想要开展扎实有效的校本研修，校长必须亲自进行顶层设计。首先要对本校教师专业现状和发展需求进行调研，把握教师专业发展方面的核心问题。然后聚焦问题确定研修目标，这种目标导向的做法，可以有效避免校本研修的盲目性和随意性。接着，确定研修内容。这个环节要关注教师的主体性，由学校的教师发展中心引领教师共同制定适应学校发展需要的，与教师专业发展相一致的研修内容。

（二）校本研修课程建设是核心

几年来，五项修炼不断地改进和完善并取得令人满意的效果，得益于学校强化了校本研修的课程意识，形成了校本研修的课程化、系列化。在教师专业发展课程的设置中，学校在关注全员性的同时，还做到了共性与个性相结合。共性课程包括教师的课程开发建设能力，教学设计实施与评价能力，阅读写作能力等。个性课程包括学科专业技能、个人特色技能等。学校对不同研修内容的实施时间、实施方式等做了系统的规划，保证了各级各类研修活动的有序开展。教师的主体地位凸显，他们成了研修课程的制定者、参与者、评价者。同时，学校每个学期都结合教师自身的进步和发展，同时结合学校的发展状况，对五项修炼的目标、内容和形式进行不断的完善，使这种课程化的校本研修更具有生命力。

（三）完善研修的评价机制是保障

在校本研修中，建立评价机制可以充分发挥监督、导向的功能，保障研修的有效开展和活动效果。因此，每学期学校都要制定翔实的评价方案。主要包括实时性评价和总结性评价。实时性评价包括学科群晒技能、书写等，教师研修后马上做出点评，指导教师及时改进。总结性评价指将各项修炼内容与教师考评和培养工作结合起来，将研修效果作为考评和培养的依据，以此促进教师自我反思、主动成长。主要举措有四：一是将活动纳入教师绩效考核。二是将其与学校"教师素养提升工程"结合，将每个人的发展状况作为专家型、能手型、潜力型教师认定的重要依据。三是将活动效果作为学校优秀备课组、学科组、年级组评选的重要依据。四是通过全员练兵课、优秀教师引路课、青年教师展示课、组内合作共研课这四步听评课活动检验教师课程实施能力。在评价中，学校注重发展性和激励性原则，让教师明确，评价是为了帮助教师认识到自身的优势和劣势，从而激发教师自我发展规划和主动发展的意识。

（四）培养好学科组长是关键

校本研修的有效实施除了学校层面的顶层设计，离不开各学科组长的有效组织。因此，要加强对学科组长、学科带头人的培训力度，使他们首先成为管理能力强、基本功过硬的领头雁，保证校本研修课程真正落地。如定期开展学科组长、带头人的专题培训，为他们提供走出去学习的机会和各级各类展示的平台等，使学科组长在学习和锻炼中得到快速提升，从而带动整支队伍的发展。

五项修炼校本研修对学校教师专业素养的提升发挥了重要的作用。但是随着教育改革的不断发展，课程建设的不断深入，教师专业素养的不断提升，如何通过校本研修活动持续推进教师发展，将是学校需要长期思考和探索的问题。今后学校将聚焦课程建设，围绕基于课程标准、课程实施和评价的改进，学科核心素养如何在教学中落实等核心问题，继续推动校本教研的课程化发展，不断调整研修目标，实施策略转移，在课程开发、课堂观察、案例研究、微格研究等方面做进一步的探索。在研修方式上，将进一步发挥信息技术的优势，通过钉钉等App，实现教研的同步直播，学科群内容的云端存储与共享，教师水平和教学质量的大数据跟踪与分析等。

学校坚信，只要学校以教师的发展为本，扎扎实实做好校本教研工作，教师的专业素养一定会不断提升，一定能更好地落实立德树人的根本任务，赢得属于教育也属于自己的美好未来。

第三节
专业发展——"1334"规范校本教研

学校作为教师职业生涯的主要场所,也是教师专业发展的主要场所。在新课程背景下,教师的专业发展可以在学校教育的具体情境中进行。为此,学校确立了以校为本的教师专业发展的理念,即根据教师和学校发展的需要,有针对性地对教师进行梯度培养。为了提高教师的教育教学能力,学校开展了"1334"系列活动,即一项工程、三个教研层级、三类教研内容、四步听评课活动,以此提高教师的实践能力。

一、"1":一项工程,顶层设计促教师素养提升

学校实施了教师素养提升工程,通过自主申报、学校研究的方式确定了潜力型、能手型、专家型教师,根据相应层次制定不同培养目标和内容,有针对性地促其提升。学校努力建设宽松、积极、浓厚的"磁场",吸引教师主动发展、主动成长。学校根据教师的专长与教学特点,为他们提供广阔的参与各级各类教育教学活动、展示和比赛的机会,让教师在实践中一步步得到锻炼,一步步成长起来。

二、"3":三个教研层级,备课组、学科组、全校教研整体推动

备课组教研每周一次,按照教学进度分析教材,解决"教什么"的问题。学科组教研半月一次,指导交流教法,解决"怎么教"的问题。全校教研每月一次,专家培训,更新理念,解决"怎么更高效"的问题。

三、"3"：三类教研内容，备课、上课、评价整体研修

教学不单单指课堂教学，而是一个由备课、上课、评价组成的完整的过程。因此，学校以自能学习教学模式为统领，将备课、上课整合起来，通过学生学业发展评价体系来检验教学效果，促进教学改革。

备课时以学校自能学习教学模式为依据，以《北辰区课堂教学标准》为指导，采取两研两思的方式。依次是个人主备、组内研讨、自我完善、课后反思。

个人主备，指开学前，各备课组长根据教材所分单元和组内教师情况对整册教材的备课进行分工。如每位教师主备两个单元等。然后，备课组长组织全组成员进行研讨交流，结合学校整体备课要求，对本组本学科备课进行培训，使每位教师明确要求，落实第一次备课。

组内研讨，指全组分工备课完成后，备课组长将各单元内容汇总，形成具有共性的整本书的备课。然后将电子版发给每位教师。在每位任课教师通读了解的基础上，组织组内研讨，大家畅所欲言，让每位备课者说一说自己备课的想法，谈一谈对其他人备课的建议，这样大家既熟悉了整本教材，又明确了在授课时应改进和关注之处。

自我完善，指组内研讨后，上课教师根据自己班的实际情况对自己的教学设计进行进一步的完善，做好上课前的准备。

课后反思，指每位教师上课以后，根据自己班实际教学效果，在教案中进行二次备课。即要求教师根据实际教学情况，对教案内容进行修订，对整体情况进行反思，这样可以促使教师将备课与上课结合起来，将教学设计与学生学习状况结合起来，使具有共性的教案体现个性化，提高针对性和实效性。

学校的这一备课方式发挥了个人智慧也体现了团队合力，发挥了以反思促学习，以改进促提高的作用，同时备课的精心促进了上课质量的提高。

而具有本校特色的学业质量评价体系的研制和实施都源于教师的智慧，这个过程增强了教师的科研意识，树立了以培养核心素养为目标的理念，带动教

师从业务型向科研型的转变。

四、"4"：四步听评课活动，提高课堂教学水平

学校的青年教师居多，为了快速提升教师的课堂教学水平，学校开展了全员练兵课、优秀教师引路课、青年教师展示课、组内合作共研课四步听评课活动。全员练兵课旨在诊断，发现教学中存在的共性问题；优秀教师引路课旨在示范，根据发现的问题通过课例进行示范；青年教师展示课旨在操练，根据在引路课上受到的启发，亲自上课实践；组内合作共研课旨在发挥集体智慧，共研一课，都上一课，在研究和改进中提升。

为保证活动的有效开展，学校将每周三设为互听互学日，坚持听课必评、全组参加、当天完成的听评课制度。通过这一系列举措，青年教师快速入门、中年教师跨越发展、老教师观念更新，形成了全体稳步提高，携手共进的良好局面。

百舸争流，奋楫者先。对于教师团队的建设，学校是船上的风帆，而教师就是划桨的人。直挂云帆，乘风破浪，教师们正用自己的教育激情、教学智慧，书写着无悔的诗篇。

第四节

践行求真——"自立教育"的教师实践

学校积极倡导科研兴校、科研兴教的理念,大力推动教科研活动,坚持以教育科研为先导,促进教师专业发展,推进课程改革。学校遵循"交流共享、教学相长"的研修理念,按照"学习转型、科研提升、模式创新"的教师专业发展路径,本着"以课例为载体,促进教师专业成长"的方式,打造教师队伍,提升教师专业水平,营造了浓厚的科研氛围,促使教师转变观念,主动将新课程理念内化为自身行动的自觉性。

一、以教研为引领,以课堂为阵地

以数学学科组青年教师成长为例:学校数学教研组全体成员在学校的引导下,紧紧围绕课程标准、学校特色、学生特点,扎扎实实、卓有成效地开展各项教研活动。

(一)理论学习

没有科学理论指导的实践是盲目的。因此,在学校教务处的领导下,每学期初学科组组织教师通过自学和备课组集中学习的形式,对课程标准、数学核心素养进行系统学习,以此来不断更新理念,提高自身素质。每学年第一学期末,全体数学教师在深刻学习学校自能学习模式内涵的基础之上,结合数学学科特点,研讨制定了"探究、实践"数学新授课自能学习模式,发展和丰富了自能学习模式体系,提升了自身的理论水平。

（二）教学实践

教学实践与教研是相辅相成的，离开教学讨论教研是纸上谈兵。因此，学科组每月的教研活动主题都紧紧围绕"自立"学习模式建设开展起来。

如张倩老师在北辰区第二届教研基地校教学大展台活动中做了小学数学《鸡兔同笼》展示课；周振羚老师做《千以内数的认识》区级展示课；戴彦蕾老师做《烙饼》和《轴对称》区级展示课；吴全好主任做《分数的意义》区级展示课，每一节区级展示课的背后，都凝聚了组内每一位教师的智慧和力量。教研组全体教师利用教研活动的时间，一起出谋划策，从选课、备课、试教、评课、修改，每个成员一起探讨，充分利用好学科组这一学习共同体，教师们在交流中获得了超过自身局限的信息和资源，更新了自身的专业知识，在自己的教学实践中不断努力与完善。

"宁可要真实的缺陷，不追求虚假的完美"是学校数学组教学研究的追求。在互听互学活动中，王婷婷、王文月、王双、董娟、史振秀、刘舒慰、边晓玥、胡昕昕等老师对所教课例进行了精心的准备。胡昕昕老师把观摩名师课堂中的优秀经验融入自己的课堂中；边晓玥老师在教学中大胆创新，自编教学游戏，寓教于乐；董娟和史振秀老师为了上好《平均数》这节课进行了多次研讨和磨课，从上课的效果看教师们的教学水平取得了很大的进步，但也暴露了的一些问题。因此，在学科组会议中学校在"实"字上下功夫，在"研"字上求发展，把课程实施中所面临的具体问题作为研究对象，把教育教学过程中存在的普遍性问题进行研讨。按照"发现问题—寻找策略—探索实践—生成问题—反思提升—再找策略"循环往复，将教育科研的着眼点聚焦到解决教学实际问题上来，从而使整个研究过程成为不断改进教育教学的过程。会后，其他教师针对所上课题进行了二次上课，真正做到了在实践中发现问题，在实践中解决问题。

（三）培训学习

为了更好地服务教学，学校把教研范围向外延伸，也就是常说的"走出去，请进来"。"走出去"是指组织教师外出培训、学习、教研，把别人的优秀经验带入到自己的教学中,更好地为自己所用。"请进来"是指学校有专家的引领,在学校提供的强大平台下,学科组定期得到天津师范大学丰向日、张新颜教授和区教研员的专业指导,让青年教师少走了很多弯路。

（四）晒技能展示

在学校五项修炼校本教研机制引领下,数学组结合教师现状和学科特点制定了单元思维导图、讲题、几何图形绘制与解说的晒技能展示项目。三个项目从不同层次和不同维度直指数学核心素养以提升教师专业技能。

其中,单元思维导图旨在帮助教师了解教材编写意图,理清教学内容,制定恰当教学方法。但在实际授课中,青年教师在教学内容的课时分配上还存在误区,导致教学目标制定不合理,直接影响了教学效果。因此,秉持晒技能旨在提高教师的教学水平的原则上,学校及时对单元思维导图的呈现内容进行了调整,做到在原有基础上增加课时分配和学法的体现。单元思维导图改动的一小步,帮助教师教学水平提升一大步。一张张思维导图大到主题图的设计和内容的呈现层次,小到每一个概括性的语言和形象、生动的图标,无不凝聚了每一位数学教师对教材、教参的细致研究。学校的单元思维导图在天津市精品教研活动中进行了重点展示,受到了一致好评。北辰区美术教研员还在美术教研活动中介绍了学校的数学思维导图。

在天津市精品教研活动中,数学学科组在技能展示环节中,集全组教师的智慧呈现了玩转扑克牌、比萨问题解说,作图、制作勾股树的展示项目,一改现场观众对数学枯燥、乏味的固有印象,使与会人员眼前一亮、耳目一新。

二、做教育路上的追梦人

以李郑婷老师(曾获北辰区青年教师大赛获一等奖)教学方面的成长为例。

（一）有梦

作为土生土长的北辰人,李郑婷是沐浴着北辰教育的阳光雨露长大的。从小,她就怀揣着一个教师梦,2014年,她来到了可以实现梦想的沃土——北辰区第二模范小学。初上讲台的李郑婷老师踌躇满志，本以为自己说明白了，学生就能掌握，其实理解和运用之间还存在很大差距；本以为课堂教学能启迪学生的智慧，可有时学生连基本的重难点都把握不准……理想与现实的差距让她十分彷徨，甚至对自己的梦想产生了怀疑。这时，学校召开了"我的团队"座谈会。会上，校长为教师解读了学校的校训，"积跬步至千里"，让她知道了要目标高远有梦想，要克服困难追逐梦想，要脚踏实地去努力，这样每个人都能成为更优秀的自己。这次座谈会重新点燃了她对教育的热情。

（二）追梦

学习，从自己需要开始。课程标准帮助她树立正确的教学观，促进教师做好教学设计，李郑婷老师在熟读的基础上进行重点圈画，并达到将整本书烂熟于胸的程度；语文学科的专业书籍可以帮助她掌握系统的专业知识，她便把听说的好书都买来，如饥似渴地阅读；得知观看名师录像课和教学实录能学习到好的教学方法，她便争分夺秒，边看边学，不断修正自己的课堂。除此之外，她还利用碎片时间从网络中汲取知识，关注了多个教育平台的公众号，及时解决工作中遇到的问题。

学习，离不开团队的助力。学校"双轮驱动研修机制"贯穿了她的工作生活。读、思、写、讲、晒五项修炼提升了她的素养。她按照学校要求，批注式阅读了《孔子授业研究》《核心素养导向的课堂教学》等书籍，学会了在学习中反思、在反思中成长，也学会了写作基本功，提高写作能力。工作刚满四年的她在天津市级以及区级论文评选中频频获奖，还有文章在《天津教育报》发表。

在每学期学校开展教育论坛和教学论坛活动中，李郑婷老师都会精心准备，几易其稿；制作幻灯片时反复改进，追求完美；演讲时，她会熟背脱稿，激情饱满。正是这样的努力，让李郑婷老师的表达能力、表现能力不断提高。

特别是晒技能活动更是让李郑婷老师受益匪浅：课文朗读提高了她对文本的理解驾驭能力和朗诵水平；板书练习让她的字体更美观、设计更优化；思维导图提高了她的思维能力和对文章重难点的把握，展示了教学思路；即兴演说训练了她围绕中心表述观点的能力。常言说,"见贤思齐,见不贤而内自省也"。在这样的平台上,李郑婷老师从同事身上学习优点,不断改进自己的不足。有时,为了写好一次板书设计,她会反复修改,直至天黑;有时为了画好一幅思维导图,她会反复阅读教材,圈出重难点,寻找最优的突破方法,废寝忘食。组长、主任、校长的点评李郑婷老师都会认真对照,正是这样的努力,使她在北辰区青年教师技能大赛中获得了一等奖。

梦想从学习开始,事业从实践起步。只有坚持不懈的学习与实践,才能一步步接近梦想的彼岸。使卵石臻于完美的,并非锤的打击,而是水的且歌且舞。课堂是学生成长的地方,也是教师的阵地,上好每一节课就是李郑婷老师的追求和梦想。为此,她醉心于课堂教学的研究,不断提高自己的教学水平。

每次上课前,李郑婷老师精心备课,课中会根据学生的表现及时调整,课后及时进行反思,反思后会及时再上再改进。特别是学校开展的"四步听评课"活动为教师搭建了学习和展示的舞台:全员练兵课、优秀教师引路课、青年教师展示课、组内合作共研课让李郑婷老师在实践中不断锤炼。

每次研究课前,同组教师一起备课、听试讲、修改设计,不断鼓励,不厌其烦。做青年教师展示课前,王连娟副校长陪李郑婷老师听试讲,改教案,在学校磨课到晚上11点。市级录像课活动准备时,教研室王家明老师和张洪杰老师多次来学校试讲,为李郑婷老师答疑解惑,随时交流。教师技能大赛前,校长为了缓解李郑婷老师的紧张情绪为她加油鼓气,提出建设性意见。

在不断的锤炼中,李郑婷老师的课堂不断完善,先后做过市级录像课,市区级说课、展示课,校级展示课10余节,所做的比赛课获京津冀青年教师优质课展评二等奖,所撰写的论文有7篇获市、区级奖项,其中一篇文章在《天津教育报》发表。李郑婷老师在北辰区第五届青年教师技能大赛中获一等奖,在学校组织的论坛活动中多次获一二等奖,由她牵头组织的校本教研活动获市级优秀奖。她所带的班级在年级中也名列前茅,学生个个争当自立少年,班级班风正,人心齐。

（三）展望

积跬步，至千里。在学校"自立教育"的熏陶感染下，李郑婷老师为自己的教育梦不断努力着。漫漫教育之路，对于年轻人而言，仅仅踏出第一步，未来的日子还很长。李郑婷老师非常感谢学校为她提供成长的沃土，为她提供展示才华的舞台，不仅育她成长，更给她施展抱负的天地。李郑婷老师表示唯有更加努力地工作才能回报学校的苦心。李郑婷老师将所有感谢的话语化作一颗感恩之心，全心投入教育事业，不断前行。

三、八载朝寒彩云归

以宋雅老师（曾获天津市班主任技能大赛一等奖）在班主任方面的成长为例。

（一）莫作水中月，愿为江上舟

刚走上工作岗位的宋雅老师对学生要求极为严格，处理学生问题时，屡屡受挫。虽然她也在关心学生，表面看上去教师和学生的关系也确实是融洽的。但一层膜隔断了教师和学生们真正的联结，教师于学生们而言，如同水中月一般。

不懂，只有学。宋雅老师相继购买大量书籍和多套网络课程来学习儿童心理、行为特点，学习国内外知名教育者的教育策略，不断实践、反思、再实践，逐渐形成知行结合的工作方法。她努力做一位"科学带班、科学育人"的班主任，运用符合学生身心发展规律的方法解决学生问题，载着他们渡过成长中的一条条小河大江。

（二）南风知我意，吹梦到西洲

在宋雅老师看来，班主任是可以最直接感受教育美好的工作。班主任工作使她明白：爱不是寻找完美的人，而是用完美的眼光去欣赏，用善良的心灵去改善，让每个学生成为更好的自己。有了这样的感悟，宋雅老师才逐渐形成了以"和谐育生"为核心的带班理念。

在"和"理念落地生根的过程中，《天工开物》中的一句话点亮了她："凡珍珠必产蚌腹,映月成胎,经年最久,乃为至宝。"假如班集体是蚌壳,每一个学生不就是棱角分明的沙粒吗? 蚌育珍珠的过程不恰似和谐育人的过程吗? 沙粒经融、润、臻成为光彩夺目的珍珠,学生经磨砺成为有用之才。从那时开始,宋雅老师逐渐形成以"融、润、臻"为特点的教育策略。

蚌育珍珠第一步就是融合异物,和而合之。"和"理念的建设目标是通过体验活动,建立班级制度,使学生对班级产生认同感与归属感。宋雅老师采取悦纳、融合的策略,从悦纳困难个体和悦纳非正式群体两方面作为着力点。砺沙成珠,和而与共。"和"理念的浸润目标在于促进学生自主发展。宋雅老师将情感的润泽和书香的润泽两方面作为着力点,形成浓郁的班级氛围,内化为学生的行为表现。蚌育珍珠到了最后开甲仰照,绽放光彩的时刻,即是和而不同。宋雅老师将铺设平台和激发动机两个方面作为着力点,在班级中为学生搭建多方位的展示平台,使学生的个性发展达到美好的境地。

在"和"理念引领下,宋雅老师的班级形成"一个中心、三条路径、六个着力点"的发展模式,交织成合力,呈现螺旋上升的态势。宋雅老师将教育过程中这些点点滴滴都记录在公众号"和育吾生"中,将教育理念在这里逐渐发酵、沉淀。宋雅老师代表北辰区在天津市第三届中小学班主任技能大赛中获得一等奖,实现北辰区在此赛事中三连冠的佳绩。

(三)银碗里盛雪,白马入芦花

从事班主任工作的这几年,宋雅老师最大的转变就是从把班主任当作一份工作,到把它当作立德树人与自她完善相统一的途径。当宋雅老师有能力去面对学生们带来的种种挑战时,她越发自信;当她能够在面对学生问题时进行情绪管理,她越发平和;当她能真正尊重学生,同时也尊重自己,她越发平等;当她能坚持界限、规则,有立场和原则,她越发清晰。

育人的过程,更是育己。班主任工作让宋雅老师成为更完善的自己,让她收获教育的又一份美好。作为一个土生土长的北辰人,宋雅老师受惠于这片土地。现在的她正用更完善的自我回报这片土地。宋雅老师在校内发挥名班主任的带动作用,带动更多年轻班主任更好更快地成长;在区内发挥引领作用,时刻以名班主任的要求比对自己的言行,以身作则。

四、在学校的沃土中快速成长的青年教师

以体育教师许帅的成长为例(天津市后备人才学校、普通中小学田径运动会优秀教练员)。2017年8月许帅来到北辰区第二模范小学,他的角色由学生变成了教师,从一位青涩的教师成长为学校的中坚力量。回顾三年的成长历程,他历经了希望的春天、炙热的夏天、收获的秋天和等候的冬天,许帅老师每一天生活都伴随着汗水和收获,仿佛一年中的四季伴随着他的成长之路。

(一)希望的春天——历磨难,初成长

怀着满腔热血和雄心壮志,许帅老师成为一名正式的体育教师,刚步入工作时很多事情都不能得心应手,与学生的交流沟通、训练工作以及膝盖的受伤,都对他的工作产生了影响,这时他的师傅孙元媛主任找他谈心,告诉他:"人不可能一辈子都一帆风顺,当你身处逆境时,看你怎么对待逆境,是迎难而上,还是选择退缩。有时逆境能使一个人更快地成长,一个人要懂得生命的迂回,在没有机遇时要善于储藏智慧,而不怨天尤人。在我们的成长过程中就应像一条河流一样,它行进过程中遇到山石或者草丛的阻挡时,懂得迂回而过,从而锻炼了生命。在学校里,一定要不断提高自己的业务,这样才能做让领导、同事信任,学生、家长尊重的好老师。"

这也让许帅老师重新认识了教师这个职业,明白了自己肩上的责任。许帅老师带领的学生在北辰区田径运动会上取得优异成绩,学生司若伊在女子跳高比赛上获铜牌,这也是学校第一枚奖牌,学生程玲涵在女子三级跳远和跳远比赛上获第七名的成绩,学生孙博林在男子垒球比赛上获第五名的好成绩,最终学校获得团体十一名的好成绩。而作为新教师,许帅老师在自身发展方面也有很大进步,在校级"有爱才有教育"教育论坛上获一等奖。这也让他明白,自己应信奉"天生他材必有用",力求把事情做得最好。不畏困难,努力工作,磨炼了

他的意志,让他确信冉冉升起的曙光。他觉得脚下的路,是缓缓升高的山脉,最终会直抵顶峰。

（二）炎热的夏天——在不断学习中成长

1.照耀梦想的太阳。学校十分重视对青年教师的管理与培训,通过多种方法与途径,促进青年教师专业成长。互听互学课,名师引路,拜师结对:学校每学期都会安排互听互学课,名师引路课,提倡教师之间相互交流学习,学校的名师队伍带领青年教师尽快成长。晒技能、说教材活动、教育论坛、读书论坛:定期开展提升教师专业素养的活动,经过不断地思想碰撞,教师共同成长。每月的教学反思和反思:勤于思考,善于总结,就教学教研工作经常性自我反思,找出不足,总结经验,不断进步。每位教师每学期都写出教研论文,研究教育教学中的现象。每周有固定的教研时间,集体备课、评课、观摩、学习、交流心得体会以提高教师的专业素养。科学管理,提升凝聚力:教师分为三类,专家型教师、能手型教师和潜力型教师,形成学校的精英教师队伍,团结一心,为教学工作提供了有力保障。专业引领成就名师:多次聘请市区级教研员来听课,培训教师,帮助教师提高专业和业务水平,扬长避短,形成自己的教学风格和特色。拓宽视野、登高望远:教师去各地、各区、名校进行观摩学习,不断接受新的教育教学理念,在思想上和实际操作上都有明显进步。

2.学习:机会是留给有准备的人。学校科学的管理为许帅老师提供了展示平台,2018年12月,在北辰区模范小学,许帅老师做区级展示课"跪跳起",获得教研员和教师的一致好评。这次做课活动,他积累了很多宝贵的经验,如何借班上课、如何更好地与学生沟通,也让他明白了机会永远是留给有准备的人,要时刻保持学习的心态,不断努力实现自己的梦想。

（三）收获的秋天——在挑战中成长

2018年8月,许帅老师迎来了新学期和新挑战,学校安排他接任大队辅导员的工作,这对他来说是一个未知的领域。校长找到他,促膝长谈,告诉他,作为一名青年教师,要有自己的发展空间,学校也是经过了解,相信他的能力,觉得他可以胜任这个工作，"两条腿走路"对他的发展才是有利的。于是许帅老师接手了新的工作，同时他也明白，在自己的专业领域也不能落下。许帅老师的努力得到了回报，在2018年北辰区田径运动会上，学生捷报频频。学生刘晓诺在女子60米比赛荣获金牌，100米比赛荣获铜牌，学生赵彦斌在男子60米荣获银牌，学生徐征在200米比赛荣获铜牌，男子异程接力比赛荣获铜牌。最终学校获得团体总分第九名的成绩。而许帅老师对自身的工作，也同样尽心尽力，经过不断摸索，少先队的工作和共青团的工作都渐入佳境，并荣获了"自立"教师的称号，让他明白成功是属于敢挑战的人，是锲而不舍突破自我的人。

（四）等候的冬天——实践中不断成长

在许帅老师看来，付出的每一份汗水都是勤奋的结晶。不知疲倦地跋涉让他的青春变得厚重而美丽。在教育这块热土上，他挥洒青春，倾注热情，爱在其中、乐在其中。

在体育教学实践中，许帅老师大胆进行课堂教学改革，在区级展示课"蹲踞式跳远"上，他巧妙地利用游戏"绝地求生"激发学生的学习兴趣，灵活地驾驭课堂，使学生对参与体育运动有很高的积极性。同时为总结经验改进不足，他的师傅每次都给很多教学建议，鼓励他及时进行课后反思，使他的教学水平有了突飞猛进的发展，不断更新观念，拓宽视野，积极摸索体育教学的道路和方向，他正在努力地向名师队伍靠拢，形成自己独特的课堂教学特色。

许帅老师积极投身少先队工作。每周进行升旗仪式，借助国旗下讲话和班级展示教育学生，提升爱国之情。定期开展结合节日特色的少先队实践活动，如国庆节主题活动、中秋节主题实践活动、学雷锋主题实践活动等，丰富学生的业余生活。大队改选活动，充分利用大队委为学生做榜样；少先队入队仪式，让学生爱上红领巾，理解少先队的意义。教工团支部工作圆满完成，2019年3月，许帅老师代表学校全体教工团支部争创天津市青年文明号，并获得一致好评。许帅老师在区级的各项活动中表现突出，圆满完成了任务。

如今，许帅老师明白了教师的成长分为三个阶段。一是初为教师阶段。起始于模仿阶段,勤奋学习,积累知识,通过听课、看录像课学习优秀教师的教学模式。二是进为人师阶段。认真思考,整合知识,积极思考如何利用自身的人格魅力去塑造学生,以自己的德、才、爱给学生,让学生对他有新的认识,能够积极参与体育运动,培养终身体育的意识。三是争为名师阶段。经过迷茫、思考、再到研究,掌握理论知识,形成自己的教学风格,研究符合自身的独特体育课堂。

王国维说:"古今之成大事业、大学问者,必须经过三种境界:'昨夜西风凋碧树。独上高楼,望尽天涯路。'此第一境也。'衣带渐宽终不悔,为伊消得人憔悴。'此第二境也。'众里寻他千百度,蓦然回首,那人却在灯火阑珊处。'此第三境也。"要成为出色的体育教师,就要学会不抛弃,不放弃。力求让自己和每一个学生不断进步、不断走向成功。第一次踏上讲台,许帅老师充满羞涩,茫然不知所措的眼神、语无伦次的讲话将他的稚嫩表露无遗。如今,经历了春的希望、夏的炙热、秋的收获、冬的等候,伴着一起成长的步伐,又是春天了,春天带着无限的生机和碧绿的希望向教师走来。面对挑战,许帅老师表示将更加努力。他又在忙着播种和耕耘,憧憬着秋天更大的收获 。"今朝花胜去年好,料得来年花更红。"相信风雨过后,许帅老师又会迎来崭新的自己。

一花独放不是春,百花争艳春满园。经过几年扎实有效的梯队建设,学校"雁阵梯队"正在逐渐形成。人人求风格,事事有特色;人人做主人,事事有人管;人人得发展,事事显精彩。如今,教师队伍呈现出前所未有的发展动力与活力,教师整体素质得到了较大提升。

第四章 自立的根本

"自立教育" 之德育践行

墨子说："德为才之帅。"党的十九大报告指出，要全面贯彻党的教育方针，落实立德树人根本任务，培养德智体美劳全面发展的社会主义建设者和接班人。实施德育一体化建设，是向立德树人根本任务的回归。建校以来，学校积极探索实施德育一体化改革实践，坚持全域、全员、全课、全程的理念，通过有计划、有组织的德育一体化建设，贯彻落实知行合一的目标，着力提升学生社会责任感、创新精神和实践能力，培养学生高尚的道德情操和公民素养，培育德智体美劳全面发展的社会主义建设者和接班人。

与其守成法，毋宁尚自然；与其求划
一，毋宁展个性。

——蔡元培

第一节
心灵阅读——"阅读+"主题系列活动

　　培养学生的良好品德是学校教育工作的重中之重,除了教师的言传身教以外,学校以开展育人活动为依托,全方位地塑造学生的品德。"寓教育于活动中"是学校德育活动的指导思想,学校注重让学生从阅读行为和实践活动中学习和践行良好品德。

　　阅读活动是学校开展的德育活动之一。阅读活动落实到每个年级、每个班级,并开展各种阅读展示活动,把阅读活动向外延伸和拓展,走进学生生活的方方面面,通过阅读活动促进其他德育活动的开展。学校自建校以来,一直重视学生阅读习惯的培养。为了使阅读活动常态化、制度化、特色化,学校开展了"阅读+"主题活动:一是阅读内容无边界,各类图书都涉猎;二是阅读空间无限制,校内校外都进行;三是阅读媒介无界限,纸质书、电子书都可学习;四是阅读方式多样化,可采用自己读、与同学或家长共读等方式。

一、悉心营造阅读氛围,让阅读在心中萌芽

　　对学生们而言,从小就体味读书是一件快乐的事情,从而能够终身享受书籍所带来的无穷乐趣,也许就是社会、学校与家长所共同给予他们的最好的童年礼物。多年来,学校始终努力营造一种高雅的阅读文化氛围,各层楼道的文化长廊按"与大师面对面"的主题精心设计,层层彰显学校"自立教育"特色。如一楼的"教育家"、二楼的"文学家"、三楼的"科学家"、四楼的"艺术家"。学校教学区二楼是专门的"阅读推荐"园地,那里分年级推荐阅读书目和小学应

掌握的古诗词，整体为学生构建了小学的读书计划。同时各楼层还分别设置了阅读漂流区，每个漂流区的书采取班级整体借阅和学生自带好书的方式，图书每个月进行更换。这样，整个班级就形成了一个图书广场。学生们每天徜徉其间，耳濡目染间就会受到文化的熏陶。每个学生都有自己喜欢的书，这些书会伴随他们的一生。学校利用家长会、家长微信群等多种渠道向家长发出呼吁，在每个家庭中让学生有自己的藏书架，要让学生们在书海中生活，在琅琅书声中成长。

二、回归课堂主阵地，让读书在心中扎根

激发学生课外阅读的兴趣，主动帮助他们选择课外阅读的内容，经常性地围绕课外阅读组织形式多样的阅读交流活动，和学生一起徜徉在书的海洋，让课外阅读丰富学生的精神生活，成为学生健康成长道路上的航灯。在实践探索中，学校将自编阅读资料和选用课外书籍结合，将必读书目与选读书目结合，帮助学生养成阅读习惯，提高阅读能力和语文素养。

（一）自编阅读资料和选用课外书籍结合

学校自编阅读资料以学校"自立教育"为题材，每年级一册，分"自信""自主""自强""立德""立功""立言"六个板块呈现。编写力求循序渐进、螺旋上升。此内容将于每周的校本课上落实完成，既培养阅读能力又渗透学校文化，一举两得。课外书籍的选用采取集体研讨的选用方式，分必读和选读来推进。

（二）必读书目与选读书目结合

选用的课外书籍分为必读和选读，均有指导有落实。必读课外书分为两类，一是背诵积累：学校选用了叶嘉莹先生编写的《给学生的古诗词》，分年级背诵，六年完成。由语文教师带领学生在语文课上进行拓展阅读并通过过程性评价手册进行记录。二是培养阅读兴趣，扩大阅读量。各年级均根据《课程标准》要求和学生阅读喜好进行阅读书目推荐。如一年级阅读绘本图书，《爷爷一定有办法》《我的爸爸叫焦尼》《猜猜我有多爱你》《爱心树》《我爸爸》《不一样的

卡梅拉》；三年级推荐著名童话书等。这些书籍均在校本课上阅读。选读指的是学校分年级的推荐书目。各年级均从文学、科学、人文这三个方面为学生分类推荐书目，通过在班级QQ群、微信群发送给家长的方式，由学生自主选读或进行亲子共读。

三、用活动来助推，让阅读成为习惯

苏霍姆林斯基说："学校应当成为书籍的王国。"学校尤其注重创设多种平台，激发学生读书兴趣，引领学生在阅读活动中逐渐养成良好的读书习惯。

（一）四类活动，阅读常态化

1.日活动。晨读十分钟：由班主任带领学生进行古诗词积累，按照学校规定的篇目，每周背一首古诗词，逐一落实。第一周各年级交进度篇目。背诵的内容由语文备课组长于每周五将本年级背诵的古诗篇目发至学科组长处，从第二周开始进行古诗背诵。听书活动："二模之声"广播站每天中午为学生播放名著讲书。本学期在上一学期广播的基础上推陈出新，为了让更多的学生参与到活动中来，学校增加了"我是小作家"的美文分享版块，即每周各年级可推选一名学生到广播站朗读自己的作品或推荐改编的故事。

2.周活动。图书漂流：以班级为单位，在学校推荐的书目中学生各自挑选自己感兴趣的图书进行购买，班主任组织学生在班级内进行互换阅读。图书漂流活动由班主任负责组织，每名学生带3～5本图书，每两周交换并进行读书体会交流。

3.月活动。开展阅读之星评选活动。3月：阅读分享星，结合假期共读书目进行分享交流；4月：有声阅读星，"我是校园朗读者"、班级朗读赛；5月：阅读特色班级推选，每班开展一次具有班级特色的阅读活动；6月：阅读积累星，根据阅读量评选"小书虫"；9月：故事大王比赛，班级评选——阅读表达星；10月：亲子阅读展示，班级评选——阅读共读星；11月：我最爱的一本书——读书分享会，班级评选——阅读分享星；12月：我的读书排行榜（从开学初开始累积，

每读完一本书,贴一个粘贴,读得最多的学生获阅读之星),班级评选——阅读广博星。

结合阅读之星的评选,学校制订了具体的评比细则以及考查侧重点,其中高年级侧重考查学生"读有所悟",考查其是否能将所读书与自己的学习、生活结合起来,读有所思,读有所悟,用阅读来丰富自己的人生。中年级侧重考查学生是否"会读书",考查其阅读活动的个性化、全面性和深入性,即阅读内容不单一、初步有个人的阅读倾向和阅读见解等。低年级"阅读之星"的评选,侧重考查学生是否"爱读书",考查其阅读兴趣的培养和良好阅读习惯的养成。不同主题、不同内容的"阅读之星"评选活动,营造了学校浓厚的学习氛围,大大提高了学生的读书兴趣,有力推动了书香班级、书香校园建设。

4.学期活动。在"世界读书日"当天,学校举办"书香浸润童年,阅读点亮人生"活动。活动采用丰富多彩的方式展示各班、每个学生的阅读成果。

(二)特色活动,感受乐趣

书是无言的老师。一本书超越时间与空间,与世界同在。读书会带来人教养的提升,书香可改变人的气质。以每年的"世界读书日"为契机,学校开展了内容丰富、形式多样的读书节活动。如2018年的世界读书日的关键词为"知识因传播而美丽,心灵因交流而贴近",结合这一主题,学校将读书节主题确定为"与经典同行,润人生底色"。同时,将世界读书日所在的周确定为读书周。在4月24日启动仪式的这一天,所有的语文课和校本课都成为学生们的阅读专享时段。班级读书会,师生同读一本书,亲子共读一本书……在亲子互动、师生互动中,形成了一种无形的督促,同时在共同的参与中,又进一步增进了师生、亲子间喜欢阅读、乐于表达的情感。

结合校园读书节的整体规划,学校又开展了寻找"校园朗读者"的活动,各班分别开展了主题朗读大会,人人参与,人人展示,人人都在享受读书的乐趣。在各班推选的基础上,学校举办了"美文共分享,朗读传真情"朗读大会。活动中,学生们神采奕奕地走上了前台,用诵读、吟唱等形式,以儿童的眼光或深情诉说,或娓娓道来,将经典美文、课内名篇演绎得惟妙惟肖、声情并茂。活动不仅充分展示了学子的风采,掀起了读书的热潮,更使学生们在润物细无声、春风化雨般的朗读氛围中陶冶了情操,拓展了视野。同时,这一活动,家长全程参与其中,实现了以小手拉大手,初步达成了亲子间以经典为友、以阅读为伴的目标。

(三)精品活动,延展乐趣

1.课外阅读。当家长与学生共同有了表达的欲望,学校要做的就是要为他们搭建平台。这样,一个全新的栏目"我们一起来读诗"应运而生。在栏目开头有这样一段文字,概括了学校的初衷:"创设'一起来读诗'这个栏目,是想用读诗的方式,为学生们探寻一片可以让灵魂栖息的诗意空间。用读诗陪伴学生成长,用读诗给学生最好的精神滋养。与其把'一起来读诗'当作一场文化盛宴,不如把'读诗'变成一种生活习惯。"

结合学生们晨读中背诵的叶嘉莹先生主编的《给学生们的古诗词》一书,学校开展了亲子微阅读评选活动:由学生诵读古诗,由家长对诗歌进行深入的阐释,或诗意地解读,或讲述诗歌创作背后的故事,或分析诗歌的艺术特色。家长将亲子诵读内容录制成微视频,学校按年级进行集中推送,由全校家长等大众评委进行微信投票,评选出年级书香家庭。一石激起千层浪。"一起来读诗"这一栏目一经推出,点燃了家长的参与热情,栏目每期平均阅读率超过2000人次,其中最高的一期达到了8869人次,栏目组每期都会收到家长的大量稿件。

2.课上共读。校本课上师生共阅读:如一年级的阅读书目是《一百只蜗牛去旅行》,二年级的阅读书目是《我要做好学生》,三年级的阅读书目是《时代广场的蟋蟀》,四年级的阅读书目是《窗边的小豆豆》等。同时教师还引导学生一起阅读学校自编的校本教材,受到"自立精神"的教育。教师、学生与家长在经典诵读中享受着阅读的快乐,感受着被关注、被期待的乐趣。优秀文化丰富人的精神世界,增强人的精神力量,促进人的全面发展。倡导全民阅读、共建书香社会,学校始终在前行。

四、创设阅读环境，展示阅读成果

学校植根中华优秀传统文化，着力创设具有现代气息、厚重深远、儒雅大气的书香校园环境，使师生都沉浸在充盈着书卷气息的校园氛围之中。学校每个角落都在说话，引领和激励着学生自立自强。

（一）班级图书阅读区

阅读区的图书由图书馆借阅的图书和自带图书组成，学生自主管理，随时借阅，各班自制书单，一是方便管理，二是展示班级阅读成果。

（二）班级阅读展示区

在每班门口，有"智慧苑"展板，用来进行阅读展示。展板内容根据每月相应的阅读主题活动，张贴阅读之星海报。展板中包括：阅读之星自我介绍和阅读图书的心得；统一设计班级读书排行榜，学生每读完一本书，就在自己的名字后面粘贴一个标签；开展"小书虫"评比活动：布置与当月阅读主题一致的作品；读书名言分享：每月更换，名言与本月的阅读主题相关。

（三）二楼 B 区楼道阅读展示架

由教学处根据每月的阅读主题，进行布置。教务处征集当月各班优秀阅读成果，如诗配画、好书推荐卡、读书摘记书签等，在此集中展示，形成互学、互交流的氛围。

（四）阅读共享开放区

学校阅读共享开放区是阅览室。每学期，每个班的学生由班主任负责统一借阅图书。每天中午学校的图书馆对外开放，班主任可带领学生在阅览室内进行阅读，图书管理员老师在阅览室办公，并做好班级读书情况的登记和服务。

五、阅读活动形成系列，让读书成为内在需要

经过几年的探索，学校从整体上已经形成了良好的读书氛围。为了保障课外阅读活动的顺利开展，为了促使每一个学生能主动地、持之以恒地进行有益

的课外阅读，能与书籍结成终生的朋友，学校遵循学生的认知规律，初步确定阅读的基本"序列"，对各年级的具体目标和要求提出指导性意见，让学生的课外阅读从时间上、内容上充盈起来，使之形成一个系列。同时能让学生了解到哪些书籍适合他们阅读。确定各年级的阅读重点和数量指标，以此作为评价的依据。

　　文化如水，润泽万物而无声；书香如风，涤荡心灵于无形。在书香校园的文化建设中，学校交出了一张让学生开心、家长放心、教师舒心、社会满意的答卷。学校坚持以人为本，强化"自主+合作"的指导思想，牢记使命，锐意进取，以学生的核心素质发展为最终目的，进一步强特色、树品牌，不断提升学校文化品质，为学生的生命成长打好底色，真正地促进素质教育落地生根结硕果。

第二节

共生视野——环保考拉品牌活动

环境保护与可持续发展是我国的一项基本国策,是现代社会和未来发展对公民素质的基本要求,是实现可持续发展战略的重要内容。以为环保教育的主阵地,带动家庭和社会共同致力于环保,形成从我做起、全民参与、共同打造绿色家园的良好局面,是学校环保教育特色发展的必由之路。学校确立了"因地制宜、小处着眼、三位一体、做新做实"的环保教育理念。

"寓教育于活动中"是学校德育活动的指导思想。德育活动分别从学校和班级两个层面开展。学校活动是"两常规一特色","两常规"即为学校的美月佳节活动和"自立"少年教育活动;"一特色"即基于学校周边和学生实际开展的"考拉带你做环保,一心两翼环保行"特色活动。

一、基于校情学情,确定新颖务实的主题

为贯彻学校环保教育理念,学校选取了"垃圾不落地"为切入点,确定了"考拉带你做环保,一心两翼环保行"的主题。考拉是一种有袋动物,深受学生喜爱,将它作为吉祥物可以激发学生参与活动的兴趣。为此,学校自主设计了考拉一家手牵手的活动吉祥物。其寓意有二:一是考拉身上的"袋"寓意环保中的"袋",提醒学生随身携带垃圾袋,自己垃圾自己装,见到垃圾主动捡。二是考拉一家手牵手,寓意学生带领家长,全家一起做环保。"一心两翼"中的"一心"是指以学校活动为中心,"两翼"是指以家庭活动和社区活动为支撑,扩大活动辐射面,形成全社会关心环保,身体力行做环保的氛围。

图4-1　"考拉带你做环保，一心两翼环保行"海报

二、做好顶层设计，开展丰富多彩的活动

开展任何一项活动，只有做好顶层设计，才能使活动目标明确，稳步推进，确保落实。为此，学校先后研究制定了活动计划、活动方案和评价方案，在此基础上，按照学校、家庭、社区分阶段推进的方式开展了丰富多彩的活动。

（一）学校活动

1.提出倡议，宣传环保。为营造活动氛围，让学生了解活动的意义，调动学生参与的积极性，学校召开启动大会，邀请本区环保局和教育局相关领导以及社区代表和家长代表参加。在会上，宣读了学生倡议书和家长倡议书，并将倡议书发放到每个人手中，倡议大家从不乱丢垃圾，主动捡拾垃圾这样的小事做起，积极参与到环保活动中来。学生代表、家长代表、社区代表和校长依次表达了做好此次环保活动的决心，北辰区教育局领导对学生们寄予殷切的期望。

2.迷你套装，助力环保。要做到垃圾不落地，在学校层面需要解决两个问题：一是废纸类垃圾如何处理，二是铅笔屑、尘土等垃圾如何清理。第一个问题我们要求学生携带垃圾袋，自己的垃圾自己装。针对第二个问题，学校为全体学生购买并赠送了环保套装，套装里有小笤帚和小簸箕，这样学生可以随时清扫自己身边的垃圾。经过一段时间的实践，现在学生已经养成了好习惯，学校的纸篓不见了，垃圾减少了，教室和楼道、校园环境更好了。

3.多彩活动,体验环保。为增强活动效果,学校先后开展了环保小考拉手抄报征集活动、名片制作活动、宣传语创意活动、变废为宝手工DIY活动等。学校召开环保主题大会,学生以歌舞、快板、评书、啦啦操、戏曲戏剧等方式来表达自己对环保的理解与热情。我们还根据考拉一家吉祥物制作了玩偶,一起和学生们"嗨起来",学生们特别喜欢,在潜移默化中增强了"垃圾袋里装"的理念。

（二）家庭活动

家庭是社会的细胞,也是学生接受启蒙教育的地方。家庭教育与学校教育发挥合力,才能使活动效果最大化。为此,学校一方面在开展活动时,邀请家长共同参与,另一方面也设计了家庭活动,让家长们参与到环保中来。学校开展了"环保小考拉随手拍"活动,学生们与家人一起捡拾室外垃圾、维护环境卫生和在自己家中用好垃圾袋、垃圾不乱扔时,用拍照片或拍视频的方式记录下来,配以文字发送到班级群,在班会课上组织交流展示,在此基础上评选出优秀随手拍家庭上报学校,学校通过微信公众平台进行推送,号召每个家庭向榜样学习。

（三）社区活动

为进一步扩大活动辐射面,将环保理念由家庭扩展到社区,学校带领环保小分队走进各社区开展宣传活动。

1.小小环保宣讲员。针对周边社区具体情况,学校自编了环保宣传单。小宣讲员们分发环保宣传单,并为居民进行宣讲,同时还向居民赠送环保袋,这增强了人们的环保意识,也使学生自身受到教育。

2.小小环保艺术家。各艺术社团编排了环保节目,在社区进行表演。快板、歌舞剧、歌曲、舞蹈、评书等丰富多彩的节目和小演员们精彩的表演赢得了社区居民的阵阵掌声,将环保宣传寓于喜闻乐见的节目之中,取得了很好的效果。

3.小小环保记者。环保小记者走进社区对环保活动进行实时跟踪报道,采访社区居民对环保问题的想法和对学校环保活动的意见和建议,及时将活动情况反馈到社区公共平台上,使更多的人了解环保小考拉活动,让更多的人参与到环保小考拉活动中来。

4.带领居民清垃圾。在社区活动中,学生身体力行,为社区进行义务劳动,捡拾小区内的垃圾,用实际行动进行环境保护。他们的行动影响和带动了居民们一起投入到捡拾清理垃圾的行动中来,并得到了一致的赞扬。

三、创新评价方式,发挥评价促提升的作用

评价具有导向性、激励性,可以调动学生参与环保活动的积极性,为此,学校精心对评价进行了设计。

1.环保考拉明星学生。学校制定了《班级考拉日志》评价方案,对学生环保行为进行记录。包括使用垃圾袋情况、使用迷你清洁套装情况、书报柜和书箱整洁、脚下地面无纸屑、主动捡拾垃圾等。班主任进行考评,每月每班评出环保考拉明星学生,学校颁发环保考拉积赞卡,奖励学生的环保行为。同时,这个集赞卡可以在每年一度的义卖活动中使用。

2.环保考拉明星班级。学校制定《考拉班级评选方案》,根据每天检查情况,每周进行总结点评,号召大家向做得好的班级学习,不足之处共同改进。每月根据分数,评选出考拉明星班级,颁发锦旗悬挂在班级门口,增强集体荣誉感。

3.环保考拉明星家庭。为推动家庭加入环保活动,学校开展了环保考拉明星家庭评选活动,设计了自评表,学生根据自己和家庭成员一起在社区内、在外出时主动捡拾垃圾、外出携带垃圾袋等方面进行自评,并和家长一起制作随手拍小视频。期末在班级海选基础上,学校分年级以微信公众平台投票的方式各选出环保考拉明星家庭,鼓励家庭的环保行为,树立榜样,发挥辐射和示范作用。

四、活动深入人心,以点带面作用彰显

在学校组织的"环保考拉"活动中,学生的环保热情不断高涨,每天用环保

迷你套装清洁周围的环境,携带垃圾袋捡拾身边的垃圾,已经形成了习惯。学校的垃圾量明显减少,垃圾桶不再被使用,学生无论在校园内还是春游外出活动,从不随手扔垃圾,看到垃圾就主动捡起。虽然目前学校门口还在建设中,但是看不到垃圾满地的情况,可见活动已深入学生心中。

这项活动还得到了家长的支持和认可,很多家长反馈,开展环保小考拉活动以来,学生的环保意识明显增强,垃圾袋利用率高,乱丢垃圾现象减少,连家长们都自律起来,不然学生是要提意见的。

社区实践活动反响热烈,居民们现在一听说学校学生来做环保宣传,都会踊跃参加,不停询问学校的活动内容,社区居民们都纷纷表示:"环保宣传要从学生抓起,开展这样的活动意义重大,希望以后多开展类似的活动,让大家共同参与其中。"

学生们在"考拉带你做环保,一心两翼环保行"活动中,潜移默化地培养了环保意识,并带动学生在其他方面致力于环境保护之中。学校充分发挥环保教育的核心作用,让家庭和社区教育展开双翼,让环保理念深入人心,发挥"1+2>3"的作用。

第三节

氛围熏陶——自立班级创建活动

"自立教育"是学校的育人特色,在德育实践中,学校紧紧围绕"扬自立精神,育自立少年"开展各项活动,通过内容丰富、形式多样、能使学生产生积极情感体验的浸润式活动育人。班级是学生生活和学习的地方,加强班级建设和班级管理是育人最重要的途径。为此,学校开展了自立班级创建活动。活动内容分为两个方面,一是常规管理培养良好习惯,二是班级文化促进特色发展。

一、常规管理培养良好习惯

叶圣陶先生说,教育就是培养良好习惯。为了培养学生的良好习惯,人人争做自立少年,学校采取了两项举措。

（一）编写《好习惯三字经》

学校基于本地区学生实际,自主编写了《好习惯三字经》,这个学习材料在学生入学时,人手一册。教师利用校会课、班会课等时间带领学生一起学习,这种令学生喜闻乐见的方式取得了很好的教育效果。如《行为好习惯三字经》内容如下:

进学校,衣整洁,见到人,问声好。到学校,先开窗,勤通风,空气新。楼道里,靠右行,轻轻说,慢慢走。不追逐,不打闹,保安全,最重要。进教室,轻推门,进门后,慢慢关。课桌椅,排整齐,不乱画,爱护它。做值日,要认真,主动干,细擦扫。墙壁白,不涂画,爱公物,人人夸。有垃圾,放纸篓,见垃圾,主动捡。室内亮,灯快关,水龙头,用完关。上厕所,有秩序,水池里,不扔物。同学间,要友好,不打架,不骂人。谢谢你,对不起,礼貌语,要牢记。保环境,爱花草,不去摘,不去踩。捡东西,要上交,借东西,要归还。出校门,不拥挤,跟老师,说再见。放学后,快回家,为安全,不乱跑。

再如《学习好习惯三字经》内容如下:

小书包,勤整理,物品全,摆放齐。书和本,要整洁,不乱画,不折角。上学前,要预习,有不懂,用笔记。上课前,做准备,摆书本,拿文具。上课铃,丁零零,快坐好,静下心。上课时,认真听,爱动脑,多举手。发言时,声洪亮,同学说,耐心听。读书时,双手拿,腰不弯,背不弓。写字时,坐端正,尺拳寸,记得清。中国字,四方方,横与竖,写端庄。学功课,要复习,多交流,勤请教。好读书,读好书,多读书,人人夸。

常言说,身教重于言教。为了更好地发挥教师以身示范的作用,学校还编写了《教师好习惯三字经》,让教师们一起学习,并落实在实际行动之中。这样,师生共同规范自己的言行举止,养成了良好的工作和学习习惯。内容如下:

师之道,重身教,爱岗位,爱学校;严治学,有头脑,勤学习,多思考。对学生,常微笑,戒讽刺,戒急躁;不责骂,不体罚,严要求,多疏导。待家长,有礼貌,见同事,互问好;多联系,常沟通,善合作,会协调。知荣辱,守禁令,不办班,不索要;树形象,练素质,讲奉献,品格高。进课堂,关手机,守纪律,不迟到;为人梯,润桃李,多培优,常辅导。言谈雅,举止端,讲正气,求实效;想大局,顾整体,创佳绩,立功劳。

（二）加强常规管理

对学生来说,他们虽然了解了基本的行为规范,但是自我约束能力和好习惯的形成,离不开常规的管理。为了知行统一,学校结合"自立教育",开展了自立班级评比活动。这项活动首先是班主任共同研究评比细则,使细则更符合师生的共同需求。然后德育处将大家的意见汇总梳理,形成细则最终版。接着,由德育处牵头,带领全校师生共同学习评比细则,让每一项常规要求深入人心,用以规范自己的行为,培养集体荣誉感。在开展评比时,采用学生检查团检查与教师日常巡视相结合的方式,对各班常规管理进行检查。检查结果采取周评、月结、期末表彰三步进行。周评,指德育处每周根据检查结果公布成绩,优秀者被评为自立班级,在升旗仪式上颁发流动红旗。月结,指在每月例会上,对该月各班情况进行总结,评选出该月的一二三等奖班级,并根据当月问题进行点评指导,对好的做法进行分享,起到以评促发展的作用。学期表彰,指在学期末,对各班总体情况进行汇总,成绩与班主任绩效考核、学校自立班级评选、三好班集体竞选挂钩,对优秀的班集体进行表彰。这一评比强化了常规管理,使学生明确规则,严于律己,逐渐养成了良好的行为习惯。

二、班级文化促进特色发展

自立班级建设除了规范常规管理,培养学生良好习惯外,各班根据具体情况,营造班级文化,制定治班方略,进行特色建设。

(一)营造班级文化

班级是学生共同学习、成长的地方,每个班级都会形成自己独特的文化。为了创建适合师生健康成长、全面发展的特色班级文化,学校制定了《班级文化建设方案》,为全体教师培训,并指导班主任进行整体规划,以此引领班级文化建设。

(二)制定治班方略

在班级文化确定后,班主任撰写治班方略,以此来实现文化育人的目标。治班方略指的是班主任建设班集体的方针、策略、方法的集合,是班主任工作中相对稳定、体现优势、富有个性、师生认同的工作特色。

1.班集体建设要素。活动要素:活动育人、活动创新;班风要素:文化建设、氛围熏陶、环境育人;目标要素:责任、爱国主义、集体主义、法制、情感、养成、尊重;人际关系:师生、生生关系,师生、生生沟通,师生、生生互动;组织要素:组织建设、班干部培养;制度要素:制度建设、制度育人。

2.班集体建设理念。激励教育、赏识教育、成功教育、愉快教育、和谐教育、主体性教育等。

3.班集体建设方式。榜样引领、以情育情、管理育人、集体教育、发展性评价等。

班主任根据要求制定治班方略后,德育处会逐一进行审核,提出修订的建议。待班主任修改完毕后,德育主任组织召开班主任例会。例会上,全体班主任就自己的治班方略进行交流,大家相互学习,对照反思,这样的做法使班主任在班级文化建设和班级管理方面的顶层设计能力和执行能力不断增强,各班呈现了百花齐放的良好局面。

第四节
践行求真——"自立教育"的德育实践

一、"阅读＋班级"特色活动

问渠哪得清如许,为有源头活水来。为营造班级爱读书读好书的良好学习氛围,提高全班学生的阅读理解能力,建设学习型的先进班集体,结合学校"阅读＋活动",董娟老师根据本班"径园"文化开展了一系列读书活动。

为保证读书活动取得明显效果,董娟老师对活动认真设计,结合班级"径园"文化进行科学策划,逐一落实。学生在自己阅读之后利用自己喜欢的方式进行分享和表达。学期初,每个学生根据自己的学习要求和兴趣爱好,明确各自所读书目,制订个人读书学习计划;平时董娟老师要求学生充分利用有效时间认真读书,小组长负责对大家读书进展情况加以督促和检查;结合学校阅读分享活动组织学生进行读书心得交流,每人用2至3分钟左右的时间汇报自己近阶段的读书收获和体会,评比"阅读之星"让大家在获得荣誉的同时分享读书的乐趣和喜悦。

从大家交流的情况来看,读书活动取得了积极的效果。大部分学生能根据学校要求及读书计划进行选择性阅读。有的学生谈到,读课外书对自己帮助很大。读课外书能丰富课外生活,提高自己的写作能力。有的学生认为,看了课外书使他们了解了很多知识,懂得了很多道理,学到很多为人处事的好方法。有的学生在交流汇报中锻炼了演讲的勇气与推荐图书时落落大方的仪态。有的学生在阅读表达中发展了个性,锻炼了特长。学生在读书活动中收获了不同快乐与成长。

"阅读＋活动"营造了浓厚的读书氛围,活跃了紧张的学习气氛,学生们都觉得收获很多,体会也很深。一是普遍感到"开卷有益"。平时读书没有目的,比较随意、盲目,学习效果也不理想,采用这种读书方式,有目的,有检查,这对学生很有帮助。二是学生们逐步养成读书的习惯。通过有组织的读书活动,大家觉得读书有意思,培养了读书的兴趣,养成了读书的习惯。不论是为"嗜好"读书,还是为"学习"读书,都会给人带来乐趣,成为一种良好的生活方式,使人受用终身。

当然,对活动的意义,有学生认识比较到位,有学生还停留在完成任务层面;读书交流的表现也不是很平衡,有的学生不仅平时读书认真,而且交流准备也很充分,撰写了发言提纲,甚至制作图书漫画、推荐卡,表演欲望强的学生还准备了情景表演。而有学生则没有任务观念,表现出比较被动的态度,为了任务而读书。学校将进一步规范各班读书活动的组织,培养学生良好的读书习惯,营造浓厚的学习氛围,通过培养学习型个人,建设学习型的先进班集体,为争创"特色阅读,人人发展"而努力。

二、开展班级阅读活动,培养良好阅读习惯

为了营造读书氛围,鼓励学生与书为友,爱读书、会读书、读好书,促使学生养成良好的读书习惯,提高审美情趣和文明水平,让浓浓的书香伴随学生的健康成长,结合学校读书活动要求,徐丽航老师所带班开展了丰富多彩的读书活动。

（一）以旧换新,创设氛围

通过学校组织的考拉易购节、图书义卖等活动筹措班级图书购买资金,利用旧书籍、旧物品换取新书。在购买新书之前调查好最受同学们欢迎的图书类别,针对学生兴趣爱好教师给予推荐,使学生对阅读活动充满期待。徐老师提出了"特色阅读、创意分享"的倡议,创设良好的读书环境,同时也促进学生个性

发展。设立班级图书角，鼓励学生捐书，同学间借阅分享。在徐老师的指导下，每个学生制订了切实可行的个人读书计划。

（二）强化常规，养成习惯

班级根据学校课程安排开展读书活动，为学生创设一个分享、表达的空间，初步培养读书习惯，掌握良好的学习方法。在学生阅读有兴趣的基础上，指导学生阅读的一些方法，养成不动笔不读书，每读书每思之的习惯。徐老师引导学生在书上随时记录感想。可以圈画好词佳句，反复赏析，也可摘录情节加以演绎或者制作创意图书，如读书摘记卡、阅读手抄报、我的人物书签等。学生分组活动，对于热爱同一类型书籍的学生结成小组，组长负责监督阅读，组员之间互相学习探讨，组内商定阅读分享、阅读表达形式，鼓励合作与创新。美化教室，创设读书氛围，那美丽的板报设计加上同学们的优秀读书心得，充分发挥了班级黑板报的作用，极力营造读书氛围，使学生从思想深处认识到读书的重要意义，教室里洋溢着浓浓的读书氛围。

（三）人人参与，特色展示

让读书成为生活的常态，表达分享让生命呈现绿色。特色阅读、个性表达是读书活动的一个重要内容，学生在读书中体验到了阅读的快乐，体验到生活的多彩。把读书和活动紧密结合起来，活动的趣味性越强，读书就更富有吸引力。开展读书心得交流、制作书签比赛、手抄报比赛、话题作文以及读后感比赛等活动，从而让每个学生都参与到读书活动中来，培养他们的兴趣，真正变得爱读书、会读书，并且体会到其中的乐趣。通过读书活动，使爱动的学生变得安静，使喧嚣的教室变得宁静，使浓浓的读书氛围充满整个教室。

如在学生读"戴小桥和他的哥们儿"系列丛书后，学生们分组展示，情景表达组的学生们演绎书中情节，自制道具，小话剧生动活泼。绘画表达组的学生将人物绘制在纸上并对人物个性外貌进行解读，使得学生对于书中人物关系以及故事情节理解更加透彻。学生们精心制作书签，摘抄精美句子使阅读乐趣更丰富。在活动结束后颁奖典礼也是重中之重，每个类别选取一名阅读之星，受众面广更加激发学生的阅读兴趣。

读书使学生们成了主动学习的人,他们会自主探究学习过程中出现的各种问题,通过各种信息渠道来决问题;读书使学生们成了生活的主人,他们的独立精神、自我意识在多样的读书活动中日益彰显;读书使学生们成了善交流、会合作的人,他们的团队精神、责任意识在逐步形成;读书使学生们成了有思想,有个性的人;读书更使学生们懂得了许多做人的道理,明白了人生的价值、生命的意义。读书的学生越来越聪明。阅读习惯并不是一朝一夕所能养成的,读书活动只是学生读书征程的开端。为了学生的长远发展,各个班级将在引领学生读书的道路上不懈努力,一路前行。

三、学校、家庭、社区手牵手,环保考拉在行动

"爱心小考拉"易购节作为学校开展的学生生活体验系列活动,旨在为学生提供绿色、便捷、互惠的实践平台,践行低碳理念,促进物品循环利用,帮助学生们体验生活。活动时,学生会从家里带来废旧物品在易购节上进行换购。毛绒玩偶、图书、各种玩具、学习用品等可谓琳琅满目。这些物品虽然在学生自己家里是废旧物品,但是可能对其他学生来说是需要的。这种换购活动一是增强了学生对废旧物品再利用的意识,二是起到了保护环境的教育作用。每次活动时,全体师生都兴致勃勃地参与其中。

活动现场人头攒动,气氛热烈。各类物品摆满了校园操场的每个角落。各班会制作具有班级特色的展示牌进行宣传。活动中,学生们使出了浑身解数"招揽顾客",甚至别出心裁摆出创意造型,热情地向"顾客"推荐物品。丰富的品种、超低的价格吸引着众多学生纷纷加入淘宝的队伍中来。新颖别致的宣传海报写着大大的"甩卖""买一送一""清仓处理"等字样,一声声富有个性的吆喝声吸引着"买家"驻足挑选。往往在很短的时间内,班级的物品就会售卖一空。活动的开展,不仅让学生们懂得要珍惜现在的幸福,要爱惜我们使用的每一件物品,更让学生们通过体验明白分享的快乐,让低碳环保的种子在学生的

心间生根、发芽、开花、结果。

　　家庭活动之环保考拉随手拍活动。每到小长假或寒暑假，我们就会开展环保考拉随手拍活动。同学们和家长一起走出家门，走向社会，践行学校环保活动的宗旨——垃圾不落地。在随父母外出游玩时，自行携带垃圾袋，更和父母一起，捡拾垃圾，扔进垃圾桶里，自觉保护环境。家长们在和学生一起参加活动后纷纷表示："这项活动，使我们和学生一起出去游玩的意义更大了，一家人不仅能享受游玩带来的快乐，更能一起体会到保护环境的快乐。""看到学生不仅能够改掉随手扔垃圾的毛病，还能和我们一起捡拾身边的垃圾，扔进垃圾桶，看来他真的在学校的环保教育中逐渐懂得爱护我们的环境了，我为他感到骄傲。"

　　从家长的反馈中，从一张张照片和小视频中，我们看到了一群环保"小考拉们"正在用自己的实际行动保护我们的环境，不过，这也仅仅是活动的开始，今后，学校会坚持将环保小考拉活动继续下去，期待涌现出更多的环保考拉小明星和环保考拉明星家庭，带动周围的人一同保护环境，把环保活动落到实处，使环保小考拉活动常态化，让学校环保工作迈上一个新台阶。

　　社区活动之环保考拉宣传员活动。为了使学校环保教育活动效果最大化，更好地发挥学校教育的辐射作用，学校定期联合社区开展各类环保活动。如分发环保宣传单、表演环保节目、清理社区垃圾等。学校还与北辰区环保局一起，在社区开辟了环保教育阵地，开展环保知识讲座活动。活动本着绿色环保的健康理念，以雾霾天气带来危害的真实案例让居民了解到雾霾的危害，介绍"绿色环保"的理念，呼吁大家保护环境，珍惜资源，引导公众选择低碳健康的生活方式。居民们也纷纷交流环保节约的经验和节能环保的小妙招，发动身边更多的人加入环保行动中来。这些社区活动的开展得到各界一致好评，真正起到了以学校教育推动社区建设的作用。

四、"和育吾生"——班级文化创建之实践

　　宋雅老师是学校班主任中的佼佼者，北辰区名班主任。她在班级文化创建

中有自己独到的特色。她将治班理念确定为"和"——以和谐育生。这样的治班理念也是教育对象与社会时代的需求。假如班集体是蚌壳,每一位学生不就是棱角分明的沙粒吗?蚌育珍珠的过程不恰似和谐育人的过程吗?沙粒经融、润、臻成为光彩夺目的珍珠,学生经磨砺成为有用之才。从那时开始,宋雅老师逐渐形成以融、润、臻为她的教育策略。

（一）融，和而合之

蚌育珍珠第一步就是融合异物,这一阶段和理念的建设目标是通过体验活动,建立班级制度,使学生对班级产生认同感与归属感。她将悦纳困难个体和悦纳非正式群体两方面作为着力点。

悦纳困难个体。班级应包容每一个学生,让班级成为每一个学生的家。首先,进行团体心理辅导:召开"悦纳他人""其实她很不错"等团体心理辅导课。接着进行个别辅导:针对离群的学生,进行有针对性的个别辅导。

悦纳非正式群体。宋雅老师通过多种方式融合小团体的力量,吸纳被排斥在小团体外的学生积极参与集体活动。如"和美的养珠人"活动,她在教室一面墙上布置"和风珍贝"评比栏,全班43个学生,分为14个贝壳小组。每一小组拥有一枚纸贝壳,小组3名成员作为"养珠人",根据各组表现每周评定养珠任务是否成功。在融这一阶段,教师秉持着悦纳就是融合的策略,在体验中增强班集体的融合力,让和理念根植于学生心中。

（二）润，和而与共

砺沙成珠的过程必定是一个艰难的过程。和理念的浸润目标在于促进学生自主发展。宋雅老师将情感的润泽和书香的润泽两方面作为着力点:

情感的润泽。和易以思,一个经常受到教师真诚爱的学生,他就会从这份情感中感受到肯定与鼓励。同时,他又从自己所感受到的关心、爱护中,学会如何爱人,处理人与人之间的关系。当单亲叛逆少年没有换洗衣服的时候,宋雅老师立刻买了两件上衣送给他。当学生犯了错,她会努力理解,和他们一起寻找解决办法。当需要向家长说明情况的时候,她会要求犯错的学生替教师写一张错误说明条向家长说明情况。那次,她收到了这样的回复:"学生跟您能学到无形的东西。"从教师本身做起，做接受"不完美"的榜样。尊重学生，哪怕是犯了错误的学生也给予他们尊重和爱，教给学生怎样停下来、冷静下来并解决问题，而不是做出反击。

书香的润泽。通过书香的润泽，实现阅读对心灵的润泽，达到"和"的境界。这些年宋雅老师着力在班级中实施书香的润泽，以"习静静书曼曼"的主题阅读活动为例。为促进学生的人际关系和谐，每周一师生共读"和"主题绘本；为促进学生与自然、社会和谐，师生共编《问春》《不死毒王之死》两本绘本；为促进学生开阔视野，培育其世界大同的眼光，宋雅老师向德国驻华大使馆发送邮件，为班级的每一位成员申请一套德国文化书籍。"大使馆的礼物"带来的是爱不释手的阅读。在"润"这一阶段，情感和书籍是直达心灵润泽，形成浓郁的班级氛围，内化为学生的行为表现。

（三）臻，和而不同

蚌育珍珠到了最后开甲仰照，绽放光彩的时刻。和而不同，即是费孝通先生所说："各美其美，美人之美，美美与共，天下大同。"宋雅老师在班级中为学生搭建多方位的展示平台，使学生的个性发展达到美好的境地。她将铺设平台和激发动机两个方面作为着力点。

铺设平台是学生发展个性和理念绽放光彩的有效途径。如低年级的"趣事一箩筐"活动、中年级的"故事大王"争霸赛、高年级的"赏味会"活动，每个学生都制作一道美食，并绘制立形广告牌。文字与美食齐享，展示着学生不同的个性。

通过有效地激发学生的内在动机，实现和谐的个性发展。如低年级开展"他的课桌会说话"，激励学生养成良好听课习惯；中年级开展"不记名书写大赛"，激发学生认真书写的持久动力；高年级开展"特殊的颁奖仪式"，由家委会组织，由优秀组长为组员及家长颁奖。经融、润后的学生已光彩夺目，"臻"这一阶段最需要的是张开蚌壳，各放异彩。

在"和"理念引领下，形成"一个中心、三条路径、六个着力点"的发展模式，交织成合力，呈现螺旋上升的态势。班中事事有人做，每一个学生都发自内心地热爱这个班级。家长在班级群中留言："孩子们真心热爱班级，喜欢宋老师，珍惜同学们的友谊。"宋雅老师所带班级曾被评为市级三好班集体，她也连续四次被评为区级优秀班主任、区百佳班主任，班级特色活动被《天津教育报》《北辰新闻》等媒体报道。学生在和谐的班级中成长，才能拥有和谐价值观，走出校园才能建设和谐社会。

五、自立班级集体创建——初入职班主任的班集体

任冠桦老师是教龄两年的新老师，但她对班集体创造有思路、有想法，在学校"自立教育"的引领下，班级蒸蒸日上，她也成为青年班主任中的佼佼者。

初任班主任时，她就看了很多名家的带班方法，可能没有得到其中的精髓，很多方法在一帮"小皮猴"身上总是"水过地皮湿"，效果不大。但作为班主任也尽量做到从细微下手，渐渐发现可能别人的方法再好，不适合自己班学生也是徒劳。她尝试和学生们沟通，从学生的角度想问题，然后用学生认为最能接受的方法告诉他们怎样做才是更好的。她发现这种适合学生的教育使学生成长非常快。

（一）开学第一课，在做中学

开学的适应教育，坐在教室里给学生们讲大道理、讲规则会看到一张张稚嫩的小脸马上布满了愁容。这时一个学生说了一句："老师，您能给我示范一下吗？我不懂。"任冠桦老师当机立断与学生们一起站队去操场。于是有了一年级的开学第一课"团结"。在游戏中她带着学生们说感受，找到成功的原因，找到不足的地方，思考怎样解决。游戏中，学生们学会了团结、体谅、互助，遇到问题想办法等道理，这比说教效果更好。

（二）分工合作，取长补短

班级中的小班干部没有很好的条理性，指挥往往没有效果。就拿做卫生来说，学生们抱团的现象很明显，每个人都争着干活，扫地的学生，扫两下就跑去擦黑板了，其他工作也一样，结果往往是大家都在忙，效果却不好，任冠桦老师

只好在学生们走后再来一遍。

周一的班会课上安排学生做游戏，任冠桦老师把班级分为几个小组，让学生们在黑板上完成一张脸的绘制，不能讨论，时间有限，哪组完成得好，哪组获胜。游戏像她预期的一样，有的组所有学生都争着画眼睛，却忘记了鼻子。有的组都在画头发上的装饰，却忘记了五官。有的组看到同组同学差什么补什么，很快完成任务，并取得了胜利。

总结过后，学生们懂得了大家是一个集体，在集体中不是蜂拥而至就可以解决问题，而是互相补台问题才会解决得更好。大家学会了做什么事情会根据特长找到自己能做到最好的事情，并把它做好；学会了分工，在这个过程中还可以学习别人的长处。

（三）教师示范，潜移默化

教师和学生都是班级成员。教师要首先发挥示范作用，使学生潜移默化受到教育。当任冠桦老师走进教室，遇到地上有纸屑、讲桌凌乱的情况时，她主动弯弯腰、动动手、擦一擦，学生会看在眼中，自然会潜移默化，记在心里，从而主动模仿，在无形中形成一种约束力，为班级做一些力所能及的事，会取得事半功倍的效果。"喊破嗓子，不如放出样子"，教师只有从心底爱班级，平等地爱这个集体中的每一个成员，学生才会真正感受到班级的温馨，这个班级才能在和谐中不断地进步。

（四）组团学习，共同进步

组建主力团。任冠桦老师会抽调学习优异的学生分坐在暂时落后的学生身边，发挥同伴互助的作用。老师上课时，有的学生会迅速地答问、提问，这样就可以强带弱，给学困生正确示范。同时，利用课下时间，优秀生可以帮助学困生答疑解惑，树立共同进步才是最优秀的理念。学生互帮互助，以勤学好问为荣。

（五）张弛有度，严爱有加

批评和表扬一样重要，只是要掌握好表扬和批评的"度"和"法"。难为情，而不难堪,是教育的度。教师要让学生明白,个人服从集体是一种责任。集体荣誉的攀升,硬朗的班风形成,离不开适度的、让学生难为情而不难堪的批评。关于批评,任冠桦老师不忽视第一个犯错误的学生,并尝试采用"退三进一"式批评方法,即在批评学生一个缺点的时候,先表扬他的3个优点,这样批评会让学生心悦诚服。应该说,屡教不改的学生是一次又一次"难堪"累积而成的,每一位教师都不该成为给学生制造难堪的人。

教育学生时讲究方法,选用适当的方式处理棘手问题,才会产生意想不到的效果。

有哭的学生,瞬间就会涌上去许多学生,有关心询问的,有拿纸巾擦脸的,有逗他们笑的。对于学生们的单纯和热心,任冠桦老师会学生当作家人一样。学生的饭洒了,没有人去责备;有的人说吃不了,教师给他拨点,接二连三;有的人默默拿起纸巾和湿纸巾,收拾桌上的垃圾。同学着凉肚子疼,马上有同学上前给他揉揉肚子,有同学给他接温水。这样暖心的画面,每天都在任冠桦老师的班级里上演。

自立班级的建设,教师是指路的路标,路还是要学生自己去走。教师的作用是激励。学生们发自内心的"我要自立"的意识。学生们自己找到了自己想要践行的目标,并且按照自己的想法坚持去做,那么自立集体的创建就会水到渠成。生活中充满了问号,生活永远是个逗号,生活要永远追求感叹号。在教育学生们的同时,任冠桦老师时刻提醒自己要自立,争做自立好教师,要成为学生们的好榜样。

第五章

自立的依托

"自立教育"之课程建设

　　教育的核心是育人,育人离不开课程,如要培养自立学生,就要有相适应的课程。课程是学校文化内涵的立足点,特色发展的生长点,所以必须通过课程建设促进学校的特色发展和学生全面而有个性的发展。学校课程建设以培养自立学生为根本,从学生发展需求出发,关注学生身心健康,关注全面发展,注重学生核心素养培养。通过课程结构多元化,课程内容丰富化,课程形式多样化和课程评价全面化达成学校的培养目标,即经过学校六年的培养,学生成为自能学习、自健身心、自主成长、拥有自立人格的好少年。

学校的目标应当是培养有独立行动和独立思考的个人，不过他们要把为社会服务看作是自己人生的最高目标。

——［德］爱因斯坦

第一节

框架覆盖——自立课程体系的结构与设置

　　课程是学校教育思想、教学理念的集中体现,也是实现教育目标、支撑办学行为、促进学生全面发展的重要载体,建设科学完备的课程体系,更是实现学校育人目标和办学价值的关键所在。学校对国家发布的《中国学生发展核心素养》中指出的六大核心素养进行校本化设计,构建起具有本校特色的种类多元、内容丰富、形式多样、评价全面的课程体系,通过一种课程或活动指向多个素养目标,多种课程或活动指向一个素养目标和多种课程或活动指向多个素养目标的方式实现培养目标。同时,发挥评价的促进功能,以实现学校核心素养育人目标为指向,以促进学生与教师发展为目的,建立学校内部教学质量评价系统,保障教育教学质量。

一、自立课程定位

　　学校将课程建设作为学生核心素养培育的载体,从实际情况与办学特色出发,着眼于促进学生习惯的养成和全面的发展,促进教师教育教学水平的提高,促进学校整体育人质量的提升,探索国家课程、地方课程、学校课程的有效整合,建设出生本化、特色化的"自立教育"课程体系。学校课程结构是学校培养目标的直接反映,属于学校课程的顶层设计,统领着学校课程的变革。整体课程具有选择性、层次化、综合性、特色化和体系化的特点。学校以课程的不同设计形式为依据,构建自立课程体系。课程结构与设置如下:

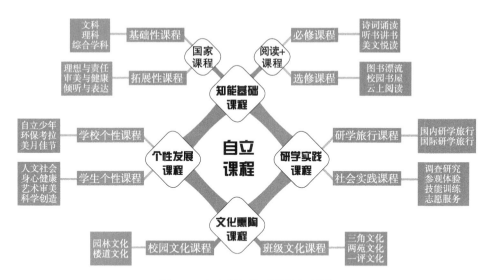

图5-1 自立课程体系结构与设置

二、自立课程体系

（一）知能基础课程

学科课程是主张以学科为中心来编定的课程。课程分科设置,分别从相应科学领域中选取知识,根据教育教学需要分科编排课程,进行教学。

1.创新实施国家课程。国家课程是国家规定的课程,集中体现国家意志,体现了国家对基础教育教学统一的基本要求,它是依据培养未来的国家公民所要达到的共同素质而设计的,全国各地各学校都要开设的课程。主要有道德与法治、语文、数学、英语、科学、音乐、体育、美术、信息技术等。根据本地区和本校学生特点,对国家课程进行创新实施。

基础性课程:指国家课程计划规定的课程,包括各学科课程和综合性课程,学校严格按照课程计划的要求进行落实。

拓展性课程:在国家课程的实施过程中,学校以"自立教育"为指引,结合本校学生特点,对国家课程进行拓展,采取小综合的方式进行校本化实施。

一是理想与责任课程。当下的学生缺少远大的理想和责任意识。为加强这个方面的教育,使学校的学生成为有远大理想和责任感的自立少年,对国家课程《道德与法治》进行拓展,编写《我是小公民》和《好习惯三字经》两套学习资料,前者侧重公民守则和理想信念教育,初步树立公民意识、责任意识,树立远大理想;后者侧重习惯培养,突出小学阶段要养成良好习惯的奠基作用。

二是审美与健体课程。学校坐落在大运河畔,学生来自五湖四海。对传统文化的学习不仅能激发学生热爱祖国的情感,更能增进彼此的交融。基于此,对音体美学科课程进行拓展,加入传统艺术和体育的内容,让学生学习、传承传统文化,体会传统与现代艺体的联系,提高感受和表现艺术的能力,体会体育的魅力。如音乐课程编写《爱我国粹之京剧唱段》,唱赏京剧选段;美术课程编写《爱我国粹之京剧脸谱》,画赏京剧人物;体育课程编写《传统体育游戏》,练习戏曲操,体验传统游戏乐趣,感受京剧唱念做打的魅力。

三是倾听与表达课程。北辰区第二模范小学属偏远农村校,学生由本地和外来务工子女组成。学生不敢表达、不善表达的情况比较明显。学校结合学生实际,将语、数、英学科课程目标中的"倾听与表达"方面的目标进行综合拓展,树立学生自信,提高其表达能力。如语文课程听故事和讲故事、数学课程听算和讲题、英语课程听力和对话。

2."阅读+"校本课程。"阅读+"校本课程是将互联网、图书馆和课堂相结合的阅读课程。主要体现为:阅读环境时时处处,重在养成习惯;阅读内容兼容并蓄,重在拓展广度;阅读程度层层推进,重在导向深度;阅读目标全面发展,重在提升素养。课程内容分为必修课程和选修课程。

必修课程包括:诗词诵读、听书讲书和美文悦读。诗词诵读:全校共读选用的课外教材《给学生的古诗词》(叶嘉莹选编版)。从一年级起进行整体规划,每周一首,每天诵读,使学生经过六年的积累,在完成课程标准要求的75首古诗词的基础上,积累书中诗词218首,共计293首,在诵读积累中感受传统文化魅力,收到文化熏陶。听书讲书:以名著为主要内容,每天中午安排全校听书时间,在校本课上,安排全体学生轮流讲自己喜欢的书,在此过程中培养阅读兴趣,增强表达能力。美文悦读:为引导学生掌握阅读知识和阅读方法,分年级编写《扬自立精神 做模范少年》校本课程,并鼓励学生广泛阅读各类题材的书籍,旨在立足学校文化浸润,增加阅读量,教给学生阅读方法,提高学生阅读能力。

选修课程包括:图书漂流、校园书屋和云上阅读。图书漂流:充分发挥图书馆的作用。开放学校图书馆,并将图书放置在各班门前的图书漂流区,各年级学生要在每学年完成学校推荐的读物。校园书屋:与北辰区新华书店合作,将书店引入校园,建立"我爱阅读校园书屋""自立书屋",培养学生广泛阅读的好习惯。云上阅读:引进数字云图书馆设备,该设备内存3000册图书,云端有5万册图书,并保证每月20%以上数量的更新,为每个学生分发账号,学生可以通过电脑或手机终端进行阅读,号召学生带动家长一起阅读,充分发挥学校教育的辐射作用。

（二）个性发展课程

少年儿童的身心发展具有一定的顺序性、阶段性、可变性、差异性和不均衡性,由于与生俱来的遗传因素和后天环境教化的影响,相同年龄阶段的学生在脑力与体力、智力因素和非智力因素等方面都表现出个性特征。这就要求学校不仅要重视学生发展的共性特征,更应充分重视每个学生的个别差异,做到因材施教,在活动中发挥每个学生的潜能和积极因素,通过个性发展课程,让具有各种个性差异的学生都能获得最大限度的发展。

学校个性课程包括:自立少年、环保考拉和美月佳节。自立少年:每周一开展自立少年主题教育活动。立足本校培养目标,通过升旗仪式、唱校歌、宣誓词、班级风采展示以及模范学生表彰等内容使学生受到教育。环保考拉:充分发挥德育的主阵地作用和辐射作用,小手拉大手,使学生在实践活动中受到教育,同时以学校环保教育带动家庭和社区共同致力于环保的热情。美月佳节:美月,即整体规划每月主题活动,通过活动的开展,发挥学生的主体性,在德智体美劳各方面潜移默化地受到教育。佳节,即学校设立阅读节、健体节、艺术节、科技节。通过节日庆祝活动的方式,让学生在亲身实践中得到锻炼、受到教育。

学生个性课程：学生的发展是具有个性化的，为了满足不同学生的需求，培养特长，学校设置人文社会、艺术审美、身心健康、科学创造四大类社团。包括歌舞、器乐、绘画、书法、棋类、科技、手工、情景剧、快板等。课程内容满足学生选课走班的需求，打破年级界限，根据学生能力进行分班授课，促进学生的个性化发展。

（三）文化熏陶课程

校园环境具有重要的育人功能，学校占地面积大，校内有两个花园。教学楼内宽敞明亮，每层都有可作为功能厅使用的空间。学校充分利用这一环境优势，将学校"自立教育"融入到校园环境和班级环境建设中，发挥教育的熏陶感染作用。通过美好的校园环境建设、楼道环境建设和班级环境建设，让环境成为学生身边的课程，达到潜移默化育人目的。

1.校园文化课程。立足学校文化和课程目标，整体设计园林文化和楼道文化主题，让学校的一物一景皆有故事，皆是教育，体现系统性、特色化。园林文化紧扣两园六路设计。楼道文化课程指以"横纵相间、主题突出"为原则设计，融美术馆、科技馆、图书馆、文化名人展、京剧院等功能于一体的文化课程。每个楼层各有主题，各层大厅均有教育功能。学校还专门设计了"我行我秀"和"星光大道"两个展厅，专门展出学生的作品。这一课程让农村学生和外来务工子女虽身处偏远，但能有大视野，让每个学生都有梦想，有自信。

2.班级文化课程。班级是学生每天生活和学习的场所，是环境课程中的细胞。班级文化课程是发挥活动促学习、展示促提高的教育功能。为了充分发挥班级文化的育人功能，每班设计结构统一、内容各异、形式多彩、一班一品的"两苑三角一评"班级环境文化。

（四）研学实践课程

社会是一所大的学校和课堂，生活是重要的课程和教材，实践是重要的学习方式和途径。有计划地组织学生参加社会实践和研学旅行，可以把课堂上学到的知识同实践联系起来，同时锻炼学生的能力，加深其对社会的了解，培养学生的社会责任感。

　　社会实践课程：定期组织学生参加社会实践，主要分为四大类：调查研究课程、参观体验课程、技能训练课程和志愿服务课程。研学旅行课程：由学校根据区域特色、学生年龄特点和各学科教学内容需要，组织学生通过国内外的集体旅行、集中食宿的方式走出校园，在与平常不同的生活中拓宽视野、丰富知识，加深与自然和文化的亲近感，增加对集体生活方式和社会公共道德的体验，提高自理能力、创新精神和实践能力。

第二节
引导导行——自立课程体系的实施与评价

学校课程体系的实施与评价着眼于实现立德树人的根本任务,紧紧围绕课程改革要求,遵循课程建设规律和学生成长规律,秉承"自立教育"方向,聚焦学生发展的核心素养,满足不同学生的成长需求,在动态中以课程整合推进育人目标的实现。

一、自主课程实施

(一)知能基础课程

1.强调统筹协调、整合优化。基础性学科课程的实施,按照国家课程计划要求的课时执行,但可根据本校学生实际,适当整合教学内容,将拓展性学科教学内容融入其中,扩大知识的广度,提高学生的能力。拓展性学科课程实施办法:一是采用与基础性学科课程整合的方式,包括课时整合、教学内容整合等;二是采用与德育教育整合的方式,利用校会、班会课时间学习。如理想与责任课程就采用与"道德与法治"课教学内容整合和与校会课、自立少年主题教育活动内容整合的方式开展。如审美与健体课程,就采用音、体、美学科整体推进,按照教学计划纳入课时的方式进行。

2.教学模式的实施,强调落实理念、优化"三要素"。通过自能学习课堂教学模式建设,促进学科课程的实施。全体教师认真学习和践行本校的教学模式,将模式三要素落实到课堂教学之中,提高课堂教学效率。

（二）个性发展课程

1.强调全员参与、突出体验。这一课程属于活动类课程，实施时根据活动计划和方案进行。实施中面向全体，注重学生在活动过程中的体验，关注课程目标的达成度。活动开展由学校学生发展中心牵头，全体教师配合实施。如每月主题教育活动，学期初整体布置，让师生了然于胸，活动按时开展，教育作用凸显。如环保考拉课程，以"考拉带你学环保，一心两翼环保行"为主题，融知识学习、活动体验、特色考拉币评价为一体的系列活动。

2.强调可选择性、发展特长。社团活动注重学生的个性化发展，采用选课走班的方式，满足学生的个性化学习需求。在师资方面采取校内有特长的教师与校外专业优秀教师相结合的方式，让学生受到优质的教育。注重学习效果，通过对社团课计划、教案等的规范管理，以及巡课的方式保证社团活动课程的有效实施。

（三）文化熏陶课程

文化无时无刻不发挥着育人的功能。通过学校整体讲解、小小学生讲解员竞赛等活动的方式，让学生了解学校环境建设的内容和意义。定期安排学生参观学校，使其身临其境、耳濡目染，达到此课程的教育目的。每位教师都要以身作则、率先示范、不断地改善和优化师生关系，营造出平等、温馨、和谐的育人软环境。

（四）研学实践课程

注重课程规划，根据不同年级的学生的年龄特点，开展有针对性的实践活动。注重活动内容的丰富性，形式的新颖性，对不同学段有所侧重。积极鼓励家长参与学生的社会实践，发挥学校教育和家庭教育的合力。

二、自立课程评价

评价是学校课程体系的有机组成部分，对学校课程教学起着重要的导向和质量监控作用。学校研制并形成了《11233学生学业发展评价体系》，以评价促进和检验课程的实施效果。

学生评价体系突出特点是：过程性评价与终结性评价相结合。通过成长记录和面试解决纸笔测试无法完成的能力素养的考查与评价。如动手操作、口头表达、身体协调、思维活动等。评价时，学生来到学校特别设计的智慧城堡，进行各课程的面试。面试采用自主抽测法，即任课教师将闯关题制成课件，由学生自主选取题号，根据选到的内容进行展示，教师给出评价等级。全部学科面试后，学生则根据表现得到学校颁发的智慧勋章，勋章有赤橙黄绿青蓝紫七种颜色，旨在让每个学生都能体会学习带来的成就感。对于某一学科表现突出的学生，学校还会颁发"达人勋章"，鼓励特长发展。而成长记录既记录着学生的学业成绩，也记录着学生的品德，体现了以全面的评价促全面的发展。

第三节

开发启动——自立课程体系的开发与保障

在自立课程建设中,学校不搞轰轰烈烈的"大刀阔斧",而是基于教育的基本规律,立足教育的根本任务,不断地对课程体系进行完善和补充,使课程始终处于动态的调整之中。通过不断地完善和整合,各类课程分工协作,构建起科学有效、特色鲜明、易于操作的课程体系。

一、课程的开发利用

(一)教师是重要的课程资源

教育心理学家吉诺特说:"在学校当了若干年教师后,我得到了一个令人惶恐的结论:教学的成功与失败,我是决定性的因素。我个人采用的方式和每天的情绪是造成学习气氛和情境的主因。身为教师,我具有极大的力量,能够让学生们活得愉快或悲惨;我可以是创造痛苦的工具,也可以是启发灵感的媒介;我能让学生丢脸,也能使他们开心;能伤人也能救人。"

作为课堂教学的主要指导者、组织者和实施者,教师在一个人成长的过程中起着非常重要的作用。教学在本质上是一种平等对话、心灵交汇的生命历程,是师生相互沟通、相互交往、合作共建的过程,是师生对课程开发的一种人生感悟与快乐分享。教师不仅是课程资源的鉴别者、开发者、利用者,而且教师自身就是一个重要的资源体。对于学生而言,教师是教学中最直接的人力资源、思想资源、知识资源的结合体。教师的年龄、身高、体重、兴趣爱好等都会成为学生追寻的对象和激起兴奋的着眼点,无论正面、侧面还是反面,其为人、言谈举止都会给学生产生一定的影响,甚至其成长经历、生活琐事、家庭、朋友,无不可以作为课程资源。因此,他们不仅为学生提供了学好学科知识的典范,而且还潜移默化地影响着学生对学习的兴趣,对学生综合素养的全面提高起着不容忽视的作用。因此教师在实施新课程时,必须对自身角色进行重新审视与定位,树立正确的角色意识,以多重身份、多重角色的新形象,身体力行地体现新课程改革的基本理念。

（二）注重发挥教材的多种功能

尽管教材不是唯一的课程资源,但它仍然是最重要的课程资源。因为教材本身就是课程资源,而且更重要的是,它在课程资源开发与利用中往往起到主导作用。也就是说教材不仅仅是学生学习知识、提高能力的文本,还承担着丰富学生生活经验、提高学生人文素养、培养学生的创新精神和实践能力,使其养成良好的学习习惯等任务。尤其是依据新标准编写的新教材,更加注重引导学习方式的变革,拓宽学习的途径,拓展学习的时间和空间,把教学和现实生活结合在一起,充分利用学生的生活经验,并及时恰当地反映科学技术新成果,增强书本知识与现实社会的联系。课本不再是金科玉律,而成了点燃生活体验的火苗。教材是课程资源的重要载体,在对课程资源的开发和利用过程中一定不能忽视教材的重要作用。

（三）创设丰富多彩的学习环境

课程资源的多样性决定了单一讲授文本为主的教学方式已不再适合现代教学。因此,开发利用课程资源,首先要改变把学生禁锢在课堂里,日复一日地重复口耳相授、单调枯燥的教学方式,采取多样的能充分体现学生自主学习、自主实践的形式,如上网、读课外书、询问、讨论,在课前课后搜集材料、组织讨论会、办手抄报、编习作集等,让学生在丰富多彩,生动活泼的实践中学习,体验学习的兴趣。创设多彩的学习环境就要拓展学习的空间,指导学生从小课堂中走出来,充分利用当地的自然、人文景观,引导学生在对自然、社会这个大课堂的观察调查中获取信息,进行学习。开展丰富多彩的实践活动,让学生根据自己的学习方式,将自己学到的知识、技能恰如其分地运用于实践,在实践中得到锻炼和成长。创设多彩的校园文化。校园是学生学习和生活的主要场地,合理利用校园、教室,为它们赋予生命的活力,让学生在丰富多彩的校园中通过各种渠道增长知识、丰富见闻。

(四)学生是学习的主体,也是课程资源开发的主体

每个学生都是课程资源的吸收者、转化者,也是课程资源开发的主体。在丰富的人生经历与生活体验中,特别是在现代信息技术广泛运用到教学与社会生活各个方面的背景下,学生之间获取资源的渠道与手段更加丰富,因此彼此的交流和学习也变得异常频繁和重要。学生自身成了课程资源的特殊开发者。学生敢想、敢说、敢做,他们个性化的生活经验,奇异多彩的想法和出人意料的分歧意见,往往与教师案头备课的预设不尽相同,有时甚至大相径庭,使老师感到不知所措,驾驭课堂有了难度。这就要求教师要努力使自己掌握的课程资源与学生提供的个性化的课程资源共融,促进资源共享,努力将学生所掌握的信息转化为课堂教学的现实资源。

首先,由于学生获取信息的渠道是多种多样的,教师要善于把学生已掌握的和能够发现的信息作为课程资源,以使教学内容更加贴近生活,贴近学生的兴趣和爱好,使教学过程成为学生自主学习的过程,充分调动学生学习的积极性。其次,由于学生的思维方法、情感体验千差万别,在教学过程中,教师要善于把这些独特的思维和体验作为一种课程资源,和学生共建一种富有生命活力的教学。再次,学生是学习的主体,将学生多样化的探索,策略和成果作为一种课程资源,不仅会使其在能力方面有所提高,在思维方面也会得到充分发展。学生成为重要的课程资源,这不仅体现教师对于课堂生成性资源的利用能力,同时也体现了学生的认知水平和对知识探究的能力。作为重要的课程资源,在教学中教师更应关注学生这一主体资源的心理需求,将知识技能与情感态度进行有效的调控和有机的结合,激活学生这一学习主体,使之成为一种取之不尽、用之不竭的课程资源。

（五）网络资源的作用不容忽视

现代信息技术的发展正在突破各种资源的时空限制,使课程资源的广泛交流与共享成为可能。各类门户网站和专业教育网站及资源库中蕴藏着无比丰富的文献、论文、图书、图像、音频、视频等资源,这些资源涵盖了经济、政治、文化、风景、生活等各个领域的多项内容,为教学活动提供了丰富的资源。

二、自立课程保障机制

学校建立课程保障机制,确保学校课程管理目标的顺利实现。

（一）人员保障

学校建立了校长、教师、学生及家长等共同参与课程管理的机制。校长是学校课程的主要决策者和第一责任人,严格执行课程计划和课程标准,监督和评估课程实施过程,发布学校课程质量信息。教师对课程目标的实现、学生的发展承担相应责任,对课程的有效实施、学生的学习结果评定具有专业自主权,学校尊重教师的专业自主权。学生及家长应有机会了解、评价学校课程,并提出改进建议,应积极配合教师和学校执行国家颁布的课程文件。

（二）组织保障

学校成立课程委员会。课程委员会由教师代表、学生及家长代表和有兴趣的社区代表等参加。课程委员会主要负责制订《年度学校课程实施方案》《校本课程规划方案》以及相配套的各项制度,协调校内各处（室）的工作,审议教师申报的校本课程纲要。教学处具体负责编制课程表,组织实施各门课程,检查与评估各门课程及各教研组的职责,协调各教研组与年级组的工作。教研组或年级组根据学校总体安排,制订学年及学期教学进度计划、教学研究活动计划和学生活动计划,反映课程实施过程中出现的问题及教师的教学需求,为课程管理决策提供依据。

（三）设施与经费等资源保障

加强图书馆、实验室、专用教室、活动基地等设施的建设,合理配置各种教学设备,最大限度地利用各种课程资源,为学校课程实施提供必要的物质保障,提供必需的经费保证课程资源的开发与建设、教师培训与对外交流等,积极主动地利用市区课程室提供的咨询、指导或技术支持,努力探索校际资源共享机制。

（四）制度保障

学校因地制宜,制定相应的规章制度,发挥制度的导向、激励和评价作用。各项制度的制订充分吸收教师和学生的意见,为教师和学生提供参与决策的机会。

第四节
践行求真——"自立教育"的课程实践

学校自立课程体系建设涵盖各个方面,反映学校的育人理念,课程建设充分把握分层性、选择性、整合性、独特性等原则,脚踏实地做好课程建设实践探索,积累形成一些实践经验。

一、"自立教育"研学实践课程的有效开展

当今时代,教书育人不再是狭义的知识传授与技能习得,而是以人为本,从生命发展的角度,立足学生的未来与发展,让学生成为心理自信,学习自主;人格自强,品德高尚;做事负责,学业良好的人。研学实践课程作为教育改革的重要举措,为学生提供了一个多渠道获取知识,并将学到的知识综合应用实践的机会。2017年,《中小学综合实践活动课程指导纲要》的颁布实施,进一步加强和推动了实践研学课程,强化了课程的育人导向,即通过探究、服务、体验等方式,从学生的真实生活和发展需要出发,从生活情境中发现问题,培育学生的核心素养。

研学实践课程就是有计划地组织学生参加社会实践和研学旅行,把课堂上学到的知识同实践联系起来,锻炼学生能力,加深对社会的了解,培养社会责任感。

社会实践课程内容主要分为四大类:调查研究课程、参观体验课程、技能

训练课程和志愿服务课程。在"自立教育"理念的引领下，我们结合自身资源相继组织开展了红领巾进社区环境大调查、北运河生态文化调研等调查研究课程，在亲身走访调查过程中，进一步了解了家乡的乡土文化和现实生态状况，增强了学生热爱家乡的情感，培养了学生的环境保护意识；组织开展了参观北辰区科技馆、天津华夏石雕艺术博物馆、时代记忆馆、晶宝农业庄园、天津市戏剧纪念馆等参观体验课程，让学生更直观、真切地感受到了中华文化的丰厚博大和现今生活的美好，进一步增强了学生的爱党、爱国情怀；组织开展了绿色未来系列课、国学美物系列课、造物玩家系列课、艺术创想系列课等技能训练课程，进一步培养了学生的动手操作技能，让学生受到了美的熏陶，增强了学生的生态文明意识和劳动意识；组织开展了清除社区小广告、慰问社区老人、慰问"五老"、慰问困难家庭等志愿服务课程，进一步在学生中弘扬中华传统美德，培养学生奉献、友爱、互助的志愿者精神。同时，我们又先后与北辰区生态环境局、天津市青年京剧团、双街镇团委、双街镇司法所等部门建立了深度合作关系，联合北辰区津彩少年素质教育服务中心、北辰区辰青起航社工服务中心等社会组织，以课堂为主阵地，以夏、冬令营为两翼，围绕四大类课程不断深入推进。

研学旅行课程是组织学生通过国内外的集体旅行等方式走出校园，拓宽视野、丰富知识、提高能力。研学旅行课程是以学生为主体，在旅行过程中以增进技艺、增长知识为目的的教育活动。在实践中，学校与新加坡莱佛士女子小学结为姊妹校，双方定期开展学访交流活动。通过深入课堂、社团等方式，双方的学生共同学习、生活，扩宽了学生们的国际视野，增进了双方的友谊，学生们亲身体会到了异域的文化魅力，获得了别样的情感体验。两大系列研学实践课程的实施，学生的责任担当、实践创新、人文底蕴、科学精神、学会学习、健康生活等关键能力均得到提升。

为了保证课程的实施，学校坚持以课程为主导，以实践为载体，以培养学生的关键能力为中心,主题选择与教育教学目标紧密融合的研学实践课程思路。在实践中,逐步形成了"前置学习、现场研学、总结反思"等三大环节。前置学习指的是活动课程开展前利用课上、课余进行搜集资料、交流研讨的学习过程,总结反思指的是活动课程结束后,利用课上、课余填写活动记录、交流活动体会,进行总结提升的学习过程。这样就确保了研学实践课程的科学系统性。

我们将进一步深挖实践研学课程的内涵,不断丰富其内容,不断创新其形式。本着"高起点、迈小步、不停步"的原则,通过多彩研学课程这一方式,不断丰富学生们的生活,陶冶他们的情操,提高他们的动手能力和生存能力,为他们的幸福成长奠基。

二、"倾听与表达"课程的设置与实施

倾听和表达是学生学习的一种重要技能,能帮助学生获取信息,巩固知识,体验乐趣。在教学中,帮助学生养成良好的倾听和表达习惯,是提高课堂教学效率的有效手段。教师应积极引导学生学会倾听和表达,教给学生有效的倾听和表达的方法。学校结合学生实际,将语文、数学和英语学科课程目标中的"倾听与表达"方面的目标进行整合拓展,让学生学会在倾听中积累、思考,在表达中成长、提高,从而树立自信,提高能力。

三、"倾听与表达"课程之"听故事与讲故事"

听故事、讲故事是言语的再现,是与文本亲密接触进而实现言语感知的最基础、最重要的手段和途径,是实现倾听与表达的起点。正确、流利、有感情是讲故事的基本要求。随着言语的发展,学生应逐句玩味,反复研究,将言语内容化为自己的理解、感受,化为自己的思维过程与心理活动。语文学科主要以课堂为主渠道,对学生进行听故事、讲故事的训练,以此来提升学生倾听与表达的

能力,从而实现语文素养的提升。

在语文的课堂上,教师有意识地在引导学生学习教材内容基础上,给学生进行拓展,讲一些与主题相关的故事,训练并提升学生的倾听能力。同时,还创造情境让学生以续编故事、讲同类故事等方式练习讲故事,在这个过程中丰富学生的文化底蕴,提高学生表达的能力。以四年级"秦兵马俑"一课为例:

课前导入:在课堂伊始,教师首先讲述秦兵马俑的由来,让学生在故事中了解文章所讲述的历史背景,激活学生的思维,培养学生的倾听能力。同时也为文章的学习奠定了基础。

课中穿插:课中,学生讲述自己了解到的背景知识,讲述与兵马俑相关的故事。故事的讲述可以丰富课堂的学习内容,激发学生的学习兴趣,拓宽学生的文化视野,使学生能在有限的课堂教学中获得更多的知识,在这个过程中学生的倾听能力和表达能力均可以得到有效的提升。

课后拓展:课程最后一环是拓展提升,在这一环节是指在课堂教学的过程中,师生把原本叙述比较简洁的课文或对课文内容的某一部分通过想象描述成一个生动的故事,使文本中的人物形象更加丰满,文本内容更加丰富。学生在课堂最后,根据教师所给出的情境,利用本课所学习的表达方法,充分调动自己的所知所感,获得丰富的情感体验,把课文丰富成一个更完整的故事讲出来,培养表达能力。

四、"倾听与表达"课程之"听算与讲题"

(一)听算

听是获取外界信息的关键,是人们获取知识的主要途径之一,是很重要的一种学习能力,更是学习的基础。在小学数学课堂教学中,增加一些听算练习,不仅可以提高学生的计算速度和准确性,并且对学生的口算、心算和笔算能力的形成具有较大的影响。

在日常教学中可从以下四个方面进行训练：一是让听算训练成为学生每日必练的首要任务。每天坚持用3~5分钟时间进行听算训练。要求学生合理选择算法，在短时间内正确地计算出结果。二是重视听算算理教学，加强算法指导。给学生讲清算理，教给基本的算法，让学生说出计算的思维过程，若学生听算的思路带有创新性，要给予鼓励。听算教学要重视过程，要启发学生多问"为什么"，说说自己是怎样想的，是否还有别的算法。三是引发思考，发现规律。教学前，根据教材的前后联系及学生的思维特点，适时为学生提供恰当的听算题，引导学生积极地思考，主动探索规律，获取知识。如在教学乘法简便运算时使学生听算口算题125×8，紧接着又听算125×16和125×24……让学生初步感受16、24与8的倍数关系。四是听算训练形式要灵活多样。听算技能的形成非一日之功，因此听算训练必须经常化，要针对学生年龄特点，使训练形式多样化，那样学生就会感到新鲜，兴趣就浓，从而增强训练效果。

听算训练不仅锻炼了学生的倾听能力，还增强了学生对计算思维的兴趣，使学生注意力高度集中，利用学过的知识分析、判断及快速计算结果，使学生的记忆从无意记忆转变为有意记忆，而他们思维的灵活性、敏捷性也得到锻炼。随着逻辑能力不断提高，笔算能力也就跟着提高，这样良性循环，也就推动了学习的进步。与此同时，通过听算训练可以有效培养学生的语言表达能力。

（二）讲题

数学是一门重在培养学生逻辑思维的学科。而语言是思维的外衣，思维是语言的实质，要训练学生的思维能力，就要从训练学生语言入手。所以，在数学教学中培养学生的说题讲题能力至关重要。学校数学教师除了在日常的教学中对学生进行讲题训练之外，还会在固定的学时内根据教学进度和教学内容，对学生进行专项训练。在日常教学中可以从以下三个方面进行训练：一是培养学生说题讲题的习惯。拿到手一道题，不是盲目地去列式、计算，而是先认真读题、思考，再来试着说一说解题思路。二是引进说题讲题的模式。在实践中，总结出"三步走"的说题讲题模式，即先说题意，再说解题思路，最后说解题方法。三是每一类题给学生一个语言范式。

教学过程中，每学习一个类型的题，就要给学生一个语言范式，时间久了，学生见得多了，自然就知道什么样的题该怎么说了，"说题讲题"的能力也就培养起来了。说题讲题训练，培养了学生科学、精炼的语言表达能力，使得学生越说越敢说，越说越能说，越说越会说，越说思维越敏捷。在说的过程中，学生也探索了解题目的思路，为解决新问题积累了方法和信心。 更重要的是，培养了学生的逻辑思维能力。

五、"倾听与表达"课程之"听力与对话"

（一）听力

小学英语听力教学的目的在于激发学生听英语的兴趣，养成良好的听的习惯，帮助学生发展良好的听力技能。根据语言习得理论，语言的输入是语言习得的最基本条件，没有语言输入就不会有语言习得。

听力在英语教学中十分重要，在教学中可以从以下四个方面进行训练。一是指导学生养成倾听的习惯。手势和动作最能反映一个人是否在倾听。用全班口令的形式，如"小耳朵，仔细听，一二三，请安静"。这既能组织纪律，又能让学生马上集中注意力。二是游戏。游戏是小学生最喜欢的学习方式，设计一些小游戏，让学生明白倾听的重要性，学习倾听的方法。如开火车拼读单词，当别人在完成这一任务时，其他学生都是裁判，如果没有错，就发出火车行进的声音，如果有错，火车停下就马上纠正。这样的游戏方式特别能够引起学生的兴趣,大家听得很认真,单词记忆效果也很好。三是复述。让学生复述老师或同学讲过的英语故事或发言内容。爱听故事是学生们的天性,在英语课上,教师常常会找一个或编一个与学习内容有关的英语故事,由教师讲或由指定的学生讲。看听完后谁能把故事中的相关重要信息讲出来。每当这时,学生们都拥有一对"金耳朵",生怕听错了、听漏了。这样不仅培养了学生的倾听的能力,还培养了学生的表达能力。四是评价。先给学生提出明确听的目标,如听同学发言要听清他说的是什么、自己还有什么要补充的、有没有不同的想法、由他的发言自己想到了什么、听后评一评谁说得好等。这个活动通常贯穿在学生的交流活动之中,学生评价后,既表扬观点正确、新颖的学生,又表扬评价到位的学生。此活动形成机制后,学生会自觉倾听同伴的发言,不再局限于自我的小天地中。

（二）对话

学校教学以课堂为主,应让学生在课堂上充分地说英语,变"哑巴英语"为"能说会道"的英语。在日常教学中,可以从以下三方面进行训练。

一是创设情境,让学生"有话可说"。语言学习需要一定的环境,缺少语言环境的英语学习,对抽象能力较弱的小学生来说具有一定的难度。这就需要教师把英语课堂设置成生动活泼、色彩斑斓的社会活动舞台,模拟真实情景,将枯燥、抽象的内容放在一个悦耳、悦目、悦心的情景中,让学生在情景中学,在情景中用。在用的过程中认识语言,领悟语言,激发兴趣,启发思维。所以教师会给学生创造练习听说的机会,让学生多听多说。二是利用多种形式,加强口语训练。如课前口语练习、游戏教学、讲故事等。三是积极评价,提供成功体验。正确的教育与惩罚无缘。教师应正确对待学生在学习中的差异,应看到每个学生都有其闪光的一面,都有其不可替代的旺盛活力与潜能。

对话交流是英语学习中的关键,是紧张而又积极的思维活动,教师要尽量创建一种开放的、和谐的、互动的语言氛围,让学生愉快地在英语环境中学习,使学生从敢于开口、易于开口到乐于开口,自然地不知不觉地练习,在学中用、在用中学,使所学语言技能与实际相联系,不但能掌握语言,而且体会到英语的交际功能,从而使学生在遇到实际情景时可用英语直接交流,达到实际运用的目的,提高英语口语表达能力。

教师有意识地对学生进行倾听习惯和表达能力的培养。学生慢慢感受到倾听的魅力,感受到倾听带给自己快乐时,我们的课堂上就不仅有活跃、热烈的讨论和交流,也会有静静地倾听和思考。学生学会倾听,会使我们的课堂更生动、更精彩,使学生真正成为学习的主人。

第六章

自立的主导

"自立教育" 之教学模式

教学质量是学校的立身之本,紧抓教学质量是学校可持续发展之源。在"自立文化"的引领下,依据课程标准,北辰区第二模范小学以"自立教育"培养目标为指向,以教学实践经验为基础,以现代教育思想和教育理论为指导,探索出了自能学习教学模式,发挥了对课堂教学的引领和示范作用。自能学习教学模式的应用,不仅提升了课堂教学的质量,而且深化课堂教学的教育价值,促进了学生的全面发展。

君子有九思：视思明，听思聪，色思温，

貌思恭，言思忠，事思敬，疑思问，忿思难，

见得思义。

　　　　　　　　　　　　　　　　——孔子

第一节
探索求实——学校自能学习教学模式

根据不同学科属性,学校自能学习教学模式有不同的操作方式,以适应各个学科要求,达到最佳的教学效果。同时,学校建立了"11233"学业发展评价体系,以提高办学质量,提升教师专业水平,促进学生发展。用评价的方式找到教学中尚存在的不足,加以改进,以达到最优效果。

一、自能学习教学模式建设的意义

教学模式是在一定教学思想或教学理论指导下建立起来的较为稳定的教学活动结构框架和活动程序,是教学理论的具体化,是教学实践概括化的形式和系统。一所学校教学模式的建设必须要与学校文化和学校教学目标相契合,要充分考虑学校的实际。学校《自立课程建设方案》中明确了学校的培养目标,就是培养自立少年。其含义包括:自能学习:质疑批判、监控反思、知识应用、问题解决;自健身心:自信自爱、自护自强、自制自调、乐观尚美;自主成长:笃志弘毅、自诘自划、自律自管、自我实现;自立人格:品德高尚、懂得担当、合作沟通、人格完整。

二、自能学习教学模式的含义

自能学习教学模式是在学校"自立"文化的引领下,依据课程标准,以学校"自立教育"培养目标为指向,以培养"全面发展的人"为核心,以教学实践经验为基础,以现代教育思想和教育理论为指导形成的。

自能学习是一种独立的自主学习的方法,学生的自能学习能力还处于初级阶段,需要教师不断地引导和激励,在具体的教学中,不断培养学生自能学习的能力,使他们养成自能学习的习惯,为学生终身学习打下坚实的基础。从学习过程来看,自能学习是指学生自己或与同伴在老师的帮助下,利用学习工具、学习资源,自觉、自主、能动地获取知识、解决问题、探究未知。从学习结果来看,自能学习是指通过学习获得的能力,即作为学习成就表现出来的能力,是其终身发展、可持续发展、适应时代发展的必备能力。

自能学习模式是指通过阅读、思考、表达,引导每一个学生自能学习,老师重在引导学生与文本对话,与自我对话,与他人对话的一种课堂教学模式。即以学定教、顺学而导,在学生充分阅读的基础上进行教学。教学过程以学生学习为主线去设计,让学生真实的学习过程能够发生并且展开,以真实的问题形成问题链,让学生在相互的对话中,在对问题的追寻中,慢慢形成一个知识结构,并且通过合理的情景创设,建立知识与生活的联系,从而实现由课内向课外的拓展与延伸,使学生在自能学习的过程中提高自身的核心素养。

三、自能学习教学模式的理论基础

（一）建构主义学习理论

建构主义学习理论认为学习是知识的建构,学习不是简单地由教师把知识传递给学生,而是学习者在一定的社会文化背景下,借助他人的帮助利用必要的学习资料,通过学习这一建构的方式来获得的。建构主义理论特别强调教育就是赋予受教育者独立思考的能力,强调将自身经验带进学习过程的意义,学生是建构者和问题解决者。自能学习教学模式强调对学生自主学习的动机、方法和能力的培养。

（二）《中国学生发展核心素养》

2016年颁布的《中国学生发展核心素养》引领基础教学的发展方向。三大核心素养是文化基础、自主发展和社会参与。其中自主性是人作为主体的根本属性。自主发展,重在强调能有效管理自己的学习和生活,认识和发现自我价值,发掘自身潜力,有效应对复杂多变的环境,成就多彩人生,发展成为有明确人生方向、有生活品质的人。学校"自立教育"和自能学习教学模式的培养目标与此是一致的。

（三）复杂适应系统理论

复杂适应系统理论认为,系统演化的动力本质上来源于系统内部,微观主体的相互作用生成宏观的复杂性现象,其研究思路着眼系统内在要素的相互作用,所以它采取自下而上的研究路线;其研究深度不限于对客观事物的描述,而是更着重揭示客观事物构成的原因及其演化的历程,与复杂适应系统思考问题的独特思路相对应,其研究问题的方法与传统方法也有不同之处,是定性判断与定量计算相结合,微观分析与宏观综合相结合,还原论与整体论相结合,科学推理与哲学思辨相结合。系统中的成员成为具有适应性的主体,具有适应性是指主体能够与环境以及其他主体进行交互作用。主体在这种持续不断的交互作用的过程中,不断地学习或积累经验,并且根据学到的经验改变自身的结构和行为方式。

四、自能学习教学模式的核心要素

自能学习教学模式的核心要素是:阅读、思考、表达。

阅读就是与文本的对话。这意味着要让学生在自己的头脑中重建文本,而重建意味着作为读者的学生要"读进去",要读出意义来,读出趣味来,不能老是被关在文本的大门外,不能老是隔岸观火般看着作者在文本中诉说。正如叶圣陶先生说:"陶不求甚解,疏狂不可循。甚解岂难致?潜心会文本。作者思有路,遵路识斯真。作者胸由境,入境始与亲。一字未宜忽,语语悟其神。惟文通彼此,譬如梁与津。"

思考是与自我对话,强调自我的参与,也把自己作为认识的对象。学生不仅要以读者身份与文本对话,还要以作者身份与文本对话,这个过程也就是自我对话的过程。叶圣陶先生指出："我于读文章的时候,常把我自己放入所读的文章中去两相比较。一边读一边在心中自问:'如果叫我来写将怎样?'对于句中的一个字这样问,对于整篇文章的立意布局等也这样问。经过这样的自问,文章的好坏就显出来了。那些和我想法相等的,我也能写,是平常的东西,写法比我好的就值得注意。我心中早有此意或感想,可是写不出来,现在却由作者替我写出了,这时候我就觉得一种愉快。……我想鉴赏本体是'我'来努力修养锻炼才好。"

表达是与他人对话。表达意味着倾听,没有同伴的倾听,表达就成了"自说自话";表达意味着分享,在表达和倾听过程中,同伴们得以分享彼此的认识、经验和见解、智慧,纠正或丰富彼此的理解和看法。正如佐藤学所说:"在学校里的学习既不是学生一个人一个人的孤立活动,也不是没有教师介入而进行的活动。它是在教师的介入下,学生自立地、合作地进行的活动,这才是学校中'学习'的本质。"

五、自能学习教学模式的关键环节

自能学习教学模式的关键环节:充分阅读,对话文本;提出问题,深入思考;交流分享,解疑拓展。此环节可以体现在整个教学过程中,也可以体现在某一板块中。

（一）充分阅读，对话文本

学生在教师的引导下与教科书的语言发生新鲜的接触,与原生知识、真实现象之间直接会面、发生挑战。即,完整地、全面地、独立地阅读教材。与文本对话,强调新意义是从与文本对话中产生,学生从文本中获取信息,形成认识,从而对知识本身发生兴趣,激起学生的兴趣和求知欲望,产生认知需要,明确学习目标,产生一种要学习的心理倾向。这一要素旨在让学生在教师的引导下与文本进行多次对话,明确自己的学习目标,从而使学习过程更加有的放矢,并且通过此要素激发学生积极探索、乐于交流的内在精神需求,促使学生带着求知的心态在课堂中学习,提高学习效率。此外,这一环节也利于教师准确清晰地把握学情,确定教学目标。

（二）提出问题，深入思考

学生在教师的引导下以事实、数据和已经得到证实的知识作为依据进行推论和思考；关注事物发展、变化的内在逻辑,进行周到、系统、有逻辑地思考；思考要直抵事物的本质。即引导学生进行有依据、有条理、有深度的思考。教师要敏锐地发现学生思考的激发点,及时地给予"刺激",激发起学生的学习动机,引导学生产生疑问、发现问题,引起认知冲突,让学生带着问题与教师、同伴进行探究,通过思考把外在的知识转化为内在的知识。这一要素旨在激发学生认真思考、积极探究,让学生在学习过程中辨析疑难,以辨激思,以辨明理,在辨疑解难的过程中,有所感、有所思、有所悟,从而培养创新思维能力,养成良好的学习习惯。

（三）交流分享，解疑拓展

在阅读特别是思考的基础上,学生在老师的鼓励下大胆地用自己的语言阐述自己的认识和想法,发表自己的看法和观点,并与大家进行交流、互动、分享,从而使自己的看法和观点得到完善、补充、更正,使自己学习和认识的水平不断提高。表达的过程同时也是倾听的过程,是同伴分享彼此的思考、经验和见解,交流彼此情感、体验和观念,从而达到共享、共进的过程。教师在引导学生探究答案的基础上,引导学生将学到的知识,应用到实际之中去解决新的问题。这一要素旨在通过交流分享的外化过程强化学生对知识的理解和掌握,满足、培养学生的表现欲,给学生展示的机会,从而推动学生内在动力。同时学生在教师指导和引领下,对学习内容进行更深入的理解和运用,提高个性化思考问题、分析问题与解决问题的能力。

六、自能学习教学模式的操作原则

操作原则是构建自能学习课堂教学模式结构的核心因素。依据课程标准,本模式的操作原则如下：

（一）目标性原则

课堂教学要树立目标意识，把教学目标作为指向，关注学生学习需求，优化学习过程，选择适合的方法。

（二）一致性原则

充分理解和运用教学模式，教学要从起点走向终点，实现目标、内容与过程、方式的融合。

（三）整体性原则

以学生核心素养为指向，实现知识、技能、过程、方法、情感等的融合。

第二节

独特创新——学科自能学习教学模式

一、语文"策略探究式"阅读教学模式

语文学科基于自能学习教学模式,结合语文学科的特点,确定阅读课学习模式如下:阅读课文,整体感知;运用策略,读文品悟;思考交流,习得语言;迁移运用,拓展提升。

（一）阅读课文，整体感知

学生首先读课题,通过课题推测课文大体内容,也可以针对课题提问。接着在教师引导下,通过听读、自读等方式通读课文,根据作者的写作思路,逐步把握文章脉络和文章大意。教师要根据不同年级学生的特点设计整体感知的问题,采用教师范读、分段指名朗读、自由朗读等方式使学生整体感知文本,读通文本。学生应初步了解本篇课文的主要内容、写作顺序等,并且有阅读文本的兴趣,带着求知的心态进入语言文字的学习;学生能产生积极探索、乐于交流的内在精神需求。

（二）运用策略，读文品悟

教师引导学生在整体感知文章的基础上读文品悟。根据教学目标,使学生运用阅读策略,如预测、推论、联结、视觉化、问问题、批注等策略深入阅读课文。学生能结合课文语句所描述的充满感性因素的内容和情境体会文章表达的思想感情。教师在本环节要引导学生运用多种阅读策略,使学生在阅读中理解词语,抓住关键词句,发现文本的表达方法。教师在准确理解和把握文本的基础

上，精于预设，巧于生成，及时捕捉，巧妙引导，对学生的正确而又独到的观点，能够恰如其分地给予肯定。学生需在多种形式的朗读过程中，通过反复感受、思考、揣摩，对文章表达上的特殊性、与文章内容的有机联系获得自己的认识，并养成良好的语文学习习惯，促进语文素养的提升。

（三）思考交流，习得语言

学生在个性化阅读的基础上，开展交流讨论，并运用合作的方式，共同探讨、分析、解决疑难问题。在教师提出明确的要求后，选定难易适中，有探究意义的问题，使学生在交流互动的探究中发现语文表达的特点。教师在本环节要以探究语言文字运用为中心，重视学生的思考，珍视学生个性化阅读体验。适时为学生与同伴之间的对话提供便利的条件，让学生能够敞开心扉与同伴交流分享自己的阅读收获，使学生通过思考交流的方式，理解语言文字中蕴含的思想感情，准确理解语言文字的表达形式及内在规律，加强对所习得知识、方法等的运用，从而将知识内化为能力，整体提高语文素养。

（四）迁移运用，拓展提升

学生在探究表达的基础上，回归整体，运用多种方式积累语言，如朗读、背诵、抄写等。亦可以迁移运用口语交际、小练笔等形式巩固练习。教师需注意，拓展要在教师指导和引领下，对学习内容进行更深入的理解和运用，在实现学生自主、合作、探究学习的基础上，提高学生个性化思考问题、分析问题与解决问题的能力，使学生的视野得以开阔，思维得以训练，能力得以提高，并在学习的过程中习得方法，促进学生语文素养的全面提升。

二、语文"探究式"识字教学模式

基于学校自能学习教学模式，结合识字教学的特点，学校将识字课课型确定为四个环节：阅读文本，圈画生字；运用方法，尝试识记；合作交流，运用巩固；书写生字，拓展练习。

（一）阅读文本，圈画生字

教师在课前或上课伊始利用多种手段引导学生阅读文本。教师可以在课前利用预学单帮助学生自学；可以在课上利用多媒体，借助故事、猜谜、谈话等导入方式，引导学生阅读文本，并通过学生的反馈，了解学情，从而为准确把握教学重点奠定基础。学生通过课前预习或者课上教师的引导，充分阅读文本，圈画出自己不认识的字，提出疑问，做好学习准备。此环节旨在让学生充分阅读文本，发现学习起点，通过教师的积极引导，学生能够带着求知欲和学习兴趣进入课堂。

（二）运用方法，尝试识记

学生把在预习中已经认识的字，拿出来在小组内和同学交流，分享识字方法，并标记好大家都解决不了的生字，寻求老师的帮助。学生交流期间，教师要巡视、发现问题。面对共性问题，集中点拨引导，教会学生运用字理识记、结合生活实际、随文识字等识字方法。学生能在预习后分享认识的生字，既锻炼了口语表达能力，也学会了合作学习。通过教师的点拨引导，学生能够掌握新的识字方法，以认识更多的字。

（三）合作交流，运用巩固

学生在教师的引导下，小组成员一起制作生字卡片、做生字小游戏等，而后在小组或者全班交流，并能够在活动中巩固所学内容。教师要设计一些符合学生年龄特点的活动，并且活动的设计要层次分明，由字到词，把握梯度，由易到难。活动数量最好为三到四个，以达到巩固的效果。此环节中，学生能够在层次分明又生动有趣的活动中，潜移默化地巩固识记，能够在新的语境中运用所学的生字、生词，锻炼了思考和表达能力。

（四）书写生字，拓展练习

学生在教师的引导下，先观察生字的笔画结构，然后把自己观察的结果跟同伴交流，最后在田字格中描红，练写。教师首先要给学生充分的时间自己观察，然后引导学生进行三看：一看结构、二看笔画、三看占格。教师要举例范写，而后让学生自己正确美观地描红、练写，最后教师有选择地把学生的书写投在大屏上，大家一起评价、修改。此环节中，学生能通过自己的观察总结出笔画、结构的特点，再加以教师的点拨，学生能够更好地掌握生字，正确美观地书写。

三、数学"探究、实践"教学模式

以学校自能学习教学模式为依托，结合数学学科特点，学校数学新授课构建了"探究、实践"教学模式，该模式包含以下四个关键环节：阅读文本，获取信息；思考探究，积累经验；应用拓展，形成技能；反思评价，内化提升。学校自能教学模式三要素，即阅读、思考、表达体现在整个教学过程中，其可以是每个小的教学环节的微循环，根据不同的教学内容和学生的认知特点，自能教学模式三要素在各教学环节侧重不同。

（一）阅读文本，获取信息

学生阅读教材主题图，把主题图与文字结合起来，领会图意；读教材例题、定义、概念等，圈画重难点，找到自己的困惑；读具体题目，提取数学信息，了解已知、未知和要解决的问题。教师根据教学内容指明阅读要求，明确本节课统领性问题，指导学生带着问题走进文本，有针对性地进行阅读；对于低年级学生，教师要对学生进行阅读方法的指导。这一设计旨在调动学生的学习兴趣，发挥学生的主体作用，培养学生养成良好的阅读习惯，掌握正确的阅读方法，提高阅读信息、提取信息的能力，同时引发学生的思考，激发他们的求知欲，从而更加顺利地进入新知探究阶段。

（二）思考探究，积累经验

学生可以主动参与课堂学习，积极思考，充分表达思想、展示思维。在疑难点处动手实践、合作探究，通过质疑问难和讨论交流掌握知识技能，感悟数学思想，积累数学活动经验。教师与学生保持有效互动，及时调整教学进程；开发和利用素材、案例和生成性资源，在新知的关键和本质之处提问，在学生受思维定式干扰时提问，抓住新旧知识的过渡点、转化点和矛盾点；运用模型、学具、教具和电教手段等,增加直观性,辅助学生思考探究。此环节旨在激发学生积极思考探究,体会数学思想,积累数学活动经验,使学生在辨疑解难的过程中,有所感、有所思、有所悟,思考和表达能力得到共同提升。

（三）应用拓展，形成技能

学生可以选择自主完成或小组合作的形式,通过积极思考、实践操作、交流分享等经历完整的知识应用的过程。教师设计层次分明、形式多样的练习题,以基础练习为主,适当延伸拓展,同时注意把数学和学生的生活联系起来;做到及时巡视,了解练习效果,及时反馈,及时纠错改正;给不同层次的学生展示的机会。此环节旨在充分发挥学生的主体作用,利用已学的数学知识来巩固深化概念,形成技能技巧,培养学生的应用意识和创新意识,促进学生思维、品格、身心等智力因素和非智力因素的发展。

（四）反思评价，内化提升

学生在课堂中掌握概念、规律、公式等知识性问题,体悟数学思想、方法和经历情感体验等,学生对此进行归纳梳理,反思收获与遗憾,并把反思与收获应用到解决新的问题上,过程当中注意倾听他人发言,及时指正和补充。教师引导学生抓住重点,从知识技能、思想方法、情感体验等方面进行归纳、反思和评价,引导学生用科学规范的语言进行表达,不完善之处、关键之处及时进行补充和强调;最后可将知识适当延伸、提出悬念。此环节通过学生的反思、评价培养学生的思考能力和表达能力,达到内化知识和提升思维的目的。

以上四个教学环节,在实施过程中要树立目标意识,把教学目标和数学核心素养作为指向,关注学生学习需求,优化学习过程,选择适合的方法,实现知识、技能、过程、方法、情感的融合。

四、英语对话课教学模式

依据学校自能教学模式,结合英语学科特点,确定英语对话课环节如下：准备热身、整体感知、趣味练习、巩固理解、自主测评、拓展运用。

（一）准备热身（Preparation）

课前学生准备一些语言素材，几个学生组成一个小组进行对话练习，可以采用讲述小故事或者玩游戏等方式。教师精心设计活动，利用问题、图画、情景、音像材料、小故事、游戏、歌曲、实物、小实验等导入新课。此环节通过教师的设计活动和学生的合作，复习了最近所学的课本知识，激发学生学习新知识的欲望，也为新授内容做铺垫。

（二）整体感知（Perception）

学生提出预习中的问题并且进行思考，根据课前预习进行情景对话交流。从而不断感受、体验并形成良好的自主学习法，在多信息、高密度、快节奏的交流中掌握新知识。教师针对不同的教学内容，不同年龄层次的学生特点，可以采用以下呈现方式：以旧带新式呈现，实物、图画式呈现，情景式呈现，游戏式呈现，体态式呈现，歌曲、歌谣式呈现，活动式呈现等。此环节通过教学资源创设情境，呈现出新的语言知识，使学生初步理解新语言的语义及感知新语言的语音语调。学生在学习中了解英语单词的构成规律，把以往对单词的机械记忆转化为按发音规律去认识单词，提高学生对知识探究的兴趣，提高学习效率。

（三）趣味练习（Practice）

学生在充分理解课文对话内容、掌握单词句型后，模仿录音，进行跟读、齐读、分角色朗读、角色扮演，练习形式可以两人一组或多人一组。教师设计练习由易到难，循序渐进，通过情境设置、对话活动来完成，但是要注意操练的质和量。实践操练不但形式要多样化，而且面要广，量要适当。此环节目的是让学生牢记并能活用所学的知识，让不同程度的学生在各自能完成的活动中得到相应的练习，都能在原有的基础上有所提高。

（四）巩固理解（Consolidation）

学生及时巩固所学内容，并对所学内容进行创编。教师从听、说、读、写等多方面进行考虑和设计，通过趣味化、多样化的巩固活动帮助学生及时消化、吸收所学的语言知识。此环节不断加深学生对所学语言的理解，并且有效训练学生在与情景的交互作用中自行建构语言知识和语言技能。

（五）自主测评（Check）

学生自主完成五道习题，并自主检测课堂学习效果，检查对本节课知识掌握程度，完成自评。教师在此环节主要是设计有层次的习题让学生完成，检查学生对本节课知识掌握程度，并且要对学生的完成情况进行分析、总结、反思。此环节通过自主测评，检查学生课堂学习效果，有利于提高学生的书写能力，也便于教师课后的自我反思及再教设计。

（六）拓展运用（Application）

学生完成教师布置的拓展话题任务，并能利用英语进行交流展示。教师根据教学内容、教学目标和学生学习的重难点，结合日常生活，引导学生完成任务并运用所学的语言进行交流与展示。任务的设置要基于课文，源于课文，更要高于课文，深于课文，活于课文。此环节通过体验、参与、实践、讨论、交流、合作等方式，学习和运用英语进行交际，完成学习任务。这个环节不仅能够提升学生的语言运用能力，还能够培养学生的合作能力。

五、英语"PIA"阅读课教学模式

在学校自立课程理念的引领下，英语教师一直在进行自能学习课堂教学模式的研究，树立了以学生为中心的思想，让学生乐学英语，善学英语，真正成为课堂的主人，在课堂学习中体验成功的喜悦。基于此，学校设定了英语"PIA"阅读教学模式，即"感知（Perception）—内化（Internalization）—运用（Application）"。

（一）多种方式准备热身

学生在教师的指引下，观看与文本文化背景相关的视频，开展阅读前准备资料分享，参与课前准备游戏或难点单词及句子的说唱练习等。教师应根据文本特点灵活选用热身方式，如开展与阅读内容相关的Free talk（自由讲述）、将文本中学生无法根据语境自悟其义的单词或短语创编为小歌谣，或提供能够铺垫文本文化背景的影片供学生观看并感受等。同时,在文章阅读难度较大的情况下,将阅读材料中出现的部分语言难点安排在会话及游戏等活动当中。此环节旨在引导学生了解阅读材料的文化背景,根据文本特点灵活选用热身方式,激发学生阅读的愿望,引导学生对阅读内容进行预测。

（二）小组合作，自拟阅读问题，互相解答

学生以小组为单位,整体阅读英语文本并自行提出3~5个与文本相关的问题。两组互换所提问题,并开展组内讨论。得出组内统一答案后将其交于出题组进行审核,并由出题组解答有争议的问题。教师将学生分为六个组,引导学生整体阅读文本并自拟3~5道阅读题。教师可根据文本的需要做出简要提示,如who(谁)、where(哪里)、when(什么时候)等。在阅读及讨论过程中,教师应适时给予学生阅读策略指导,并在学生有所争议时给予合理性解释与阅读思维的正确引导。此环节旨在培养学生阅读后的质疑能力,给予学生更多思考及思维碰撞的机会,鼓励学生讨论及表达。同时,引导学生在实际阅读过程中体会阅读策略的实用性。

（三）出示文本核心问题，共同商讨及解答

小组合作解答教师所出示的文本核心问题,并以小组为单位展开讨论,得出一致答案。教师抛出第一环节中学生未能关注到的文本核心问题。如某些生僻词句及短文相关信息,引发学生思考及探讨,并指导学生将阅读策略及学习方法运用于阅读过程。此环节旨在补充处理被学生忽略的核心问题,引导学生关注阅读策略及学习方法的实用性,培养学生的阅读思维及合作精神。

（四）完成梯度练习，开展语用活动，辅助学生内化语言

学生完成文本相关练习,如选择单词补全句子、选择句子补全短文、段落主题连线等,并在此基础上完成短文的简要复述。最后完成特定语境下的语用任务,如人物介绍、事物描述、故事叙述等。教师设置一系列具有梯度的趣味练习,由易到难,对于学生的表现给予评价。本环节旨在为语用任务的完成做知识及能力的铺垫。

（五）自选语用环境，开展短文创编

学生以小组为单位选择感兴趣的语境，利用教师所给的备选语句及自身知识储备完成英语短文创编。教师要及时给予学生学法指导，并给出备选语用环境及例文。此环节旨在操练并内化语言知识，为下一环节的语言输出做铺垫。

（六）学生自创语用环境，实现语言的工具性

学生自由成组，自创语境，完成语言的灵活运用与输出。如一名学生负责汇报本组的具体语境；一名学生负责汇报本组想要实现的语言任务。若干学生负责进行语用展示。教师应及时提出每组展示的优缺点，综合评价每组的表现，给出总体努力方向。本环节旨在使学生通过语言应用体会语言的人文性及工具性，使学生在肯定与批判中体会英语阅读与语言应用的正确方向。

六、体育"多层体验"教学模式

依据学校自能学习教学模式，结合体育学科特点，确定体育学科新授课的模式环节如下：体验练习，发现问题；自主练习，探究问题；合作练习，解决问题；分层练习，能力提升。以上环节主要体现在主体部分的教学过程中。

（一）体验练习，发现问题

学生积极热情地进行体验性的练习，并在练习中思考及发现问题，同时注意练习要求和练习安全。教师根据学情，利用游戏等多种能够激发学生兴趣的方式组织学生进行导入练习。教师在安排教学内容时，要注意说明教学内容的方法、规则及注意事项。此环节旨在激发学生对新学内容的兴趣，使学生积极地投入到学习中去，在练习的过程中发现问题，培养和提高学生发现问题及安全从事运动的能力。

（二）自主练习，探究问题

学生通过教师的讲解了解动作表象和动作要领。学生分组进行自主尝试练习，体验本课所学技术动作，在实践中探究问题，逐步改进动作。教师应通过巡视观察及时抓住学生的困惑点，合理地运用示范、展示图片、讲解等方式进行

完整动作的教授。教师要在学生练习时充分发挥主导作用,针对个别问题,单独指导,针对共性问题,集体讲解,帮助学生解决练习困惑点。此环节旨在通过教师的启发、引导,促进学生对学习内容形成正确、完整的概念,激发学生积极思维,提升学生自主探究和解决问题的能力。

（三）合作练习，解决问题

学生通过继续练习,尝试解决问题,并积极与同组学生互相讨论、合作,共同提高。教师适时调整练习场地,可加入一定的辅助器材,帮助学生解决动作重点,掌握动作方法。在练习时,教师对学生之间合作、帮助的行为应及时的提出肯定和表扬。此环节旨在通过合作练习,引导学生在体育活动中学会交往,发挥模范生作用,提高教学效率,确保每个学生受益,以保证教学目标的实际达成,提高学生合作意识和解决问题的能力。

（四）分层练习，能力提升

学生进行优秀动作的展示,进一步提高练习兴趣,再次选择适合自己的练习场地,有目标地提升自己的动作能力,在练习中学习和巩固新学内容。教师利用模范生展示,进一步激发学生练习兴趣,巩固和完善学生对动作的理解。同时改变练习要求,设置不同场地,让学生根据自己的能力选择适合自己的练习场地,教师在练习中及时进行评价和指导。根据学生练习情况随时调整练习场地,刺激学生的多种感官,提高学生的学习兴趣,让每一个学生都能通过此环节的练习实现不同程度的进步。此环节旨在通过关注学生之间的差异,合理设计教学内容,提出不同的要求,以保证每一个学生都能完成学习目标,促进学生不断地进步和发展,并体验到学习和成功的乐趣,满足自我发展的需要,培养学生的自信心及坚强的意志品质,养成体育锻炼的习惯。

七、音乐"听—创"教学模式

根据小学生的年龄发展特征和课程标准以及学校自能学习教学模式,音乐新授课的教学模式为"听—创"教学模式。该模式包括三个环节:听赏乐曲、整体感知;模唱视唱、完整演唱;创编歌曲、综合表现。

（一）听赏乐曲、整体感知

学生应通过听音乐,从音乐中感受出这首乐曲的力度、速度、感情的变化,区分音乐的基本段落,并且能够运用体态线条做出相应的反应。教师分三遍引导学生听本首乐曲,对乐曲的基本音乐要素进行初步感受。第一遍重点听乐曲的基本情绪和节奏是怎样的;第二遍听乐曲是几拍子的,并伸出右手跟着音乐一起画拍子的图示手势;第三遍听这首乐曲共分为几段,每一段歌词中都能听出什么内容。感受与欣赏是音乐学习的重要领域,是整个音乐学习的基础和出发点。此环节应激发学生自主地听赏音乐,鼓励学生对所听音乐表达独立的感受与见解,养成自主听音乐的习惯,逐步积累欣赏音乐的经验。

（二）模唱视唱，完整演唱

学生从上一环节的听过渡到学唱,由浅入深地通过模唱、视唱、完整演唱三个步骤学习,在每个步骤的学习过程中要关注自己的声音和教师的琴声或者范唱时的声音有哪些不同,关注点既在唱上,同时也要在听上。教师应引导学生通过跟唱、齐唱、分组对唱等方法,反复练唱,熟练掌握乐曲的旋律。教师要随时关注学生的参与程度,提示学生要在听的基础上表现歌曲,再同教师的音乐表达进行对比思考,这样的学习效果更好。根据歌曲的难易程度不同及不同年级学生接受能力,可采用先模唱、再视唱、最终加入歌词和创编动作完整演唱歌曲等方法进行新歌的学习。在此教学环节中,培养学生自主、自信演唱的能力,使学生通过自主的音乐实践活动学习用音乐表达个人的情感并与他人沟通感情。

（三）创编歌曲，综合表现

低年龄段的学生可以用打击乐器或其他声音材料合奏或为歌曲伴奏。中高年龄段的学生可以选择如竖笛、口风琴等乐器,运用适当的演奏方法表现乐曲的情绪,力求运用优美的音色进行演奏。教师应通过利用本节课的音乐材料来进行启发、引导学生自主即兴进行音乐编创活动,如重点节奏型的扩展二次编创,也是对歌曲歌词的二度创作等。教师用来启发引导的音乐材料具有片段性、开放性的特点,能让学生和之前的音乐知识体系产生联系并加以运用和编创的。音乐创造是发挥学生想象力和思维潜能的学习领域,使学生利用已有的音乐实践经验进行音乐的二度、三度创作。鼓励学生积极想象,允许学生用自己喜欢的形式进行表演。此环节包括两类学习目标:一是以开发学生潜能为目的的自主即兴音乐编创活动;二是运用音乐材料学生自主进行音乐创作与练习,如学生能够以各种声音材料以及不同音乐表现形式,自主地进行即兴编创音乐故事、音乐游戏并参与表演。

八、美术"多感官参与"教学模式

基于学校的自能学习教学模式,美术学科依据核心素养及学科特点,创建了"多感官参与"美术教学模式,共包括四个环节:图像识读、探索交流、创作实践、自主评价。

(一)图像识读

学生在课堂中以联系、比较的方法进行整体观看,感受图像的造型、色彩、材质、肌理和空间等形式特征,能以阅读、搜索、思考和讨论等方式,识别与解读图像的内涵和意义。教师在教学中要利用语言、图片、影像、表演问答等手段创设情境,挖掘教学中的趣味性、生活性且符合学生心理的信息,引导学生思考、鉴别、判断,感知艺术形象、体验艺术情感。本环节是学生明确学习任务的开始。学生通过图像识读,从文本中获取信息,形成认识,对知识本身发生兴趣,从而明确学习目标,产生一种要学习的心理倾向。

(二)探索交流

学生通过观察、感受、体验、表现以及收集资料等学习方式,进行自主探究与合作交流。学生初步了解和掌握工具、材料的性能及使用方法,懂得基本造型和制作的原理,在听、看、想、说等活动中,掌握知识,形成技能,并能运用美术语言表达内心情感。教师在教学中要适时地运用精练的语言,讲述概念、原理、直观演示方法,引导学生设计思维,指导操作。教师要设置一些具有实践性的活动并提供探索材料,在学生独立思考的基础上,有计划地组织他们进行合作学习,在合作中相互交流,相互讨论,相互启发。这一环节是学生学习美术知识和形成技能的重要环节。师生间互相沟通,交流彼此的感情,通过探究活动,提高学生在美术欣赏、美术创作中的能力,促进学生的健康发展。

（三）创作实践

学生借助各种工具、媒材,通过看看、画画、做做等表现方式,运用线条、形状、色彩、肌理等造型元素及形式原理,表现所见、所闻、所想的事物,体验创作的乐趣,表达思想和情感。教师要引导学生主动收集信息,展开想象,运用美术语言进行自由表现。在实施过程中要注意自己的示范引领和辅导,通过直观演示,帮助学生掌握绘画或制作的方法、步骤和原理。本环节是学生运用已有的知识与经验,进行大胆的自我表现的学习过程,也是培养学生想象能力、实践能力、创新能力以及促进个性发展的过程。通过对各种美术媒材、技巧和制作过程的探索及实验,发展艺术感知能力,体验造型活动的乐趣。

（四）自主评价

学生展示作品,并用自己的语言对作品的内容和形式进行描述,抒发作品里所传达的感情、观念和思想。对有特点的美术作业进行相互评价,能够加深学生对作品多样性的认识和理解,在参与、评价美术作品的过程中,进行自我展示并发现自己的优点与不足。教师要根据学习差异,针对不同的学生选择相适宜、多样的评价方法,注意以专业知识、基本技能、情感价值为切入点,挖掘学生作品的闪光点,使用激励性评价语言,做到与学生心灵相通,达到情感共鸣。本环节旨在通过展示评价,交流分享知识的外化过程,强化学生对知识的理解和掌握,满足、培养学生的表现欲,给学生展示的机会,同时在教师指导和引领下,学生自我反思、总结、提炼、升华认识,形成良好的学习习惯和健康的审美情趣,完善人格。

第三节

效果反馈——"11233"学业发展评价体系

学校学业质量评价是以课程标准、《中国学生发展核心素养》基本要求为依据，运用恰当、有效的工具和途径，系统地收集学生在各门学科教学及其他学习途径的作用下，认知行为上的变化的信息和证据，并对学生的知识和能力水平进行判断的过程。学业评价是学校课程规划的有机组成部分，对学校课程教学发展起着重要的导向和质量监控作用。而传统教学评价方式中存在着评价主体单一、评价目标单一，评价标准强调共性，忽视个性差异，过分关注认知目标，忽视被评价者在各个时期的进步状况和努力程度等问题。传统教学评价方式没有使评价发挥真正意义上的促进学生全面而有个性地发展和促进学生核心素养提升的作用。

《基础教育课程改革纲要》中指出，要改变课程评价过分强调的甄别与选拔功能，要发挥评价促进学生发展、教师提高和改进教育实践的功能。基于此，北辰区第二模范小学建立了立足"自立教育"建设，以发展学生核心素养为目的，促进学生发展、教师提高和改进教育实践的学生学业发展评价体系。

一、"11233"学业发展评价体系建设基本理念

（一）评价的目的在于改进育人方式，提高教育教学质量

评价的价值取向是提高办学质量，提升教师专业水平，促进学生发展。发展性评价关注的不只是评价的结果，而是评价后的行为改进。因此要关注过程性评价的调节改进作用，终结性评价对改进的验证作用以及后续改进的提示作用。

（二）评价的指向是提高核心素养

评价内容的指向要基于学生核心素养的提升，而不是单纯关注知识的学习掌握情况，以分数或等级来表征学生的价值。因此评价项目和内容的设计都要基于校本化的核心素养。

（三）评价应采用符合学生特点，为学生所喜爱的方式

评价应采用符合小学生年龄特点的方式，在笔试的基础上，营造良好的测试环境，采用智慧城堡闯关、表演、游戏等方式调动学生参与的积极性、主动性。评价主体多元化，将教师评、学生评、家长评等结合。

（四）评价是一种对话交流、共同协商的建构过程

评价者与被评价者的关系是一种对话与协商的关系，被评价者应是评价的主动参与者，通过协商建构起评价的发展意义。倡导主体间进行广泛沟通与充分协商，包括评价中的调整、改进、协商和评价后允许自主复试取其最优成绩的结果协商等，使评价具有发展性价值。

（五）评价结果的呈现方式应多样化

评价结果不应只以分数量化呈现，而应采用勋章制、等级制等方式相结合，体现发展性、激励性。

二、"11233"学业发展评价体系概念解读

"11233"中的第一个"1"代表一种理念，即以学业质量评价促进学生的全面发展；第二个"1"代表一个标准，即基于学生核心素养的学业质量评价标准；"2"代表两个全部，即对全部学科进行评价，对全部学生进行评价；第一个"3"代表三个评价主体，即学生评价、家长评价和教师评价；第二个"3"是指三种评价方式，即纸笔测试、面试（智慧城堡闯关）和成长记录袋。

三、"11233"学业发展评价体系内容规划

学校对《中国学生发展核心素养》进行了校本化解读，形成了以自能学习

为中心的四大校本核心素养,即自健身心、自能学习、自主成长和自立人格。在此基础上,各学科以本学科核心素养和课程标准为出发点,精心设计了本学科的学业评价内容规划。每个学科的评价内容规划均包括:学科核心素养、评价目的、评价内容、评价项目和评价方式,其中对评价项目的内容和指标进行了细化。这一内容规划设计充分体现了每个学科的每项评价内容都是基于学生的核心素养,符合课程标准要求和学生发展特点的。

（一）语文学科评价

1.语文核心素养。一是语言理解能力:能读懂文本的主要内容,了解文本表达上的特点;知道积累优美的、有新鲜感的语言材料,具有初步的语感。二是语言运用能力:能根据具体语境(语言情境)和任务要求,在口头和书面语言表达中尝试着运用自己获得的言语活动经验,交流顺畅,文通字顺。三是思维能力:能在阅读、表达等言语活动中主动思考,能运用想象与联想,形成对客观事物的初步认识,对语言和文学形象的初步认识,具有初步的评判意识。四是初步审美能力:感受到汉字之美,具有热爱祖国语言文字的情感;感受到人性之美:真善美,具有初步的审美体验。

2.理论依据(课程标准要求)。包括:听、说、读、写。

听:第一学段:能认真听别人讲话,努力了解讲话的主要内容。主要评价学生口语交际的态度与习惯,重在鼓励学生自信地表达。

第二学段:听人说话能把握主要内容,并能简要转述。主要评价学生日常口语交际的基本能力,学会倾听、表达与交流。

第三学段:听他人说话认真耐心,能抓住要点,并能简要转述。主要评价学生日常口语交际的基本能力,学会倾听、表达与交流。

说:口语交际的评价,须注重提高学生对口语交际的认识和表达沟通的水平。考查口语交际水平的基本项目可以有讲述、应对、复述、转述、即席讲话、主题演讲、问题讨论等。

第一学段:学说普通话,逐步养成讲普通话的习惯;听故事、看音像作品,能复述大意和自己感兴趣的情节；能完整地讲述小故事，能简要讲述自己感兴趣的见闻；与别人交谈，态度自然大方，有礼貌；有表达的自信心。积极参加讨论，敢于发表自己的意见；结合语文学习，用口头或图文等方式表达自己的观察所得。

第二学段：能清楚明白地讲述见闻，说出自己的感受和想法；讲述故事力求具体生动；能就不理解的地方向人请教，就不同的意见与人商讨；在家庭生活、学校生活中，尝试运用语文知识和能力解决简单问题。

第三学段：乐于参与讨论，敢于发表自己的意见；表达要有条理，语气、语调适当；能根据交流的对象和场合，稍做准备，做简单发言；在交际中注意语言美，抵制不文明的语言；对自己身边的、大家共同关注的问题，或电视、电影中的故事和形象，组织讨论，学习辨别是非、善恶、美丑。

读：评价学生阅读古代诗词和浅易文言文的情况，重点考查学生的记诵积累。

第一学段：积累自己喜欢的成语和格言警句；背诵优秀诗文50篇（段）；课外阅读总量不少于5万字。

第二学段：积累课文中优美词句、精彩句段，以及在课外阅读和生活中获得的语言材料；背诵优秀诗文50篇（段）；课外阅读总量不少于40万字。

第三学段：背诵优秀诗文60篇（段），课外阅读总量不少于100万字。

写：依据课程标准，以"三维目标"为评价标准，从识字与写字、阅读、写话、口语交际、综合性学习等方面进行综合考评。

表6-1　语文学科评价

评价目的	评价项目	评价内容	评价方式
培养学生听话的能力，提高学生运用普通话理解的能力。	语言理解（听）	一二年级听短句或对话，回答问题；三四年级听叙事短文，提取关键信息；五六年级听时事新闻，概括作者主要观点。	面试
培养学生口头表达能力，提高学生的理解表达能力和思维力。	语言表达（说）	一二年级看图说话，依据图画中的内容或提示讲故事；三四年级综合实践表达，依据图中所给信息回答问题；五六年级结合听到短文内容，发表自己的观点。	面试
培养学生良好的阅读习惯，提高学生的语言积累能力。	语言积累（读）	朗读并背诵各年级书中要求背诵的篇目；朗读并背诵经典古诗词《给学生的古诗词》；一至六年级，每学年背诵36首，累计216首。	
评估学生学习语言、理解和运用语言的情况，不断提升学生的听说读写能力。	语言运用（写）	基础知识、阅读、习作（写话）。	笔试

（二）数学学科评价

1.数学核心素养：数学抽象、逻辑推理、数学建模、直观想象、数学运算、数据分析六大核心素养。

2.理论依据（课程标准要求）。包括：计算、思维表达、综合实践。

计算：运算能力主要是指能够根据法则和运算律正确地进行运算的能力。培养运算能力有助于学生理解运算的算理，寻求合理简洁的运算途径解决问题。

第一学段（一至三年级）体会四则运算的意义，掌握必要的运算技能；在具体情境中，能进行简单的估算。

第二学段（四至六年级）掌握必要的运算技能；理解估算的意义；能用方程表示简单的数量关系，能解简单的方程。

思维表达：数学语言是数学思维的工具。把培养学生的数学语言和数学知识紧密地结合起来是数学学习的重要组成部分。

第一学段(一至三年级)会独立思考问题,表达自己的想法。

第二学段(四至六年级)在观察、实验、猜想、验证等活动中,发展合情推理能力,能进行有条理的思考,能比较清楚地表达自己的思考过程与结果。会独立思考问题,体会一些数学的基本思想。

综合实践:积累综合运用数学知识、技能和方法等解决简单问题的数学活动经验。

第一学段(一至三年级)通过实践活动,感受数学在日常生活中的作用,体验能够运用所学的知识和方法解决简单问题,获得初步的数学活动经验。在实践活动中,了解要解决的问题和解决问题的办法。经历实践操作的过程,进一步理解所学的内容。

第二学段(四至六年级)经历有目的、有设计、有步骤、有合作的实践活动。结合实际情境,体验发现和提出问题、分析和解决问题的过程。在给定目标下,感受针对具体问题提出设计思路、制定简单的方案解决问题的过程。通过应用和反思,进一步理解所用的知识和方法,了解所学知识之间的联系,获得数学活动经验。

表6-2　数学学科评价

评价目的	评价项目	评价内容	评价方式
提高学生的计算能力，培养灵活选择计算方法的能力。	我会算（一至二年级：听算与笔算结合；三至六年级笔算）	第一学段（一至三年级）：20以内的加减法和表内乘除法，百以内的加减法和一位数乘除两位数，三位数的加减法，一位数乘三位数、两位数乘两位数的乘法，三位数除以一位数的除法，简单的整数四则混合运算（两步），同分母分数（分母小于10）的加减运算以及一位小数的加减运算，估算。第二学段（四至六年级）：三位数乘两位数的乘法，三位数除以两位数的除法，简单的整数四则混合运算（以两步为主，不超过三步），应用运算律进行一些简便运算，简单的小数、分数（不含带分数）加、减、乘、除运算及混合运算（以两步为主，不超过三步），估算。一至三年级100道题，四至六年级50道题。	一至二年级：听算30道、笔算70道，听算为教师读题目，学生写答案。三至六年级：笔试。
在思维外化的过程中，培养学生的语言表达能力、应用意识和解决问题的能力。	思维表达	根据具体问题情境，利用分析法或综合法进行完整的解题思路表达（解题思路、列式、结果、答话）。	面试
促使学生综合运用所学的知识解决问题，培养学生的创新意识与实践能力。	综合实践	第一学段（一至三年级）运用所学的知识和方法解决简单问题。第二学段（四至六年级）针对具体问题提出设计思路、制定简单的方案解决问题。	面试

（三）英语学科评价

1.英语核心素养

语言能力：培养学生英语基本语言综合运用能力；文化品格：帮助学生理解中外文化内涵，认同并尊重文化差异；思维品质：丰富学生思考分析能力，用英语进行多元思维方式；学习能力：引导学生获得和运用所学知识，形成有效学习策略。

2.理论依据（课程标准要求）

一级（一至四年级）：

听：能根据词句识别或指认图片或实物；能根据指令做事情；能在图片和动作的提示下听懂简单的小故事并做出适当的反应。

说：能根据录音模仿说话，表达简单的情感和感觉；能相互致简单的问候，交流简单的个人信息；能根据表演猜测意思、说出词语，根据图、文说出单词或短句。

读：能看图识词；能在指认物体前提下认读所学词语；能在图片帮助下读懂简单的小故事。写：能正确书写字母和单词；能模仿范例写词句。

二级（五至六年级）：

听：能借助图片、图像、手势听懂简单的话语或录音材料；能听懂简单的配图小故事、简单的提问；能听懂常用指令、要求，做出反应。

说：能在口头表达中做到发音清楚，语调基本达意；能就所熟悉的个人和家庭情况进行简短对话；能运用常用的日常用语，就日常生活话题做简短叙述，讲述简短小故事。

读：能根据拼读规则，读出单词和词语；能读懂简短的要求或指令，看懂贺卡等所表达的简单信息；能读懂简单的故事或小短文，并养成按意群阅读的习惯。

写：能正确使用大小写字母和常用标点；能写出简单的问候语和祝福语；能根据图片、词语或例句的提示，写出简短的语句。

表6-3　英语学科评价

评价目的	评价项目	评价内容	评价方式
帮助学生形成听辨策略,激发学生学习英语的兴趣,提升英语交际能力。	听力达人	一二年级选出与所听内容相符的图片; 三四年级选出与所听内容相符的词组; 五六年级选出所听问句的最佳答句。	面试
帮助学生形成语感,掌握语法、句法,养成科学的英语学习方法。	口语达人	一二年级用简单的英语句型描述图片; 三四年级两人一组或以小组形式呈现对话; 五六年级有感情地复述短文,声音要洪亮。	
帮助学生形成正确的认知方式、认知结构,培养学生用英语思维的习惯。	表演达人	一二年级演唱一首英文歌曲; 三四年级说唱一首英文歌谣; 五六年级表演一个英语短剧。	
帮助学生形成良好的书写习惯,提高学生的审美能力和综合文化艺术素养。	书写达人	一二年级按要求书写大小写字母; 三四年级按正确形式书写单词及句子; 五六年级按题目要求写一篇英语小短文。	笔试

（四）音乐学科评价

1.音乐核心素养

音乐的表现能力:能够认识歌唱的基本常识及正确姿势,理解其特点,初步掌握正确的演唱姿势,能够激活学生的表现欲望和创造冲动,在主动参与中展现他们的个性和创造才能,使他们的想象力、表现力和创造思维得到充分发挥。音乐的审美能力:能感受和理解音乐作品情绪、格调、人文内涵,培养学生的欣赏能力,养成健康向上的审美情趣。

2.理论依据(课程标准要求)

包括:歌曲演唱、京剧欣赏及演唱、乐曲赏析、音乐编创以及音乐理论基础。

歌曲演唱:一二年级能够用正确姿势、自然的声音,有表情地独唱或参与齐唱;能够对指挥做出反应;能够采用不同的力度、速度表现歌曲的情绪。三四年级乐于参与各种演唱活动;能够用自然的声音、准确的节奏和音调,有表情地独唱或参与齐唱、轮唱、合唱,并能对指挥动作做出恰当的反应;了解变声期嗓音保护的知识,初步懂得嗓音保护的方法;能够对自己和他人的演唱做简单评价。五六年级学生能够自主感受曲目的体裁、形式、风格;增加着重培养合唱、器乐演奏的能力;能够用自然的声音、准确的节奏和音调,有表情地独唱或参与齐唱、轮唱、合唱,并能对指挥动作做出恰当的反应;了解变声期嗓音保护的知识,初步懂得嗓音保护的方法;能够对自己和他人的演唱做简单评价。

京剧欣赏及演唱:一二年级:尊重传统艺术,培养对京剧艺术的兴趣;能够用准确的歌词表现、能够有节奏地表现。三四年级:尊重传统艺术,保持对京剧艺术的兴趣;聆听中国民族民间音乐,了解以京剧为代表的中国戏曲及曲艺音乐,体验其不同的风格;学唱京剧或地方戏曲唱腔片段。五六年级:尊重传统艺术,保持对京剧艺术的兴趣;聆听中国民族民间音乐,了解以京剧为代表的中国戏曲及曲艺音乐,体验其不同的风格,学唱京剧或地方戏曲唱腔片段。

乐曲赏析:一二年级能够正确选出所听乐曲的演奏乐器。三四年级:能够正确选出所听乐曲的乐器、体裁,能够跟着音乐有所律动。五六年级:能够正确选出所听乐曲的风格、体裁、节奏,能够跟着音乐有所律动,能够跟唱所听片段。

音乐编创以及音乐理论基础——节奏的掌握(四至六年级):对于节奏的辨别与应用编创要基于对简谱熟练掌握的基础之上,基于课程标准的要求和学生的认识发展规律,学生从四年级开始逐步学习认识简谱,因此把"我拍节奏型"评价项目设置于四至六年级。四年级对42、44拍的四分音符、八分音符节奏进行编创和拍打。五至六年级对二三四拍子中带有附点节奏的节奏型群进行自主编创和拍打与演唱。

表6-4　音乐学科评价

评价目的	评价项目	评价内容	评价方式
培养学生自信演唱的能力，养成良好的演唱习惯。	歌曲演唱（一至六年级）	教师采用学生抽签演唱的形式（包括歌词的准确、音准、情感的表达、肢体动作的表现等），给予相应的分数。	面试
尊重京剧传统艺术，培养兴趣。	京剧欣赏及演唱（一至六年级）	每学年第一学期根据京剧校本教材采用听赏的形式，模仿人物动作的表现并能正确说出选段的名称。 第二学期学生应演唱其中规定选段：一年级选唱《报灯名》，二年级选唱《卖水》，三年级选唱《甘洒热血写春秋》，四年级选唱《这一封书信来得巧》，五年级选唱《三家店》，六年级选唱《包龙图》。	面试
培养学生感知音乐，用音乐的思维去听乐曲。	音乐听辨（一至六年级）	听音乐感知音乐的旋律、风格、情绪及乐器。	面试
注重音乐知识的学习，为提高学生的读谱能力奠定基础；感知音乐的节奏和旋律的过程中，能够初步辨别节拍的不同，体验二拍子、三拍子、四拍子的律动感。	我拍节奏型（四至六年级）	通过给出的节奏型，由学生自由组合并拍打出来，检测课堂中学习过的音乐基础知识。 四年级：对42、44拍的四分音符、八分音符节奏进行编创和拍打。 五至六年级对二、三、四拍子中带有附点节奏的节奏型群进行自主编创和拍打与演唱。	面试

（五）体育学科评价

1.体育核心素养：体育学科核心素养是指自主健身，其核心能力主要包括由运动认知能力、健身实践能力和社会适应能力。体育学科核心素养是对知识与技能、过程与方法、情感态度价值观的整合，是以学生发展素养为核心价值追求。学生发展核心素养,主要指学生应具备的,能够适应终身发展和社会发展需要的必备品格和关键能力。其突出强调个人修养、社会关爱、国家情怀,更加注重自主发展、合作参与、创新实践。

2.理论依据(课程标准要求)。包括:跳短绳、戏曲操。

跳短绳:水平一(双脚并脚跳):动作协调,能够轻松熟练地连续完成跳短绳动作,30秒断绳不超过3次。水平二(编花跳):动作协调,能够轻松熟练地连续完成跳短绳动作,30秒断绳不超过3次。水平三(一带一跳):动作协调,两人配合良好,能够轻松熟练地连续完成跳短绳动作,30秒断绳不超过3次。

戏曲操:一年级能够与音乐相结合,完成1~2节动作;二年级能够与音乐相结合,完成1~5节动作;三年级能够与音乐相结合,完成整套动作;四年级能够与音乐相结合,动作整齐标准,完成整套动作;五年级能够与音乐相结合,动作整齐标准,完成整套动作,且具有戏曲神韵;六年级能够与音乐相结合,动作整齐标准,完成整套动作,且具有戏曲神韵,同时有两个队形变化。

表6-5 体育学科评价

评价目的	评价项目	评价内容	评价方式
通过跳短绳考核,不仅能促进学生手脚配合的协调性,又能促进动作的敏捷性,提升节奏感。	跳短绳	水平一:双脚并脚跳;水平二:编花跳;水平三:一带一跳。	面试
通过戏曲操考核,提高学生的身体协调性,增强韵律感,提升学生对戏曲文化的兴趣。	戏曲操	一年级:1~2节;二年级:1~5节;三年级:整套动作;四年级:规范整套动作;五年级:整套动作及戏曲神韵;六年级:整套动作及戏曲神韵,同时有两个队形变化。	面试

(六)美术学科评价

1.美术核心素养

图像识读:对美术作品、图形、影像及其视觉符号的观看、识别和解读。美术表现:运用传统与现代媒材、技术和美术语音创造视觉形象。审美态度:美术作品和现实中的审美对象进行感知、评价、判断与表达。创新能力：由创新意识主导的思维和行动。文化理解：从文化的角度观察和理解美术作品、美术现象和观念。

2.理论依据（课程标准要求）

包括：色彩知识、名家名作赏析、美术在生活中的应用。

色彩知识：第一学段（一至二年级）通过绘画表现活动，用色彩大胆、自由地表现自己的观察、感受和想象。第二学段（三至四年级）用色彩在绘画作品中表现自己所观察到的事物的特征和感受。第三学段（五至六年级）运用色彩等造型元素，以描绘和立体造型的方法，选择合适的媒材表达思想与情感。

名家名作赏析：第一学段（一至二年级）观察自然景物和学生感兴趣的美术作品，用简短的语言大胆表达感受；通过观摩、讨论等方式，欣赏学生感兴趣的美术作品。第二学段（三至四年级）欣赏符合学生认知水平的中外美术作品，用语言或文字等多种形式描述作品；识别两种或两种以上中国民间美术种类的主要特点及作品的寓意。第三学段（五至六年级）欣赏中外优秀美术作品，了解有代表性的美术家；以讨论、比较等形式，欣赏中外建筑、雕塑作品，表达感受与理解。

美术在生活中的应用：第一学段（一至二年级）观察身边的用品，初步了解形状与用途的关系；以观察和体验的方式，了解身边用品形状、色彩、尺寸与用途。第二学段（三至四年级）尝试从形状与用途的关系，认识设计和工艺的造型、色彩，学习对比与和谐；观察和分析用品的造型、色彩、媒材与用途的关系，表达自己感受。第三学段（五至六年级）从形态与功能的关系，认识设计和工艺造型、色彩和媒材；运用对比与和谐、对称与均衡、节奏与韵律等形式原理以及各种材料、制作方法、设计装饰各种图形和物品。

表6-6 美术学科评价

评价目的	评价项目	评价内容	评价方式
正确认知色彩,培养独特的色彩感受能力。	色彩知识	第一学段(一至二年级)认识色环中的常用颜色。 第二学段(三至四年级)辨识三原色、三间色、冷暖色和复色。 第三学段(五至六年级)识别对比色和邻近色,感悟色彩的情感。	面试
欣赏名家名作,提高美术鉴赏能力。	名家名作赏析	第一学段(一至二年级):对美术作品和美术现象进行简短评述,表达感受和见解。 第二学段(三至四年级):知道两种或两种以上中外美术作品种类的主要特点及作品寓意。 第三学段(五至六年级):能说出至少六位著名美术家(中外各三位)及其代表作品。	面试
关注生活,从美术的角度表达想象力和创造能力。	美术在生活中的应用	第一学段(一至二年级)了解基本形状,能准确概括生活中物品的形状。 第二学段(三至四年级)掌握近大远小、对比与和谐、对称与均衡等形式原理。 第三学段(五至六年级)注重人文和优秀传统文化相关的美术知识。	面试

四、"11233"学生学业发展评价指标

在规划了各学科评价内容和评价方式的基础上,为了达成评价目的,使评价可操作,各学科又根据课程标准对学段目标进行细化,制定了不同年级不同学科的评价指标,即根据评价项目,制定评价等级和不同等级的评价标准。

(一)语文学科学生学业质量评价标准

一年级评价项目:听闻听文,提取信息。评级标准及等级:优秀:能听懂短文和情节简单的故事;能根据题意要求选择或判断词语、句子。良好:能听懂短文中大部分词语和句子大意;能根据题意要求比较好地选择或判断词语、句子。合格:能基本听懂故事大意;能根据题意要求进行选择或判断词语、句子,错误率高。

一年级评价项目:看图看片,想象表达。评价标准及等级:优秀:能根据生

活经验,完整地讲述小故事(人、时、地、事);用上要求运用的词语;能根据生活经验,判断人物的情感并选择相应的内容;声音响亮,态度自然、大方。良好:能根据生活经验,比较完整地讲述小故事(人、时、地、事);没有恰当运用所要求的词语;能根据生活经验,较好地判断人物的情感并选择相应的内容;声音比较响亮、自然。合格:能根据生活经验,基本讲出小故事(人、时、地、事),但错误较多,故事叙述较少;能根据生活经验,初步判断人物的情感并选择相应的内容,但与实际要求有偏差。

一年级评价项目:朗读美文,背诵展示。评价标准及等级:优秀:能正确、流利地背诵;能在背诵中做到不添字、不漏字、不错字、不换字、不回读。良好:能比较正确、流利地背诵;能在背诵中较好地做到不添字、不漏字,错误较少。合格:能基本做到正确地背诵,但错误较多,不流利;在背诵中添字、漏字现象较多。

二年级评价项目:听闻听文,提取信息。评价标准及等级:优秀:能听懂短文和情节简单的故事;能根据题意要求选择或判断词语、句子。良好:能听懂短文中大部分词语句子大意;能根据题意要求比较好地选择或判断词语、句子。合格:能基本听懂故事大意;能根据题意要求进行选择或判断词语、句子,错误率较高。

二年级评价项目:看图看片,想象表达。评价标准及等级:优秀:能根据生活经验,完整地讲述小故事(人、时、地、事);用上要求运用的词语;能根据生活经验,判断人物的情感并选择相应的内容,声音响亮,态度自然、大方。良好:能根据生活经验,比较完整地讲述小故事(人、时、地、事);没有恰当运用所要求的词语;能根据生活经验,较好地判断人物的情感并选择相应的内容,声音比较响亮、自然。合格:能根据生活经验,基本讲出小故事(人、时、地、事),但错误较多;故事叙述较少;能根据生活经验,初步判断人物的情感并选择相应的内容,但与实际要求有偏差。

二年级评价项目:朗读美文,背诵展示。评价标准及等级:优秀:能正确、流利地背诵；能在背诵中做到不添字、不漏字、不错字、不换字、不回读。良好：能比较正确、流利地背诵；能在背诵中较好地做到不添字、不漏字,错误较少。合格：能基本做到正确地背诵,但错误较多,不够流利；在背诵中添字、漏字较多。

三年级评价项目：听闻听文,提取信息。评价标准及等级："优秀+"：能识记听过的词句,进行思维判断或听写；听后能根据短文的内容进行选择或填空。优秀：能识记绝大部分听过的词句,进行思维判断或听写,错误1~2处；听后能根据短文的内容进行选择或填空,错误1~2处。良好：能基本识记部分听过的词句,进行思维判断或听写,错误3~4处；听后能根据短文的内容进行选择或填空,错误3~4处。合格：能基本识记部分听过的词句,进行思维判断或听写,错误5处以上；听后能根据短文的内容进行选择或填空,错误5处及以上。

三年级评价项目：听文思考,实践表达。评价标准及等级："优秀+"：能完整地讲述小故事的情节(起因、经过、结果),力求生动；能根据生活经验,初步判断作者的表达情感,说出自己的想法和感受；表达要有条理,语气语调恰当、有感情。优秀：能比较完整地讲述小故事的情节(起因、经过、结果),力求生动；能根据生活经验,判断作者的表达情感,说出自己的想法和感受；表达要有比较条理。良好：能基本讲述小故事的情节(起因、经过、结果),比较生动；能根据生活经验,基本判断作者的表达情感,说出自己的想法和感受。合格：能基本讲述小故事的情节(起因、经过、结果),错误较多；能根据生活经验,基本判断作者的表达情感,说出自己的想法和感受,但与实际要求有偏差。

三年级评价项目：朗读美文,背诵展示。评价标准及等级："优秀+"：能正确、流利、有感情地朗读、背诵；在背诵中做到不添字、不漏字、不错字、不换字、不回读；背诵过程中,要注意标点的停顿、段落的停顿。优秀：能比较正确、流利、有感情地朗读、背诵；在背诵中较好地做到不添字、不漏字、不错字、不换字,错误1~2处；背诵过程中,要较好地注意标点的停顿、段落的停顿。良好：能基本做到正确、流利、有感情地朗读、背诵；在背诵中较好地做到不添字、不漏字、不错字、不换字,错误3~4处;背诵过程中,能注意标点的基本停顿。合格:能基本做到正确、流利、有感情地朗读、背诵;在背诵中基本做到不添字、不漏字、不错字、不换字,错误5处及以上;背诵过程中,不能注意标点的基本停顿。

四年级评价项目:听闻听文,提取信息。评价标准及等级:"优秀+":能全部识记听过的词句,进行正确的思维判断或听写;听后能根据短文的内容正确地进行选择或填空。优秀:能识记绝大部分听过的词句,进行思维判断或听写,有1~2处错误;听后能根据短文的内容进行选择或填空,有1~2处错误。良好:能基本识记部分听过的词句,进行思维判断或听写,错误3~4处;听后能根据短文的内容进行选择或填空,错误3~4处。合格:能基本识记部分听过的词句,进行思维判断或听写,错误超过4处;听后能根据短文的内容进行选择或填空,但错误超过4处。

四年级评价项目:听文思考,实践表达。评价标准及等级:"优秀+":能围绕主题清楚明白地讲述,不偏题;语言流畅,态度自然,不过多停顿,声音洪亮,吐字清楚,语速适当,恰当地表达情感,说出自己的想法和感受;表达有条理,语气语调恰当、有感情,肢体语言丰富生动。优秀:能围绕主题清楚明白地讲述,不偏题;语言比较流畅,态度比较自然,偶尔停顿,声音洪亮,吐字清楚,语速适当,恰当地表达情感,说出自己的想法和感受;表达有条理,语气语调恰当、有感情。良好:能围绕主题比较清楚地讲述,不偏题;语言欠流畅,态度不大自然,停顿3~4次,声音不够洪亮,吐字清楚但语速过快,基本能说出自己的想法和感受;表达比较有条理,语气过于平淡。合格:能围绕主题进行讲述,但不够清楚明白;语言不流畅,态度欠自然,停顿4次以上,声音不洪亮,不能说出自己的想法和感受;表达缺乏条理性,语气语调欠恰当。

四年级评价项目:朗读美文,背诵展示。评价标准及等级:"优秀+":能正确、流利、有感情地背诵古诗和课文;背诵过程中声音洪亮,态度自然,吐字清楚,表情适当,有肢体动作。语气语调恰当,感情饱满;在背诵中做到不添字、不漏字、不错字、不换字、不回读。优秀:能比较正确、流利、有感情地背诵古诗和课文;背诵中声音洪亮,态度自然,吐字清楚,有适当表情,语气语调比较恰当,感情丰富;在背诵中较好地做到不添字、不漏字、不错字、不换字,错误不多于一处,偶尔有一次停顿。良好:能基本做到正确、流利地背诵古诗和课文;背诵中声音比较洪亮,吐字比较清楚但表情僵硬,语气语调平淡,没有感情;在背诵中添字、漏字、错字、换字错误多于2~3处。合格:不能做到正确、流利、有感情地背诵古诗和课文;背诵中声音较小,吐字不清楚,表情僵硬,语气语调平淡,没有感情;在背诵中添字、漏字、错字、换字3处以上。

五年级评价项目:听闻听文,提取信息。评价标准及等级:"优秀+":能全部识记听过的词句,进行正确的思维判断或听写;听后能根据短文的内容正确地进行选择或填空。优秀:能识记绝大部分听过的词句,进行思维判断或听写,有1~2处错误;听后能根据短文的内容进行选择或填空,有1~2处错误。良好:能基本识记部分听过的词句,进行思维判断或听写,错误3~4处;听后能根据短文的内容进行选择或填空,错误3~4处。合格:能基本识记部分听过的词句,进行思维判断或听写,错误超过4处;听后能根据短文的内容进行选择或填空,错误超过4处。

五年级评价项目:听文思考,实践表达。评价标准及等级:"优秀+":能围绕主题清楚明白地讲述,不偏题;语言流畅,态度自然,不过多停顿,声音洪亮,吐字清楚,语速适当,恰当地表达情感,说出自己的想法和感受;表达有条理,语气语调恰当、有感情,肢体语言丰富生动。优秀:能围绕主题清楚明白地讲述,不偏题;语言比较流畅,态度比较自然,偶尔停顿,声音洪亮,吐字清楚,语速适当,恰当地表达情感,说出自己的想法和感受;表达有条理,语气语调恰当、有感情。良好:能围绕主题比较清楚地讲述,不偏题;语言欠流畅,态度不大自然,停顿3~4次,声音不够洪亮,吐字清楚但语速过快,基本能说出自己的想法和感受;表达比较有条理,语气过于平淡。合格:能围绕主题进行讲述,但不够清楚明白;语言不流畅,态度欠自然,停顿次数4次以上,声音不洪亮,吐字不清楚,不能说出自己的想法和感受;表达缺乏条理性,语气语调欠恰当。

五年级评价项目：朗读美文，背诵展示。评价标准及等级："优秀+"：能正确、流利、有感情地背诵古诗和课文；背诵过程中声音洪亮，态度自然，吐字清楚，有表情，在适当的地方有肢体动作。语气语调恰当，感情饱满；在背诵中做到不添字、不漏字、不错字、不换字、不回读。优秀：能比较正确、流利、有感情地背诵古诗和课文；背诵中声音洪亮，态度自然，吐字清楚，有适当表情，语气语调比较恰当，感情丰富；在背诵中较好地做到不添字、不漏字、不错字、不换字，错误不多于一处。偶尔有一次停顿。良好：能基本做到正确、流利地背诵古诗和课文；背诵中声音比较洪亮，吐字比较清楚，语气语调平淡；在背诵中添字、漏字、错字、换字严重，错误2~3处。合格：不能做到正确、流利、有感情地背诵古诗和课文；背诵中声音较小，吐字不清楚，语气语调平淡；在背诵中添字、漏字、错字、换字3处以上，要反复提醒才能背诵。

六年级评价项目：听闻听文，提取信息。评价标准及等级："优秀+"：能全部识记听过的词句，进行正确地思维判断或听写；听后能根据短文的内容正确地进行选择或填空。优秀：能识记绝大部分听过的词句，进行思维判断或听写，有1~2处错误；听后能根据短文的内容进行选择或填空，有1~2处错误。良好：能基本识记部分听过的词句，进行思维判断或听写，但错误3~4处；听后能根据短文的内容进行选择或填空，但错误3~4处。合格：能基本识记部分听过的词句，进行思维判断或听写，但错误超过4处；听后能根据短文的内容进行选择或填空，但错误超过4处。

六年级评价项目：听文思考，实践表达。评价标准及等级："优秀+"：能围绕主题清楚明白地讲述，不偏题；语言流畅，态度自然，声音洪亮，吐字清楚，语速适当，恰当地表达情感，说出自己的想法和感受；表达有条理，语气语调恰当、有感情，肢体语言丰富生动。优秀：能围绕主题清楚明白地讲述，不偏题；语言流畅，态度自然，偶尔停顿1~2次，声音洪亮，吐字清楚，语速适当，恰当地表达情感，说出自己的想法和感受；表达有条理，语气语调恰当、有感情。良好：能围绕主题比较清楚地讲述，不偏题；语言欠流畅，态度不大自然，停顿3~4次，声音不够洪亮,吐字清楚但语速过快,基本能说出自己的想法和感受;表达比较有条理,语气过于平淡。合格:能围绕主题进行讲述,但不够清楚明白;语言不流畅,态度欠自然,停顿4次以上,声音不洪亮,吐字不清楚,不能说出自己的想法和感受;表达缺乏条理性。

六年级评价项目:朗读美文,背诵展示。评价标准及等级:"优秀+":能正确、流利、有感情地背诵古诗和课文;背诵过程中声音洪亮,态度自然,吐字清楚,有表情,在适当的地方有肢体动作;语气语调恰当,感情饱满;在背诵中做到不添字、不漏字、不错字、不换字、不回读。优秀:能比较正确、流利、有感情地背诵古诗和课文;背诵中声音洪亮,态度自然,吐字清楚,有适当表情,语气语调比较恰当,感情丰富;在背诵中较好地做到不添字、不漏字、不错字、不换字,错误不多于一处。偶尔有一次停顿。良好:能基本做到正确、流利地背诵古诗和课文;背诵中声音比较洪亮,吐字比较清楚但表情不自然,语气语调平淡;在背诵中添字、漏字、错字、换字严重,错误在2~3处。合格:不能做到正确、流利、有感情地背诵古诗和课文;背诵中声音较小,吐字不清楚,语气语调平淡;在背诵中添字、漏字、错字、换字3处以上,要反复提醒才能背诵。

（二）数学学科学生学业质量评价标准

一年级评价项目:计算。评价标准及等级:采取百分制,共100道题,每小题1分。"优+":100分;优:95分以上;良好:90分以上;合格:85分以上。

一年级评价项目:思维表达。评价标准及等级:采取分项计分方法。思维正确:1分;列式正确:1分;结果正确:1分;答话完整:1分;语言流利:1分;"优+":5分;优:4分;良好:3分;合格:2分。

一年级评价项目:综合实践。评价标准及等级:采取采点给分的计分方法。移动火柴棒:"优+":5分;优:4分;良好:3分;合格:2分;操作正确:1分;20秒以内:1分;无须提示:1分;思路正确:1分。

二年级评价项目:计算。评价标准及等级:采取百分制,共100道题,每小题1分。"优+":100分;优:95分以上;良好:90分以上;合格:85分以上。

二年级评价项目：思维表达。评价标准及等级：采取分项计分方法。思维正确：1分；列式正确：1分；结果正确：1分；答话完整：1分；语言流利：1分；"优+"：5分；优：4分；良好：3分；合格：2分。

二年级评价项目：综合实践。评价标准及等级：根据不同题型，采取采点给分的计分方法。玩转七巧板："优+"：5分；优：4分；良好：3分；合格：2分；"优+"：20秒以内，无须提醒，操作正确；优：20秒以内，提醒一次，操作正确；良好：超过20秒，操作正确；合格：操作不正确。移动火柴棒："优+"：5分；优：4分；良好：3分；合格：2分；"优+"：20秒以内，无须提醒，操作正确；优：20秒以内，提醒一次，操作正确；良好：超过20秒，操作正确；合格：操作不正确。搭配问题："优+"：5分；优：4分；良好：3分；合格：2分；说出5种：5分；说出4种：4分；说出3种：3分；说出2种：2分。

三年级评价项目：计算。评价标准及等级：采取百分制，共100道题，每小题1分。"优+"：100分；优：90分；良好：80分；合格：70分。

三年级评价项目：思维表达。评价标准及等级：采取分项计分方法。思维正确：1分；列式正确：1分；结果正确：1分；答话完整：1分；语言流利：1分；"优+"：5分；优：4分；良好：3分；合格：2分。

三年级评价项目：综合实践。评价标准及等级：采取采点给分的计分方法。类型一：(时间的认识)准确找出图片上的信息：2分；列式准确：1分；答案准确：1分；语言表述清晰：1分。类型二：(测量的估算)误差在5毫米以内：5分；误差在1厘米以内：4分；误差在2毫米以内：3分；语言表述清晰：2分。类型三：(七巧板的拼接)快速完成拼接：5分；拼接速度较慢，但独立完成：4分；经老师提示后完成：3分；需要老师的帮助完成：2分；"优+"：5分；优：4分；良好：3分；合格：2分。

四年级评价项目：计算。评价标准及等级：采取百分制，共100道题，每小题1分。"优+"：100分；优：90分；良好：80分；合格：60分。

四年级评价项目：思维表达。评价标准及等级：采取分项计分方法。思维正确:2分;列式正确:2分;结果正确:2分;答话完整:1分;语言流利:1分;"优+":8分;优:7分;良好:6分;合格:4分。

四年级评价项目:综合实践。评价标准及等级:采取采点给分的计分方法。24点:每对一步得2分,操作熟练加2分;"优+":8分;优:6分;良好:4分;合格:2分。数独:在2分钟内每做对一个得1分,每提醒一次扣3分;"优+":11分;优:8~10分;良好:4~7分;合格:3分。优化问题:排序正确:2分;列式正确:2分;结果正确:2分;语言流利:2分;"优+":8分;优:6分;良好:4分;合格:2分。

五年级评价项目:计算。评价标准及等级:采取百分制,共50道题,每小题2分。"优+":100分;优:90分以上;良好:80分以上;合格:60分。

五年级评价项目:思维表达。评价标准及等级:采取分项计分方法。思维正确:2分;列式正确:2分;结果正确:2分;答话完整:1分;语言流利:1分;"优+":8分;优:6分及以上;良好:4分及以上;合格:3分。

五年级评价项目:综合实践。评价标准及等级:采取采点给分的计分方法。24点:"优+":4分;优:3分;良好:2分;合格:1分;在1分钟内完成并准确无错误:4分;少加一个括号(包括中括号、小括号)扣1分,超过1分钟扣1分。6宫数独:"优+":18分;优:14分;良好:12分;合格:10分(考试为需要填18个空的六宫格数独,规定时间为4分钟,在规定时间内每做对1个得1分,每提醒一次扣2分)。生活中的数学:根据不同题目采点给分。

六年级评价项目:计算。评价标准及等级:采取百分制,三种题型(口算、脱式计算、简便运算)。口算共30道题、每小题2分,脱式计算4道、每题4分,简便运算4道、每题6分。"优+":100分;优:90分;良好:80分;合格:60分。

六年级评价项目:思维表达。评价标准及等级:采取分项计分方法。"优+":8分;优:6分;良好:4分;合格:3分;思路正确:2分;列式正确:2分;结果正确:2分;答话完整:1分;语言流利:1分。

六年级评价项目:综合实践。评价标准及等级:汉诺塔:"优+":15分;优:

12分；良好：9分；合格：3分（四层汉诺塔一共15步，每步1分。考试时间为3分钟，3分钟内移动对1步给1分，每提醒一次扣2分）。数独："优+"：11分；优：8分；良好：5分；合格：2分（考试为需要填11个空的四宫格数独，规定时间为2分钟，在规定时间内每做对1个得1分，每提醒一次扣3分）；"优+"：20分；优：15分；良好：10分；合格：5分（考试为需要填20个空的六宫格数独，规定时间为4分钟，在规定时间内每做对1个得1分，每提醒一次扣5分）；"优+"：50分；优：40分；良好：30分；合格：10分（考试为需要填50个空的九宫格数独，规定时间为6分钟，在规定时间内每做对1个得1分，每提醒一次扣5分）。位置与方向："优+"：30分；优：25分；良好：20分；合格：10分（位置与方向题目中路线每走对一步得10分，没有标明距离扣2分，没有表明角度扣2分，没有标明地点名称扣1分）。

（三）英语学科学生学业质量评价标准

一年级评价项目：听音辨识。评价标准及等级：优秀：能够从所给的图片或单词中选出所听到的选项，并准确说出5个选项或单词，语音语调非常标准。良好：能够从所给的图片或单词中选出所听到的选项，并准确说出4个选项或单词。合格：能够从所给的图片或单词中选出所听到的选项，并准确说出3个选项或单词。

一年级评价项目：说唱Rap。评价标准及等级：优秀：能够对所给歌谣进行创编，自编动作进行说唱。良好：能够加入肢体语言说唱所给歌谣。合格：能够正确说唱所给歌谣。

一年级评价项目：思维表达。评价标准及等级：优秀：能将至少3个词语搭配到所给句子中。良好：能将2个词语搭配到所给句子中。合格：能将1个词语搭配到所给句子中。

二年级评价项目：听音辨识。评价标准及等级：优秀：能够从所给的图片或单词中选出所听到的选项，并准确地说出5个选项或单词，语音语调非常标准。良好：能够从所给的图片或单词中选出所听到的选项，并准确地说出4个选项或单词。合格：能够从所给的图片或单词中选出所听到的选项，并准确地说出3个选项或单词。

二年级评价项目：说唱Rap。评价标准及等级：优秀：能够对所给歌谣进行创编，自编动作进行说唱。良好：能够加入肢体语言说唱所给歌谣。合格：能够正确说唱所给歌谣。

二年级评价项目：思维表达。评价标准及等级：优秀：能将至少3个词语搭配到所给句子中。良好：能将2个词语搭配到所给句子中。合格：能将1个词语搭配到所给句子中。

三年级评价项目：听力达人。评价标准及等级：优：能够从所给的图片或单词中选出所听到的选项，并准确说出3个选项或单词，语音语调非常标准。良：能够从所给的图片或单词中选出所听到的选项，并准确说出2个选项或单词。合格：能够从所给的图片或单词中选出所听到的选项，并准确说出1个选项或单词。

三年级评价项目：拼读大王。评价标准及等级：优：能够正确拼出单词。良：两个字母位置错误但能将单词正确读出。合格：两个字母位置错误但能将单词正确读出。

三年级评价项目：组句朗读。评价标准及等级：优：能够根据所给的情境完成对话，思路清晰，表达完整，并且有创新。良：能够根据所给的情境完成对话，思路清晰，表达完整。合格：能够根据所给的情境完成对话。

四年级评价项目：听力达人。评价标准及等级：优：能够从所给的图片或单词中选出所听到的选项，并准确说出3个选项或单词，语音语调非常标准。良：能够从所给的图片或单词中选出所听到的选项，并准确说出2个选项或单词。合格：能够从所给的图片或单词中选出所听到的选项，并准确说出1个选项或单词。

四年级评价项目：拼读大王。评价标准及等级：优：能够正确拼出单词。良：两个字母位置错误但能将单词正确读出。合格：两个字母位置错误但能将单词正确读出。

四年级评价项目:组句朗读。评价标准及等级:优:能够根据所给的情境完成对话,思路清晰,表达完整,并且有创新。良:能够根据所给的情境完成对话,思路清晰,表达完整。合格:能够根据所给的情境完成对话。

五年级评价项目:听力达人。评价标准及等级:优:能够根据所听到的听力录音做出正确的反应,并准确地做出正确的摆放。良:能够根据所听到的听力录音做出正确的反应,经过教师的简单提醒做出正确的摆放。合格:能够根据所听到的听力录音做出正确的反应,经过教师的提示做出正确的摆放。

五年级评价项目:思维导图。评价标准及等级:优:能够根据所给的图片,正确地说出5个句子,并且语句通顺、准确,有创新。良:能够根据所给的图片,正确地说出4个句子,并且语句通顺、准确。合格:能够根据所给的图片,正确地说3个句子,并且语句通顺、准确。

五年级评价项目:课文积累。评价标准及等级:优:能够根据所给的情境熟练地说出5个句子,思路清晰,表达完整,并且有创新。良:能够根据所给的情境熟练地说出4个句子,思路清晰,表达完整,并且有创新。合格:能够根据所给的情境熟练地说出4个句子,思路清晰,表达完整,并且有创新。

六年级评价项目:听力达人。评价标准及等级:优:能够根据所听到的听力录音做出正确的反应,并准确地做出正确的摆放。良:能够根据所听到的听力录音做出正确的反应,经过教师的简单提醒做出正确的摆放。合格:能够根据所听到的听力录音做出正确的反应,经过教师的提示做出正确的摆放。

六年级评价项目:思维导图。评价标准及等级:优:能够根据所给的图片,正确地说出5个句子,并且语句通顺、准确,有创新。良:能够根据所给的图片,正确地说出4个句子,并且语句通顺、准确。合格:能够根据所给的图片,正确地说3个句子,并且语句通顺、准确。

六年级评价项目:情景问答。评价标准及等级:优:能够根据所给的情境熟练地回答出5个问题,思路清晰,表达完整,并且有创新。良:能够根据所给的情境熟练地回答出4个问题,思路清晰,表达完整,并且有创新。合格:能够根据所给的情境熟练地回答出3个句子,思路清晰,表达完整,并且有创新。

（四）音乐学科学生学业质量评价标准

一年级评价项目:演唱。评价标准及等级:优秀:能够用正确的姿势、自然的声音,有表情地独唱或参与齐唱,能够对指挥动作做出反应;能够采用不同的力度、速度表现歌曲的情绪。良好:能够用正确的姿势、自然的声音,有表情地独唱或参与齐唱;能够对指挥动作做出反应。合格:能够用正确的姿势、自然的声音,有表情地独唱或参与齐唱。

一年级评价项目:京剧。评价标准及等级:优秀:能够用准确的歌词有节奏地表现《报灯名》;能够加入动作,形象生动地表演。良好:能够用准确的歌词有节奏地表现《报灯名》。合格:能够用准确的歌词表现《报灯名》。

二年级评价项目:演唱。评价标准及等级:优秀:能够用正确的姿势、自然的声音,有表情地演唱歌曲;用准确的节奏和音调完整地演唱歌曲;能够根据音乐情绪,做出相应的体态律动。良好:能够用正确的姿势、自然的声音,有表情地演唱歌曲;能够根据音乐情绪,做出相应的体态律动;合格:能够用正确的姿势、自然的声音,有表情地独唱或参与齐唱。

二年级评价项目:京剧。评价标准及等级:优秀:能够用准确的歌词、自然的声音表现《卖水》;能够加入动作,形象生动地表演。良好:能够用准确的歌词有节奏地表现《卖水》。合格:能够用准确的歌词表现《卖水》。

二年级评价项目:乐曲欣赏。评价标准及等级:优秀:能够正确地选出所听乐曲的风格、体裁、节奏;能够跟着音乐有所律动;能够跟唱所听片段。良好:能够正确地选出所听乐曲的风格、体裁、节奏;能够跟着音乐有所律动。合格:能够正确的选出所听乐曲的风格、体裁、节奏。

三年级评价项目:演唱。评价标准及等级:优秀:能够用正确的姿势、自然的声音,有表情地演唱歌曲;用准确的节奏和音调完整的演唱歌曲;能够根据音乐情绪,做出相应的体态律动。良好:能够用正确的姿势、自然的声音,有表情地演唱歌曲；能够根据音乐情绪，做出相应的体态律动。合格：能够用正确的姿势、自然的声音，有表情地演唱歌曲。

三年级评价项目：京剧。评价标准及等级：优秀：能够用准确的歌词有节奏地表现《甘洒热血写春秋》；能够加入动作，形象生动的表演。良好：能够用准确的歌词有节奏地表现《甘洒热血写春秋》。合格：够用准确的歌词表现《甘洒热血写春秋》。

三年级评价项目：乐曲欣赏。评价标准及等级：优秀：能够正确地选出所听乐曲的风格、体裁、节奏；能够跟着音乐有所律动；能够跟唱所听片段。良好：能够正确地选出所听乐曲的风格、体裁、节奏；能够跟着音乐有所律动。合格：能够正确地选出所听乐曲的风格、体裁、节奏。

四年级评价项目：演唱。评价标准及等级：优秀：能够用正确的姿势、自然的声音，有表情地演唱歌曲；用准确的节奏和音调完整的演唱歌曲；能够根据音乐情绪，做出相应的体态律动。良好：能够用正确的姿势、自然的声音，有表情地演唱歌曲；能够根据音乐情绪，做出相应的体态律动。合格：能够用正确的姿势、自然的声音，有表情地演唱歌曲。

四年级评价项目：京剧。评价标准及等级：优秀：能够用准确的歌词有节奏地表现《三家店》；能够加入动作，形象生动地表演。良好：能够用准确的歌词有节奏地表现《三家店》。合格：够用准确的歌词表现《三家店》。

四年级评价项目：我拍节奏型。评价标准及等级：优秀：合理地安排节奏型位置；用准确的节奏拍打。良好：比较合理的安排节奏型的位置；较为熟练地拍打节奏。合格：能够安排节奏型位置；可以拍打节奏。

四年级评价项目：乐曲欣赏。评价标准及等级：优秀：能够正确地选出所听乐曲的风格、体裁、节奏；能够跟着音乐有所律动；能够跟唱所听片段。良好：能够正确地选出所听乐曲的风格、体裁、节奏；能够跟着音乐有所律动。合格：能够正确地选出所听乐曲的风格、体裁、节奏。

五年级评价项目：演唱。评价标准及等级：优秀：能够用正确的姿势、自然的声音,有表情地演唱歌曲;用准确的节奏和音调完整地演唱歌曲;能够根据音乐情绪,做出相应的体态律动。良好:能够用正确的姿势、自然的声音,有表情地演唱歌曲;能够根据音乐情绪,做出相应的体态律动。合格:能够用正确的姿势、自然的声音,有表情地演唱歌曲。

五年级评价项目:京剧。评价标准及等级:优秀:能够用准确的歌词有节奏地表现《定军山》;能够加入动作,形象生动地表演。良好:能够用准确的歌词有节奏地表现《定军山》。合格:够用准确的歌词表现《定军山》。

五年级评价项目:乐曲欣赏。评价标准及等级:优秀:能够正确地选出所听乐曲的风格、体裁、节奏;能够跟着音乐有所律动;能够跟唱所听片段。良好:能够正确地选出所听乐曲的风格、体裁、节奏;能够跟着音乐有所律动。合格:能够正确地选出所听乐曲的风格、体裁、节奏。

五年级评价项目:我拍我唱。评价标准及等级:优秀:合理地安排音乐片段位置;能够熟练地用自然优美的声音演唱音乐片段。良好:比较合理地安排音乐片段位置;能够熟练地演唱音乐片段。合格:可以安排音乐片段位置;能够演唱音乐片段。

六年级评价项目:演唱。评价标准及等级:优秀:能够用正确的姿势、自然的声音,有表情地演唱歌曲;用准确的节奏和音调完整地演唱歌曲;能够根据音乐情绪,做出相应的体态律动。良好:能够用正确的姿势、自然的声音,有表情地演唱歌曲;能够根据音乐情绪,做出相应的体态律动。合格:能够用正确的姿势、自然的声音,有表情地演唱歌曲。

六年级评价项目:京剧。评价标准及等级:优秀:能够用准确的歌词有节奏地表现《包龙图》;能够加入动作,形象生动地表演。良好:能够用准确的歌词有节奏地表现《包龙图》。合格:够用准确的歌词表现《包龙图》。

六年级评价项目:乐曲欣赏。评价标准及等级:优秀:能够正确地选出所听乐曲的风格、体裁、节奏;能够跟着音乐有所律动;能够跟唱所听片段。良好:能够正确地选出所听乐曲的风格、体裁、节奏;能够跟着音乐有所律动。合格:

能够正确地选出所听乐曲的风格、体裁、节奏。

六年级评价项目：我拍我唱。评价标准及等级：优秀：合理地安排音乐片段位置；能够熟练地用自然优美的声音演唱音乐片段。良好：比较合理地安排音乐片段位置；能够熟练地演唱音乐片段。合格：可以安排音乐片段位置；能够演唱音乐片段。

（五）美术学科学生学业质量评价标准

一年级评价项目：色彩知识。评价标准及等级：优秀：能准确说出色彩名称，并能辨别12种以上的颜色，大胆、自由地表达自己的观察、感受和想象，创作能反映自己学习水平的作品。良好：能准确说出色彩名称，并能辨别12种以上的颜色，表达自己的观察，创作能反映自己学习水平的作品。合格：能准确说出色彩名称，并能辨别12种以上的颜色。

一年级评价项目：美术表现。评价标准及等级：优秀：能根据图片准确说出形状，并做出选择，大胆、自由地表达自己的观察、感受和想象，创作能反映自己学习水平的作品。良好：能根据图片准确说出形状，表达自己的观察，创作能反映自己学习水平的作品。合格：能根据图片选择出正确的形状，创作能反映自己学习水平的作品。

一年级评价项目：名家名作赏析。评价标准及等级：优秀：能准确说出作品的名称，大胆、自由地表达自己的观察、感受，并交流想法。良好：能说出作品的名称，表达自己的观察、感受。合格：能说出作品的名称，表达自己的观察。

二年级评价项目：色彩知识。评价标准及等级：优秀：能准确说出图片中色彩的名称，能说出3组两个相融合的颜色名称，声音洪亮，表述准确，充满自信。良好：能准确说出图片中大部分颜色，最少能说出两组两个相融合的颜色名称，声音洪亮，表述准确。合格：能准确说出图片中最少3个颜色，能说出1组两个相融合的颜色名称，表述准确。

二年级评价项目：美术表现。评价标准及等级：优秀：能准确找出线描作品，了解线描作品特点，并能够准确说出线描作品中所有线的变化，声音洪亮，表述准确,充满自信。良好:能准确找出线描作品,了解线描作品特点,最少能说出3种线描作品中线的变化,声音洪亮,表述准确。合格:能准确找出两副线描作品,描述线的变化,表述准确。

二年级评价项目:名家名作赏析。评价标准及等级:优秀:能准确地说出作品的名称,表现形式,所属地域以及作品的寓意及通过欣赏带给自己的感受,声音洪亮,语言逻辑清晰,表述完整。良好:能准确地说出作品的名称,表现形式,所属地域以及作品的寓意,声音洪亮,语言逻辑清晰,表述完整。合格:能说出作品的名称,表现形式,所属地域,声音洪亮,表述完整。

三年级评价项目:色彩构成。评价标准及等级:优秀:能准确说出色彩名称,并说出两种颜色相融形成的颜色,语言流畅,逻辑清晰,表达自信。良好:能准确说出色彩名称,并说出两种颜色相融形成的颜色,语言流畅。合格:能准确说出色彩名称,并说出两种颜色相融形成的颜色。

三年级评价项目:美术表现。评价标准及等级:优秀:能根据图片准确说出形状、透视现象,并做出选择,语言流畅,逻辑清晰,表达自信。良好:能根据图片准确说出形状、透视现象,并做出选择。合格:能根据图片选择出正确的形状及透视现象。

三年级评价项目:名家名作赏析。评价标准及等级:优秀:能准确说出作品的名称、时代、作者,并进行赏析,说出自己的感受。语言流畅,逻辑清晰,表达自信。良好:能说出作品的名称、时代、作者,并进行简要赏析,说出自己的感受。合格:能说出作品的名称、时代、作者,并进行简要赏析,简要说出感受。

四年级评价项目:色彩构成。评价标准及等级:优秀:能够快速地答出复色、间色原理,并且举出例子,声音洪亮,表述准确,充满自信。良好:较慢地说出复色间色原理,简单地说出冷暖色带给人的感觉,声音洪亮,表述准确。合格:能列举出冷暖色中有哪些颜色。

四年级评价项目:美术表现。评价标准及等级:优秀:能够快速且声音洪亮地说出各种作品中线条变化的特点,表述准确,充满自信。良好:能简单地说出作品中线条变化的特点,最少能说出三种线条变化特点,声音洪亮,表述准确。合格:只能说出一种线条变化特点。

四年级评价项目:名家名作赏析。评价标准及等级:优秀:能准确地说出作品的名称,表现形式,所属地域以及作品的寓意及通过欣赏带给自己的感受,声音洪亮,语言逻辑清晰,表述完整。良好:能准确地说出作品的名称,表现形式,所属地域以及作品的寓意,声音洪亮,语言逻辑清晰,表述完整。合格:能说出作品的名称、表现形式,表述完整。

五年级评价项目:色彩构成。评价标准及等级:优秀:能够从所给的图片或选项中选出色彩对比色、邻近色等色彩元素,选出正确选项,并能准确表达自己的所见所闻、所感所想。良好:能够从所给的图片或选项中发现色彩与明暗等造型元素,并选出正确选项并简要说出自己的感想。合格:能够从所给的图片或选项中选出正确选项。

五年级评价项目:美术表现。评价标准及等级:优秀:能够从所给的选项中找出生活中美术作品造型元素的规律,并且做出正确回答,思路清晰,表达完整,并且有创新。良好:能够从所给的图片中找出相应造型元素的规律,并且做出正确回答。合格:能够根据所给的图片做出正确回答。

五年级评价项目:名家名作赏析。评价标准及等级:优秀:能够通过艺术作品表达心中所想所感,思路清晰,表达完整,并且有创新,并能从所给图画中选出正确选项。良好:能够通过问题做出正确回答,并适当表达感受。合格:能够选出正确选项。

六年级评价项目:色彩构成。评价标准及等级:优秀:能够从所给的图片或选项中选出墨色的干湿浓淡及墨色的变化并能准确流畅地表达出自己的所见所闻、所感所想。良好:能够从所给的图片或选项中选出正确的干湿浓淡的墨色变化,并简要说出自己的感想。合格:能够从所给的图片或选项中选出正确答案。

六年级评价项目:美术表现。评价标准及等级:优秀:能够从所给的图片中分析生活中用品的构造特点及基本的造型元素,并且做出正确回答,思路清晰,表达完整。良好:能够从所给的图片中分析出生活中用品的构造特点及基本的造型元素,并且做出正确回答。合格:能够从所给的图片中找出相对应的造型元素和构造特点。

六年级评价项目:名家名作赏析。评价标准及等级:优秀:能准确地说出作品的名称、表现形式以及作品的寓意并说出自己的感受,声音洪亮,逻辑清晰,表述完整。良好:能准确地说出作品的名称、表现形式及作品的寓意,表述完整。合格:能说出作品的名称、表现形式及寓意。

（六）体育学科学生学业质量评价标准

一年级评价项目:跳短绳:双脚并脚跳。评价标准及等级:合格:30秒内断绳不超过3次。不合格:30秒内断绳超过3次。

一年级评价项目:戏曲操。评价标准及等级:优秀:能完成戏曲操1~2节动作。动作整齐,协调大方。良好:能简单完成戏曲操1~2节动作。合格:能跟做完成戏曲操1~2节动作。

二年级评价项目:跳短绳:双脚并脚跳。评价标准及等级:合格:30秒内断绳不超过3次。不合格:30秒内断绳超过3次。

二年级评价项目:戏曲操。评价标准及等级:优秀:能完成戏曲操1~5节动作。动作整齐,协调大方。良好:能简单完成戏曲操1~5节动作。合格:能跟做完成戏曲操1~5节动作。

三年级评价项目:跳短绳:编花跳。评价标准及等级:合格:30秒内断绳不超过3次。不合格:30秒内断绳超过3次。

三年级评价项目:戏曲操。评价标准及等级:优秀:能完成戏曲操整套动作。动作整齐,协调大方。良好:能简单完成戏曲操整套动作。合格:能跟做完成戏曲操整套动作。

四年级评价项目:跳短绳:编花跳。评价标准及等级:合格:30秒内断绳不超过3次。不合格:30秒内断绳超过3次。

四年级评价项目：戏曲操。评价标准及等级：优秀：能完成戏曲操整套动作。动作整齐，协调大方。良好：能简单完成戏曲操整套动作。合格：能跟做完成戏曲操整套动作。

五年级评价项目：跳短绳：一带一。评价标准及等级：合格：30秒内断绳不超过3次。不合格：30秒内断绳超过3次。

五年级评价项目：戏曲操。评价标准及等级：优秀：能完成戏曲操整套动作。动作整齐，协调大方，具有戏曲神韵。良好：能标准完成戏曲操整套动作，动作整齐，协调大方。合格：能简单完成戏曲操整套动作。

六年级评价项目：跳短绳：一带一。合格：30秒内断绳不超过3次。不合格：30秒内断绳超过3次。

六年级评价项目：戏曲操。评价标准及等级：优秀：能完成戏曲操整套动作。动作整齐，协调大方，具有戏曲神韵，且有两个队形变换。良好：能标准完成戏曲操整套动作，动作整齐，协调大方。合格：能简单完成戏曲操整套动作。

五、"11233"学生学业发展评价的实施方式

评价包括过程性评价和终结性评价，在评价细目上侧重阶段性目标，体现过程性评价与终结性评价的统一，实现以评促学的目的。

（一）过程性评价

开学初，各学科围绕评价内容规划表的设计，按照教学进度将评价内容划分为若干单元。学校印制评价手册，教师适时对学生进行过程性评价，并在过程性评价手册上进行记录。过程性评价采用目标达成制，允许学生三次复测选取最优成绩记录于手册中。

（二）终结性评价

学期末，开展主题为"玩转智慧城堡，勇夺智慧勋章"的学业质量评价周活动。主题含义有三：一是体现玩中学，让学生感受学习的乐趣；二是让学生明白学习的意义——启迪智慧；三是体现评价结果呈现方式是荣誉勋章制和等级

评定制相结合。此项评价活动分两周开展。

　　第一周评价科目是音乐、美术、体育。音乐、美术、体育均采取自主抽测法。即任课教师准备本学期学生应掌握内容，制成评价抽测软件，由学生自主抽取内容，并根据所抽取内容进行展示，教师给出评价等级。美术在此基础上，还采取自主展示法，即学生从美术成长记录袋中选出自己最满意的一幅作品进行展示，教师给出评价等级。三科评价结束后，根据实际情况分别给学生颁发音乐达人、体育达人和美术达人勋章。

　　第二周评价科目是语文、数学、英语。采用面试与笔试相结合的方式进行评价。家长和老师共同担任面试官，使家长参与评价的举措真正落到实处。面试统一在"智慧城堡"中完成。智慧城堡布置如游乐场一般。让学生来到这里充满新鲜感，消除被考查的紧张情绪。按照语、数、英的测试板块进行分区，如英文歌谣秀、数学讲师、故事大王等，学生采用菜单自选式选取测评套餐，然后进行测试。每个测试区采用电脑选题的方式，教师根据其完成情况在智慧卡上填写相应等级。最后，根据相应等级数量为学生颁发智慧勋章。智慧勋章分为赤橙黄绿青蓝紫七种颜色，赤色为最优级，依此类推。这样设计可以让不同层次学生都得到肯定同时又能有更高的目标。面试后，进行笔试，全面了解学生学业情况。

第四节

践行求真——"自立教育"的教学实践

学校围绕各阶段中心工作,进一步完善各学科学生学业发展评价,促使各学科制度化、程序化、规范化,更趋公正、合理、明朗,做到有据可依、有章可循,全面增强"自立教育"的实效性。

一、语文学科学生学业发展评价

（一）评价目的

1.提高学生的语文核心素养。语文学科素养包括语言理解能力、语言运用能力、思维能力、审美能力,教师根据本校实际和课程标准要求对语文学科素养进行了校本化的解读,对不同学段的学生语文评价内容进行规划,发展学生听说读写方面的能力,提高核心素养。

2.全面评价学生。在传统的语文评价中,"写"的能力是可以通过纸笔测试进行检验的,但是"听、说、读"一直以来是语文测试的难点,而在现实生活中,倾听、阅读、表达是一个人生存发展的必备能力。因此我们的评价对这几个能力进行高度关注。

（二）评价项目及内容

语文评价项目:听闻听文、提取信息;看图看片,想象表达;朗读美文,背诵展示（课内课文和古诗）;基础通关,我写我心。

"听闻听文"指用心倾听新闻或文章,从中提取信息、运用信息。这一项目,重点对学生进行语文听力测试,根据学段不同,将题目的难易层次分开,以此来发展学生倾听的能力,在听力练习中调动学生提取文字语言信息,并进行加工,提高理解能力。"看图看片"是指根据不同学段设计的说的能力的考查,低年级观察图片,中高年级看视频,通过观察和想象,进行口语表达。此项目主要为了培养学生观察、想象、思维和口头表达能力。"朗读美文,背诵展示"就是背诵课文中要求背诵的篇目以及诵读课外符合学生年龄特点的名家名篇、优美诗文。课内课文的背诵是指书后明确标注要求背诵的内容;课外背诵篇目,学校选择了叶嘉莹先生编写的《给学生的古诗词》,这一项目,培养了学生良好的阅读习惯,提高了学生的语言积累能力,而且优秀古诗词的积淀也对学生的良好人格的形成打下基础。"基础通关,我写我心"是指考查学生的基础语文知识,进行纸笔测试。

(三)评价方式

语文采用过程性评价和终结性评价相结合的方式。

过程性评价采用课内、课外相结合的方式。课内,每日晨读10分钟,全校统一进行古诗诵读,每周一首,每周一过关,记录在册;每周三第一节语文课为语文拓展课时间,此时间段固定进行听、说、读项目的练习,课间和午间采用教师评价与生生评价结合,记录成绩。课外:让家长参与对学生的评价,如古诗背诵和美文背诵积累。最后将学生成绩记录在评价手册中。

在过程性评价中,学校侧重学生的能力的培养,不以一次成绩定终身,而是给予学生复测的机会,如对某次成绩不满意,学生可以在下次拓展实践课上进行复测,取最好成绩,这样既调动了学生参与语文评价的积极性,也体现了评价为促进发展的宗旨。

终结性评价分为两部分:纸笔测试、智慧城堡闯关。听和写在班内测试,读和说在智慧城堡中测试。班内测试为听力,各年级统一选择听力文本,教师读,学生听,边听边根据试题和听到的信息进行作答。依据试卷成绩作为"听闻听文、提取信息"的终结性成绩。写是根据教材要求落实内容出综合试卷,通过纸笔测试,成绩作为终结性评价"写"的最终成绩。智慧城堡闯关,检测内容同过程性评价内容中的说和读相一致,采取让学生自主选题,一对一面试的方式进行考查。

"看图看片,想象表达"中的评价标准是根据课程标准中规定的关于说这一方面的内容,随年级递增。朗读美文,背诵展示。分为古诗和课内课文分享测试。低段要求学生能够正确流利地背诵,中段开始,背诵不仅要正确流利还要有感情,此标准也是依据课程标准制定的。

(四)评价效果

语文评价尝试解决语文纸笔测试无法测试的项目,重视听、说、读、写综合能力的评价,学生核心素养有了明显的提升,通过听的训练,他们懂得倾听别人说话,并且能从交流中提取信息,从而更好地理解对方的意思;通过看图说话训练,学生从低年级就建立了说完整的话的意识,并且掌握了如何去说完整话的方法;在读这一方面,他们不仅能够掌握课内课文的背诵,每学期积累25首古诗,六年下来积累300首古诗,同时学生还形成了良好的阅读习惯。

学校每学期开学初都会对学生推荐图书,学生不仅能读完本学期规定的必读书目,在楼道内的漂流区、图书馆和课间休息时,随处可见学生们读书的身影。在家里,学生们更爱和家长一起享受亲子阅读时间。通过语文评价,他们不仅热爱读书,更爱参加学校组织的阅读活动,每学期开展的读书节,还有学校微信平台上的"我们一起来读诗"栏目深受学生喜爱。每月,学校都会进行阅读之星评比,每月主题均不相同:海量阅读星、故事大王、阅读分享家等,学生们都以能被评选为阅读之星而感到骄傲。仅以四年级为例,学校学生最高阅读量已突破50万字。

语文学科的评价内容的多元和评价形式的多彩深受学生们的喜爱,学生乐于学习,乐于参加评价,每学期末的智慧城堡闯关已经成为学生们最期待的事情,学生学习语文变被动为主动。在全面发展的同时,让每一个学生都体会到了学习语文的快乐。

二、数学学科学生学业发展评价

（一）评价目的

1.改变以往评价只关注结果，一张试卷就是评价的局限性，明确笔试无法反映也不能帮助我们全面了解学生的数学学习历程。对数学学习的评价不仅关注学习的结果，更关注学习过程；不仅关注学习的水平，更关注学生的思维成长和在数学活动中表现出来的情感态度，帮助学生认识自我，建立信心。

2.基于数学核心素养设计评价内容，以评价促学习，以评价促教学。学校围绕数学学科的十大核心素养设计评价内容，结合学校学生的现状，除了纸笔测试外，还关注学生的听算能力、思维能力和动手操作能力的评价。

（二）评价项目及内容

总体上共设置四个项目，分别是我听我算、思维展现、实践达人和综合运用。各年级根据课程标准要求对内容进行安排和层次划分，各有侧重。

1.我听我算：低段主要是听算，中段将听算和计算结合，高段是计算。这项评价让学生的耳、手、口、脑多种感官并用，对开发学生的大脑，激发学习的兴趣，提高计算能力，发展学生的注意力、记忆力、想象力，培养学生的思维敏捷性、灵活性和创造性等综合数学能力，均能起到促进的作用。

2.思维展现：这项评价是由学生根据抽到的应用题进行讲题，说已知条件和问题，并将思考过程表达出来。通过语言表达能够判断学生的思维过程和理解层次，帮助学生形成正确的思维方法，促使学生在语言表达、逻辑思维等各方面得到提高。

3.实践达人：各年级实践达人的评价内容根据每学期的学习内容而定，让学生综合运用已有的知识和经验，经过自主探索和动手实践，解决与生活经验密切联系的、具有一定挑战性和综合性的问题，以发展他们解决问题的能力，加深对数学学习的理解。

4.综合运用：即教师依据课程标准和教材要求出一份综合测试卷，落实教学目标。

（三）评价方式

学习评价的主要目的是为了全面了解学生数学学习的过程和结果。基于此学校采用了过程性评价与终结性评价相结合的方式。过程性评价采用课内、课外相结合的方式。课内，每天早晨学生到校后同桌之间就会进行听算训练，每周三第一节数学课为数学拓展课时间，此时间段固定进行听说做项目的练习，课间和午间采用教师评价与生生评价结合，记录成绩；课外，让家长也参与对学生的评价。如家长负责20秒听算的记录，最后将学生成绩记录在评价手册中。

在过程性评价中，学校侧重学生能力的培养，如对某次成绩不满意，学生可以在下次拓展实践课上进行复测，取最好成绩，而不是以一次成绩定终身，这样既调动了学生参与数学评价的积极性，也体现了评价为促进发展的宗旨。思维展现和实践达人两项内容主要通过随堂观察、随堂记录的方式进行评价和记录。

终结性评价，采用智慧城堡闯关和综合运用的形式，全面考查学生情况。智慧城堡闯关考查3个项目，具体如下。一是我听我算：评价方式为统一面试，教师读题，根据学生在20秒内正确口算结果的情况打分，依据分数评定等级。二是思维展现：从本学期过程性评价的内容中任抽一题进行讲题，教师依据评价标准评定等级。三是实践达人：从本学期过程性评价的内容中任抽一题。首先学生确定课题，其次思考操作过程，然后独立进行操作，最后总结评价，由教师给学生打分，依据分数评定等级。学生综合运用本学期所学内容进行答题。

（四）评价效果

通过数学学科评价活动的实施提高了学生的数学素养，解决了纸笔测试无法检测出学生综合水平的问题。通过听算培养了学生的运算能力，综合实践活动培养应用意识，同时学会运用数学的思维方式进行思考，增强了学生发现和提出问题、分析和解决问题的能力。

评价最重要的意图是为了改进。评价是为了促进发展,多一把衡量的尺子,就能多出一批好学生。只有让数学教学评价走向多元化,才能使教学评价真正获得巨大的教育力量和教育价值。

三、英语学科学生学业发展评价

(一)评价目的及意义

评价是英语课程的重要组成部分,科学的评价体系是实现课程目标的重要保障,学校的英语评价着力培养学生的四大英语核心素养,即语言能力、思维品质、文化品格以及学习能力,围绕学生的英语核心素养,着重对学生的听、说、读、写能力进行评价,特别关注纸笔无法测试的听说能力,立足英语语用功能,促进英语语言运用能力的不断提升。

(二)评价项目及内容

英语评价项目:我听我说、我听我唱、情景对话、书写小明星。

1.我听我说:指根据听到的内容正确说出字母、单词或辨识图片等。这一项目重点对学生进行英语听力测试,根据学段不同,将题目的难易层次分开,以此来发展学生的听说能力。

2.我听我唱:指根据所听到的内容进行说唱表演。低年级能说唱歌谣15首,中年级能说唱歌谣30首,高年级能说歌谣40首。此项目主要通过歌谣形式提升学生的英语语言技能。

3.情景对话:指通过真实的语言环境,学生以角色扮演的形式进行语言交际。这一项目重点培养学生的口语表达能力,根据学段不同,题目的难易程度逐渐加深,以此来培养学生的综合语言运用能力。

4.书写小明星:指考查学生的基础英语知识,组织学生参加统一测试,培养学生规范书写的习惯。

(三)评价方式

评价采用过程性评价与终结性评价相结合的方式,在评价主体方面采用生生互评和教师评价相结合的方式。

1.在英语教学活动中,从四个方面进行过程性评价。一是听力理解:每个单元的学习之后,安排一次听力测试,并在记录单上进行等级记录。二是说唱歌谣:课堂教学中教师根据学生的说唱能力给予评价,并授予"说唱达人"勋章。三是语言交际:课堂教学中教师根据学生语言交际能力利用"交际之星"等小卡片及时对学生进行评价。每个单元结束,教师根据学生获得卡片的数量给予评价,等级达到优秀的可以直接获得"交际通关卡"。获得交际通关卡的学生可以被教师聘为"交际小导师",并根据相关情景话题对未通过的同学进行评测,合格后可以依据实际情况获得"优秀"或"良好"两个级别的"交际通关卡"。这样的评价使得课本中的语言更加丰富,情景更加真实,使得课堂生活化。学校根据学生的语言交际能力授予其"交际之星"等勋章。四是英文书写:结合教学进度,教师适当布置课后书写任务,批阅后给出综合评价等级。

2.终结性评价主要通过智慧城堡闯关与纸笔综合测试相结合的方式进行,设置了四个评价内容。分别是"我听我说""我听我唱""情景对话""书写小明星"。"我听我说"采用听说闯关的方式,对学生的听说能力进行评价,此项考查符合一二级目标中的听说要求。"我听我唱"采用听唱闯关的方式,对学生的说唱能力进行评价,此项考查符合一级、二级目标中的玩演视听的要求。情景对话采用口语闯关的方式,对学生的综合口语表达能力进行评价,学生自由组合,两人一组,三人一组,选择搭档伙伴,此项考查符合二级目标中的功能与话题的要求。书写小明星:一方面,教师结合学生日常书写作业的综合情况进行评价,并给予相应的等级评定;除了一些常规的书写字母和单词、仿写句子,我们还设置了一些课堂中学生动手制作英文卡片的评价活动,这样的评价使平时枯燥的拼写变得生动而有趣,学生乐于参与,彼此互评,学生的单词也得到了累积;另一方面,针对中高年级还设置了纸笔测试综合卷,组织学生参加统一测试,根据学生测试情况并参考学生日常书写成绩进行综合等级评定。

（四）评价效果

这样的评价不但有于学生不断体验英语学习过程中的进步与成功，并且有利于学生认识自我，建立和保持英语学习的兴趣和信心，这样的评价也有利于家长及时了解学生的学习情况。学校还针对高年级培养学生读写能力而设定了一系列的评价内容，如我的英文日记、绘本故事的创编、续写等。

这样的评价改革不但激励了学生的学习，改进了教师的教学方法，也得到了家长们的认可。评价改革走进课堂，拉起一张有无限潜力的网，拉动教与学方式的转变，拉动课程与资源的整合，改革还在继续。我们相信，课程评价的改革定能更好地服务于教学，为学生开阔一片更广阔的天地。一颗教育的种子，一次生命的孕育，课程评价改革助力师生共成长，唯有静待花期许，才得芬芳满园香。

四、音乐学科学生学业发展评价

（一）评价目的

传统的音乐学科评价以歌唱和笔试为主，忽视了对学生在学习过程中的个性发展差异的评价，不利于培养学生的音乐核心素养。因此，学校的音乐学科评价基于学科核心素养，关注学生的音乐需要、音乐实践能力、音乐情感体验、音乐文化理解。同时发现和发展学生多方面音乐学习的潜能，帮助学生认识自我，建立自信，促进学生在原有水平上的发展。基于这样的目的，音乐学科教学主要培养学生以下能力：

一是音乐的表现能力：能够认识歌唱的基本常识及正确姿势，理解其特点，初步掌握正确的演唱的姿势，激活学生的表现欲望和创造冲动，在主动参与中展现个性和创造才能，使他们的想象力、表现力和创造思维得到充分发挥。

二是音乐的审美能力：对音乐作品情绪、风格、人文内涵的感受和理解及欣赏能力，养成健康向上的审美情趣。

（二）评价项目及内容

在确立音乐学科评价的项目和内容上，学校基于核心素养，根据音乐教材的内容以及学校的京剧校本课程进行设立。教材内容评价主要从演唱、欣赏、音乐知识三个方面设立评价项目；京剧校本课程主要通过京剧选段欣赏和表演的方式设立评价项目。

根据各学段学生的认知特点，学校按年级从低到高制定了阶梯式的评价项目。首先，针对教材内容和课程标准要求，我们制定了歌曲表演、乐曲欣赏和我拍节奏型三个项目。其中一年级以歌曲表演为主，激发兴趣，鼓励学生积极创编动作进行演唱；二年级在表演的基础上强调科学发声，评价项目上加入乐曲欣赏；三年级歌曲表演唱强调科学地发声和情感的表达；四年级在此基础上加入了"我拍节奏型"，让学生任意组合学过的节奏型并能正确拍出。五六年级在"我拍节奏型"的基础之上更进一步，变为"我编我唱"，将节奏变为音符，更加关注学生视唱能力，满足高年级合唱课的要求。其次，京剧作为学校的校本课程，学校以弘扬传统文化为目的，培养学生的兴趣，编写了校本教材，制定了符合学生认知特点的学习内容，一二年级是《报灯名》《卖水》两个选段，以欣赏和学习京剧发声为主；三年级是《甘洒热血写春秋》，以唱为主；四年级是《这一封书信来得巧》，在唱的基础上加上表演；五年级是《都有一颗红亮的心》，使学生们体验比较现代京剧选段的唱腔和传统京剧的不同；六年级是《包龙图打坐在开封府》《穷人的孩子早当家》选段，在篇幅上有所增加，唱段结构更加完整、技巧性更强。

（三）评价方式

音乐学科的评价采用过程性评价与终结性评价相结合的方式进行。过程性评价主要体现在两个方面，一是课堂学唱的歌曲，设置了专门的平时成绩记录表，学生5人一小组进行展示，由每周最积极的一名学生担任组长，教师进行评价之后采用生生互评的方式，由各组长对组内成员进行评价。二是京剧表演，采用集体展示、生生互评的方式进行，在评价时，尊重学生的个体差异，在演唱方面对于一些条件欠佳的学生，只要能够跟着选段表演就给予肯定，从而激发学生的兴趣，激活学生的表现欲望。

终结性评价主要通过智慧城堡闯关的方式进行，学校设立了歌曲演唱、乐曲欣赏、我拍节奏型三项内容。歌曲演唱指随机抽取本学期所学的曲目进行演唱，乐曲欣赏指听音乐能感受它的情绪、内容，我拍节奏型指根据自主抽取的节奏型进行展示，考查学生的音乐节奏感。评价项目设计时，我们还关注了整合。如"听，新年的钟声敲响了，以下哪首歌曲最能表现新年的气氛？你如果是位小演奏家，这段音乐是你用以下哪件乐器演奏的呢？下面的哪个节奏型最适合表现马蹄声？"在评价的同时更好地帮助学生建立起音乐与生活的联系，提高音乐素养。

（四）评价效果

音乐源于生活，就应服务于生活，对学生来讲，他们热爱音乐，课堂上热情高涨，合唱团报名不断，班级合唱精彩异常，市区各类文艺展演取得佳绩。而且学生不仅在学校学习音乐还在家里实践，学生有了学习音乐的愿望和能力。京剧《卖水》《这一封书信来得巧》的演唱和欣赏还增强了学生对京剧传统文化的传承和发展。

五、体育学科学生学业发展评价

（一）评价目的

改变以体测成绩作为体育评价唯一标准的评价方式。突出评价的发展性功能是体育学科评价改革的核心。所以，基于体育学科的核心素养，学校在关注技能测试成绩和体质监测成绩的基础上，重视学生的运动能力、健康行为和体育品格进行评价。

（二）评价项目和内容

基于体育学科核心素养，体育学科评价项目分为三部分：一是体育技能测试，二是30秒站姿、队列测试，三是国家体质测试。

体育技能测试：各年级测试的运动项目均为教学计划中所需考核的运动技能，每项运动技能会进行阶段性的测试及评价。

30秒站姿、队列测试是学校根据本校学生实际设置的学校个性测试内容。30秒站姿：提高学生的自控能力，同时增强学生集体荣誉感，通过训练和测试，学校学生精神面貌好，自立精神得以体现。这也是一种体育精神。队列队形：水平一（原地踏步走）、水平二（齐步走——立定）加强学生的个人控制和集体意识，而且还彰显合作能力。基于课程标准，学校对每一个评价项目的内容和评价标准也会根据年级的增高而有所提高。

国家体质测试的测试内容为身高、体重、肺活量、50秒快速跑、坐位体前屈、1分钟跳短绳、仰卧起坐（三四年级），50米×8（五六年级）。

（三）评价方式

学校采用过程性评价与终结性评价相结合的方式，既关注过程，又关注结果，使对学习过程和学习结果的评价达到和谐统一。

学校采用两种方式进行过程性评价：一是随堂测试，二是大课间随测随评。第一项——随堂测试。测试项目为：体育技能。根据年级设置内容，制定评价标准。学校的创新之处在于基于体育"更快更高更强"的精神，允许学生自主提出复测，选择两次或三次中的最好成绩。这种方式让我们看到了学生想要超越他人、超越自己的精神，也体现了学生主动学习、主动提高的学习过程。第二项——大课间展示，随测随评。30秒站姿为学校大课间的活动内容之一，主操老师会在当场对各班的站姿情况进行点评，以此来提高学生的身体姿态及班级荣誉感；各班进退场的队列也是学校测试的内容之一，同样也是以班级为评价单位，进行点评。这项评价的创新之处在于体育的评价不仅限于个人，也拓展到集体。让学生树立集体意识，增强学生团结协作的精神。

终结性评价以国家体质测试对学生进行测试进一步提升学生的身体素质。在初测之后，教师会对学生的成绩进行及时的反馈，让学生明确自己的努力方向，之后依然允许学生自主提出复测，提升测试成绩。让学生复测的这一方法，也展现了学生超越自我的体育精神。

（四）评价效果

体育学科的评价不仅关注了学生运动技能的学习，更关注了体育学科核心素养。通过课堂随测及体质监测成绩的反馈，学生了解到自身的运动水平，并通过复测展现了学生积极向上、超越自我的精神，身体素质也随之提高；同时通过大课间随测随评，学生懂得了团结的意义。

由于学生对体育的喜爱，体育素质拓展班的学生人数快速增加，很多学生都主动找到老师想要加入训练队，正是这种主动性和对体育的喜爱，让学生在训练中也表现得更加积极与认真，在市区级的各项比赛中学校的训练队都取得了优异的成绩。除此之外，体育组还结合学校京剧特色，创编了第一套戏曲操，现如今已经在学生中得到普及。目前，教师正针对学生特点，进行第二套戏曲操的创编。

六、美术学科学生学业发展评价

（一）评价目的

1.通过评价促进学生美术学科核心素养的提升，即图像识读、美术表现、审美态度、创新能力和文化理解。

2.通过评价，发展学生的个性与创新精神。采取多种评价方法，使学生思维的流畅性、灵活性和独创性得到发展，促三维目标达成。

3.评价改进教师的教学方法，创新教学活动方式，从而使教师的教学活动更加灵活，更具主动性和创造性。

（二）评价方式

美术学科的评价采取过程性评价和终结性评价结合的方式。其中过程性评价占70%，终结性评价占30%。

（三）评价内容

过程性评价：每学期学生的美术作业会用成长记录袋来记录，教师根据作业袋内作品的情况给出等级。

美术档案袋主要是用来收集学生在美术学习过程中创作的各种作品,用以展现学生的成就与进步,反映学生的学习态度与效果,还能培养学生自己保留优秀作品的习惯,从这个"积累"的过程中学会取优除劣,能够客观地认识自己的作品水平,这也是学生对自己的劳动成果进行客观评价的过程。成长记录袋里的作业都由学生自己整理收集,学生们在不断积累搜集的过程中逐渐体验成功的快乐。一个小小美术档案袋,虽然不是很精美,却都是独一无二的,真实地反映了学生的内心世界,忠实地记录他们成长的历程,展示学生个性。

在档案袋里教师会让学生自己绘制美术成绩表,针对每次作业教师予以打分,采取等级评价制,即优、良、合格(尽量少用或不用),美术成绩表的评定方式和绘制方法在开学时就向全体学生公布和说明,使他们在开学时就有一个明确的学习目标和努力的方向。学期末,教师会让学生相互交流欣赏彼此的美术档案袋中的作品,学生们很感兴趣,分享的过程也是建立自信和相互学习的过程。

终结性评价是指学校开展独具特色的主题为"玩转智慧城堡,乐得智慧勋章"学业质量评价周活动。在评价周活动中,注重体现美术知识与生活的联系,通过欣赏名画、色彩搭配等方式,让学生学会欣赏美、创造美。方式是采取自主抽测法,由学生抽取内容,并根据所抽取内容进行展示,教师给出评价等级。最后根据美术档案袋和面试整体情况颁发美术达人勋章。这种评价活动对学生充满了吸引力,学生们可以在生动有趣的活动中检验自己的学习效果,在轻松愉快的氛围中完成学业检测,感受学习为自己带来的成就感和快乐。

(四)评价效果

科学合理的美术评价,提高了学生对美术学习的积极性,使学生通过美术教学活动得到发展,并充分感受成功所带来的喜悦和自豪,使学生树立起学习的自信心和自觉性,也使学生在课堂内外都获得了积极参与美术学习与主动评价的机会。

第七章

自立的卓美

"自立教育" 之艺体特色

　　"培养什么人,是教育的首要问题。"学校要在坚定理想信念、厚植爱国主义情怀、加强品德修养、增长知识见识、培养奋斗精神、增强综合素质上下功夫,培养德智体美劳全面发展的社会主义建设者和接班人。学校全面推进素质教育,坚持用艺术开启学生的精彩人生,以美启真,引导学生掌握真知,培养真情,学做真人,帮助学生"系好人生第一粒扣子"。围绕"自立教育",学校充分发挥自我教育、自我管理、自我服务的功能,使学生社团在繁荣校园文化和推进学生素质教育的过程中发挥了突出的作用。

风声、雨声、读书声,声声入耳;家事、国事、天下事,事事关心。

——顾宪成

第一节

打造特色——京剧文化传承品牌活动

学校将德智体美劳全面发展理念与传统文化相结合,着力打造丰富多彩的校园文化,开展跨学科研究。京剧是一门融合音乐、舞蹈、美术、文学等艺术门类的综合性艺术,蕴含着美育、体育、德育与智育的多学科教育。因此,将京剧编入校本课程,能够让学生对京剧有更全面的认识,更深刻的掌握,全面提高学生的艺术素养。

一、跨学科开展京剧教育的背景与意义

(一)京剧文化传承的要求

党的十九大报告指出,要坚定文化自信,推动社会主义文化繁荣兴盛。要深入挖掘中华优秀传统文化蕴含的思想观念、人文精神、道德规范,要继承创新,展现中华文化的时代风采。基于这一要求,学校选择了京剧这一国粹,通过开展京剧教育,让中华优秀传统文化在学生中生根发芽,得到传承与发扬。

(二)课程建设与实施的要求

《国务院办公厅关于全面加强和改进学校美育工作的意见》要求义务教育阶段学校在开设音乐、美术课程的基础上,有条件的要增设舞蹈、戏剧、戏曲等课程。学校根据自身情况,通过京剧课程的开设,对学生进行美育教育。

(三)跨学科研究实践的需要

《如何进行跨学科研究》中指出:跨学科研究以学科为依托,以整合见解,构建更全面认识为目的。而京剧本身就是一门融汇音乐、舞蹈、美术、文学等艺术

门类的综合性艺术，蕴含着美育、体育、德育与智育的因素，非常适合进行跨学科研究。因此学校以音乐、体育、美术学科为依托，通过明确的、整合的研究内容和研究方法整体推进京剧教育，使学生构建起对京剧更全面的认识，全面提高艺术素养。

（四）学校及学生发展的需要

学校坐落在北辰区双街镇，这里历史悠久，古镇、古船、古运河、古戏台无不彰显着传统文化的魅力，当地人民对传统文化有着特别的情感。学校在校学生一半是外来务工子女，他们来自五湖四海，开展京剧教育不仅能激发学生对传统文化的热爱，更能增进彼此的交往。学校跨学科开展京剧教育，既是对教科研的创新性探索，也是传承优秀传统文化的特色发展之路。

二、跨学科开展京剧教育的研究与实践

（一）教学内容各有侧重

学校根据音体美三个学科各自的特点，确定了相应的教学目标和教学内容。音乐关注"唱念"与欣赏；体育关注"做打"，即身段与节奏；美术关注脸谱、服饰、道具。这样学生通过三个学科的学习，整体了解、学习和感受京剧的魅力。通过自主编写和专家把关相结合的方式，学校编写了《爱我国粹之京剧唱段》《爱我国粹之京剧人物》《京剧戏曲操》三本教材以供教师教学和学生学习使用，并对各年级内容进行了整体规划。音乐在各年级安排不同难度的京剧必修选段：一年级《报灯名》，二年级《卖水》，三年级《甘洒热血写春秋》，四年级《这一封书信来得巧》，五年级《都有一颗红亮的心》，六年级《包龙图打坐在开封府》《穷人的孩子早当家》。体育将京剧的基本动作和招式编排成戏曲操，根据不同年级学生的特点，在动作、姿态、神韵上提出相应要求。美术则通过不同的艺术表现形式使学生体会京剧的博大精深。

表7-1　美术学科开展京剧教育的相关内容

	一年级	二年级	三年级	四年级	五年级	六年级
第一学期	脸谱涂色	毛球脸谱	纸浆脸谱	纸绳脸谱	人物线描	京剧粉印版画
第二学期	线描脸谱	纸盘脸谱	马勺脸谱	彩刮画脸谱	人物书签	京剧国画

（二）课堂教学深度融合

学校将京剧教学纳入音体美学科的课堂教学中，对京剧常态课进行了整体规划。音乐每周开设一节京剧课，课上采用欣赏、教唱、实践相结合的方式进行教学，将不同角色的唱腔、故事情节、人物性格等融入教学内容中，使学生在学校六年的学习中接触不同风格和流派的京剧作品。美术课积极探索京剧主题教学的方法，每学期的后半学期集中进行京剧教学，教师将京剧角色的脸谱、服装、道具等内容渗透其中，在浓郁的创作氛围中，培养学生的绘画技巧和造型能力，使学生继承和发扬民族的艺术文化。体育在每节课的开始阶段练习戏曲操，使学生在学习和掌握京剧基本动作的过程中，在看京剧进行"做打"中潜移默化地受到文化熏陶。

在落实本学科教学的基础上，学校还关注三个学科间的融合，三个学科组教师共同教研，发现共性之处，探讨教学的方式方法，使三个学科在京剧教育上综合起来，成为一个研究体，整体推进京剧教育在学校的发展。如在美术课中加入京剧唱段的欣赏，在京剧人物绘画时，结合体育戏曲操中学过的姿态和手势加以理解，在音乐课唱段演唱时，结合美术课上了解的人物脸谱体会人物性格等，教学取得了非常好的效果。学生从知戏、赏戏到唱戏、爱戏，既推广国粹京剧，又传承传统文化。

（三）社团培育京剧新苗

在通过课堂教学对京剧进行普及教育的基础上，学校为热爱京剧又在演唱、表演方面有特长的学生开设精品社团课。美术开设了以京剧为素材的泥塑、剪纸、纸版画、国画等社团。师资上采用本校教师和聘请剪纸、泥塑等民间艺人相结合的方式。音乐创办"小梨园"京剧特色班,聘请京剧名家和天津青年京剧院的专业老师对学生进行培养。社团开设5年来,学员逐渐增多,形成了梯队式发展,京剧表演的曲目由一开始简单的京剧选段《报灯名》到现在的《沙家浜》《三家店》,学生从一开始单纯地唱京剧,到学习融入口、手、眼、身、步进行表演。学生们的京剧美术作品更是丰富多彩,技艺愈发纯熟,作品令人赞叹不已。学生们在专家的指导下,在实践中学到了京剧知识,提高了表演能力,了解了京剧文化。

与此同时,教师带领学生到天津戏剧博物馆、天津市青年京剧院等处进行参观学习,亲身感受京剧的魅力。学校为学生创造各类表演的机会,新加坡师生来访,学生们的表演受到啧啧赞叹;市级戏曲进校园活动中,学生与京剧艺术家同台表演,并得到专家的亲自指点,学校接待的各类学访活动中都能看到学生的身影。正是在这样扎实的学习中,在不断地亲身实践中,学生们的表演水平不断提高,更重要的是在他们的心里已经有了热爱京剧、要做京剧艺术传承者的梦想,并愿意为了梦想努力前行。

（四）发挥环境育人功能

为充分发挥环境的育人功能,营造浓厚的京剧文化氛围,学校对校园环境文化进行了整体设计。四楼楼道文化主题为"艺术之美",A区为京剧大厅,走进大厅迎面便是供学生表演的"小梨园"戏台,学生们可以在这里学习和表演。大厅的三面墙上,分别设计有京剧泥塑作品展示柜、京剧人物作品墙、京剧文化介绍展。房顶是大型的京剧人物脸谱,置身其中,马上会被浓浓的京剧氛围感染。B区主题"与大师面对面",介绍了梅兰芳先生的生平事迹和伟大贡献,还摘录了他的名言,让学生既学戏又要学做人。B区还有专门的京剧服饰道具房,里面是为学生表演准备的服饰、头饰、道具等,在这里,参观也是一种学习。C区是学生京剧作品展,纸盘画、马勺画、十字绣等,形式丰富多彩,学校利用美术课的时间组织学生参观,激发学生对京剧的兴趣,使其受到传统文化感染。在二楼阅读展示区,学校定期展示京剧主题的阅读卡、手抄报等内容,引导学生多读京剧方面的书,更多、更全面地了解京剧文化。

（五）学业评价改革促落实

为了提高京剧教学的质量,在学校学业评价体系中,专门设置了京剧教学评价的项目和内容。期末开展主题为"玩转智慧城堡,乐得智慧勋章"的学业质量评价周活动。音乐以自主选题的方式,检测学生京剧欣赏和演唱水平。体育以评委选题的方式,检测学生京剧戏曲操掌握情况。美术一方面参考学生日常创作的京剧作品质量,另一方面通过自主选题的方式对脸谱、服饰等知识进行评价。最后,学校会根据学生的表现颁发勋章,以资鼓励。

三、跨学科开展京剧教育的成果与展望

（一）增强文化自信, 提升艺术品位

学校跨学科开展京剧教育成效显著,每年都参加北辰区教育局主办的农村学校艺术教育成果展。2018年,天津市美术教研活动在学校召开,学校展出的毛球脸谱、纸绳脸谱、纸浆脸谱、马勺画、京剧人物国画等作品得到来宾高度评价。在市级"一师一优课,一课一名师"活动上,教师执教了"京剧脸谱"一课,校长介绍了跨学科开展京剧教育的经验,得到大家一致肯定。北辰区戏曲进校园的首场演出在学校举行。新华社、《人民日报》《光明日报》《中国教育报》《天津日报》《今晚报》等媒体都曾报道过学校京剧教育活动。学校是天津市戏剧博物馆美育实践课堂、天津青年京剧院实践基地,2018年,学校被评为"中华优秀文化艺术传承学校"。成绩的取得,坚定了学校开展京剧教育的信心,增加了中华优秀传统文化的影响力和辐射面。全校师生喜爱京剧,有戏曲特长的学生立志成为一名艺术家。开设京剧课程的过程,提升了师生乃至家长们的文化自信,提升了师生的艺术品位。

（二）促进学生核心素养的提升

《中国学生发展核心素养》中指出,应以"培养全面发展的人"为核心。跨

学科开展京剧教育,将各学科教学相融合,将课堂教学与社团训练结合,开展丰富多彩的活动,符合学生核心素养发展的需要,促进学生核心素养的提升。

(三)跨学科教学研究在路上

以京剧教育为内容,以音乐、体育、美术学科为依托进行跨学科教学的研究取得了初步的成果。在研究的过程中,学校将京剧教学逐步融入其他学科,使跨学科研究在学校更广泛、更深入地开展下去。如语文课上,学习京剧人物故事;道德与法治课上,使用京剧片段中的素材;数学课上学习对称时,了解脸谱的对称魅力,等等。

第二节
素养提升——学生社团活动异彩纷呈

学生社团是课程实施的重要组成部分,是学生个性化学习的主要载体,是学生素质拓展的重要舞台。学生社团在提升学生综合素质、改变学生的精神面貌、涵养心灵、促进学生多元化成长方面发挥着重要的作用。学校围绕"自立教育",充分发挥学生自我教育、自我管理、自我服务的功能,使学生社团在繁荣校园文化和推进学生素质教育进程中发挥了突出价值。

一、谋划——未成曲调先有情

学校坚持立德树人,全面实施素质教育,按照"政府主导、社会支持、学校组织、学生自愿"的工作思路,以主题活动和学生实践课堂为载体,深入开展社团活动。通过规范地管理、有效的课堂,提升学生的综合素质,培育学生的健全人格,促进学生身心健康发展,切实增强学生的社会责任感、创新精神和实践能力。学校社团活动主要分为艺术审美、人文社会、身心健康、科学创造四大类。

学生可根据自身兴趣和特长自主选择,学校根据报名情况进行整体规划和安排。

艺术审美类社团包括炫彩儿童画社、卡酷卡通画社、动漫彩铅社、素描社、剪纸社、黏土社、衍纸社、创意手工社、创意美术社、图形拼插社、软笔书法社、京剧、中国舞社、民族舞社、时尚舞社、手风琴社、长笛社、电子琴社、古筝社、合唱社等。身心健康类社团包括啦啦操社、长绳社、短绳社、花键社、篮球社、排球社、田径社、足球社等。科学创造类社团包括纸模型制作社、航模制作社、木质拼插模社、模型拼插社、科幻画社、3D打印社、建筑模型社、车模社、航模社等。人文社会社团包括快板社、歌舞剧社、校园短剧社、英语短剧社等。

二、实施——绝知此事要躬行

（一）丰富多彩的社团活动

1.每周一开展主题活动。主题活动面向全体学生，以各社团集中活动为主。如"我的中国梦""爱学习、爱劳动、爱祖国""弘扬和培育民族精神""传承传统美德"等主题教育活动和学校组织的趣味性运动、艺术交流活动等。

2.每周四以社团分散活动为主要形式。按照自主、多样、公益原则，加强学生社团建设，开展身心健康、艺术审美、人文社会、科学创造等四大类社团。举办科技节、文化节、艺术节等活动，丰富校园生活，增强学生的艺术修养、审美情趣和人文精神。

3.参观体验活动。每学期组织学生到爱国主义教育基地、科普教育基地、博物馆、展览馆、科技馆、美术馆、企事业单位等各类校外教育基地进行参观、实践体验，到艺术团欣赏优秀剧目演出。根据未成年人思想道德教育要求和社会热点问题，指导学生在亲身体验中加深认识，明白道理。

4.调查研究活动。结合不同年龄段学生实际，设计学习课题，鼓励学生走进各种教育基地开展调查研究，了解经济社会发展与家乡建设取得的成就，引导学生增强中国特色社会主义的道路自信、理论自信、制度自信、文化自信，拓展课程学习内容，激发学生创意智慧。

5.技能训练。促进劳技教育与课外活动有机结合，注重学生的劳动体验，注重培养学生爱劳动的习惯，让学生在技能训练和劳动中体验，感受经济社会发展的成就，增强劳动光荣、技能宝贵、创造伟大的意识。

6.社区志愿服务。在遵循自愿、诚信、适宜、适量原则的基础上，鼓励倡导学生利用课余时间，自觉帮助身边需要帮助的人，到福利院、社会救助机构、社区、学校等公共场所和社会组织开展志愿服务，参加符合自身年龄特点的公益活动、文明宣传、环境保护、扶老助残等活动,引导学生在服务中体验奉献精神,传播文明理念,增强社会责任感。

7.体育素质训练。每周一、三、四开展体育类素质训练。

8.集体素质拓展。全校教师都参与素质拓展活动,如环保义卖活动、智慧城堡活动等。

(二)社团成为学生个性发展的平台

社团活动采取定时开展的方式。学校根据教师任课情况和专用教室以及班级教室的使用,整体调配,确保每个社团每周活动不少于2次,每次不少于1小时。为了保证社团活动高质量开展,学校采取了确定目标、备课审查、课堂巡查、成果展示的实施方式。

首先,召开各社团教师会,共同研讨社团活动目标。有的与各级比赛相结合,有的与课内提升相结合,有了明确的总目标,有利于教师制定科学有效的教学计划,确保目标达成。其次,每个社团的教师进行备课,细化每节课的教学内容、环节、方法等。社团工作负责人会在上课期间进行巡查,确保课堂秩序和效率。同时,进行考勤管理和课堂点录,使社团活动更为规范。每学期末,各社团要进行教学成果展,有的以动态与静态相结合的方式展示教学成果,有的与各级比赛成绩结合起来,形成了规范完整的管理链,使社团活动不断丰富,学生的特长得到发展。在师资方面,学校采用本校教师和外聘教师相结合的方式,多方寻找优秀师资,聘请专业教师和专家到校执教,使学生们能受到专业、规范的教育。

三、硕果——踏花归来马蹄香

近年来,学校先后被评为天津市中华优秀传统传承校,全国啦啦操实验校,成为天津市青年京剧团实践基地,天津市戏剧博物馆美育实践课堂。学生连续在天津市文艺展演中获得市级一二等奖,在天津市青少年科技创意设计竞赛、车模大赛、科幻画比赛中百余名同学获得市级一二等奖,天津市啦啦操比赛荣获一二等奖10余次。区级的各项比赛中,学生也屡获佳绩。国家级权威媒体新华社以及《人民日报》《光明日报》《中国教育报》和电视台均报道过学校的社团活动及取得的成绩。

　　学校社团活动的广泛开展,发展了学生的兴趣特长,提高了学生的实践技能,转变了学生的学习方式,促进了学生的全面发展。学校社团活动成绩的取得,见证了学校一路走来的坚定与付出,见证了学校一路走来的喜乐与光荣。梦想没有止境,学校将继续以昂扬的姿态勇于实践、勤于反思、开拓创新,努力让社团活动成为每一个学生难忘的经历,成为学生一生的财富。

第三节
尚美健体——艺术节、体育节搭建平台

　　为了促进艺术和体育文化的发展,为学生提供锻炼的机会和展示的平台,学校于每年的四月到六月举行校园艺术节和体育节。活动以全员参与、促进发展为宗旨。通过艺术节和体育节的平台,展示学校艺术体育教育的成果,推动学校艺术体育教育的发展,建设良好的艺术体育教育氛围,让学生在浓厚的艺体氛围里开启多种感知通道,打开情感的闸门,激发学生对艺术体育的兴趣与爱好,培养学生健康的审美情趣和良好的艺术修养,促进学生综合技能的发展。

一、艺术节:让学生成为主人

　　艺术节从四月开始至六月结束。艺术节展示包括专项作品展和现场展示。

　　(一)专项作品展

　　包括书法、美术、手工、科技作品。书法包括硬笔和软笔作品。美术类包括儿童画、国画、西画、版画和马勺画、衍纸画、丙烯画等特色画。手工包括剪纸、泥塑、拼插等。科技作品包括建筑模型、科幻作品、车模、航模、3D打印等。艺术节展示活动分为六个阶段:一是动员阶段。学校向全体学生公布活动方案和细则,号召每个学生参加。二是作品征集阶段。学生上报预参展作品,相关教师进行指导。三是作品评比阶段。评审小组成员根据学段审阅学生作品,筛选优秀作品。四是布展阶段。组织教师和学生共同布展,专项展厅为学校的"星光大道"(学校专门设计的用来展示学生作品的长廊)和"我型我秀"展厅。艺术节专用展厅是B区一至四层走廊,这样既可以展示更多学生的作品,还可以让学生近距离观赏作品。五是展览阶段。在此阶段,组织全校学生参观,举办家长开放日,教师和学生讲解员会带领家长进行参观。五是表彰阶段。在此阶段学校为所有参与展示的学生颁发证书。

（二）现场展示

学校先后举办声乐、器乐、舞蹈、曲艺、主持人、戏曲等项目比赛。声乐比赛包括独唱、小合唱、吉他弹唱等。器乐包括钢琴、电子琴、手风琴、长笛、古筝、二胡等。舞蹈包括民族舞、街舞、拉丁舞等。曲艺、戏曲等根据学生申报情况统筹安排。活动采取分学段自主申报的方式。学校安排不同时段进行比赛,选出的优秀节目在儿童节庆祝大会上进行展演,并在升旗仪式上颁发证书进行表彰。其中,主持人大赛分为班级初选和学校评选两个阶段,内容包括创意自我介绍、小小演说家、随机答辩等,旨在发现和培养在主持方面有特长的学生,在日常各项活动中为他们提供锻炼的机会。

二、体育节:让学生体验并感受运动的快乐

学校每年四月举办体育节。主要包括:全校各班队列展示、体育舞蹈展示、特色体育项目展示、全校广播操、啦啦操、戏曲操展示和全员运动会。学校体育节的主要特点是"两全",即学生全部参与,涉及的体育内容全面。体育展示中涉及全校的包括队列展示、广播操、啦啦操和戏曲操,由各班自主练习和全校集中练习,以练习促提高,保证展示的效果。属于个人项目的社团和训练队负责练习,从而体现普及与提高同时进行。

开展体育节具有多方面的教育意义:一是可以全面检阅学校田径运动开展的情况,检查教学和训练成果,推动学校群众性体育活动的开展,促进运动技术水平的提高;二是培养学生的集体主义和荣誉感,振奋师生精神,活跃学校生活;三是为学生展示自己提供了空间和舞台,促进了学生的个性发展。

体育节开展前,学校体艺处会制定严密完善的活动方案。体育节的顺利开展,必须以保证学生的安全为前提。活动方案中包括项目设置、参加人、展示和

参赛时间、场地、裁判、安全负责人等,观众位置和要求也一一列出。在体育节的开展过程当中,既要保证安全、有序还要体现合作精神。前期,体育教师组织学生了解自己的参赛项目和具体要求,并有针对性地进行指导和训练。为了体现全校一盘棋,体育组负责人会召开班主任会,让班主任了解整个体育节的方案流程乃至每一个细节,如学生在哪一条跑道,起点、终点在哪儿等,都让师生提前知晓,避免学生在比赛时找不到自己的站位。为了更好地开展活动,体育组通过一次次做方案、推进表,一步步推进前期准备工作,组织彩排等,保证零失误。各班班主任对班级展示项目也精心设计。如队列会在入场式环节展示,各班班主任会组织学生研究班级口号、队形、舞蹈、服装等,可谓班班有特色,各自展所长。

在活动当天所呈现的就是全校师生的自立精神。各班队列展示各具特色。全校的三套操的展示,学生们动作整齐划一,精神抖擞。特别是学校自编的啦啦操,动感四射、热情洋溢;京剧戏曲操,一招一式、尽展风采。皮筋舞、花样跳绳等特色体育项目展示了精品社团运动员的风采。在50米跑、立定跳远、跨越式跳高等个人项目中,主要突出运动的竞技性;在跳长绳、拍球比多等集体项目中,主要重视学生的全员参与及合作精神。学生与家长在袋鼠跳、赶猪进圈等活动中体会亲子默契,以此增进家校之间的合作,增进家校之间的情感交流,让家长感受到体育节是为每个学生更好地发展而设计的。

活动结束后,通过对各班的综合评定,学校对体育节中表现突出的班级和学生进行表彰,并在学校的微信公众号中进行报道和宣传。

第四节
践行求真——"自立教育"的艺体实践

学校艺体活动丰富了学生生活,让全体学生在艺术与体育等方面都得到了很好发展。学校计划长期坚持开展这些活动,使每名学生都能学习并掌握才艺和健身方法,有效培养学生艺术体育特长,提升学生综合素养。

一、让京剧的种子在学生心中生根发芽

京剧是我国的国粹,它的表演成熟,气势宏大,是近代中国汉族戏曲的代表。京剧进课堂可以培养学生情操,增进学生对祖国传统文化的了解。坚持艺术教育和传统文化相结合,把京剧纳入校本教材,开设京剧课堂,开办京剧社团是学校的特色。

（一）课程整合,将音、体、美课程整合

京剧是一门综合性极高的表演艺术综合体,这种"综合的艺术"恰恰与学校"音体美"课程整合的理念不谋而合,因此京剧也就在学校播种、开花、结果。学校自编了《爱我国粹之京剧唱段》《爱我国粹之京剧绘本》《爱我国粹之京剧戏曲操》等校本教材。学校将京剧作为艺术发展特色,师生一起弘扬传统文化艺术,学习京剧知识,通过唱京剧、画脸谱、做戏曲操等形式,感受传统艺体与现代艺体的联系,传承中华优秀文化。音乐课上学生们欣赏并演唱《报灯名》等优秀唱段;美术课上,学生们通过绘画、剪纸、泥塑等方式表现京剧人物;体育课上学

生们做京剧戏曲操,学校以京剧为核心,将音体美三门学科进行了有效整合:在美术课中加入京剧唱段的欣赏,在绘制人物形体动作时结合体育戏曲操中学过的姿态和手势加以理解,取得了非常好的效果。

（二）普及与提高——常态课和精品社团相结合

京剧艺术是我国传统文化的瑰宝,学校自建校起,就把弘扬这一传统文化作为课程建设的目标之一。

1.扎实常规管理,提高教学质量。京剧课程的有效开展关键在日常。所以学校把"抓好常规管理,上好每一节美术课"作为一级目标。通过专家引领、集体备课、互听互学课和学科晒技能活动来保障课堂教学质量。专家引领:学校成立了专家顾问团,由天津市京剧院和青年京剧院的专家定期来学校对学生进行教学和指导。集体备课:教师听从专家的指导后积极进行学习和录制,利用每周三的第一节课的时间,从唱、念、做、打等不同维度进行教学规划,集体进行京剧常态课和精品社团课的备课。互听互学课:每周三开展。音乐组在学期初整体设计规划京剧常态课和精品京剧社团课的学期教学目标,保证全员循环上课。学校建立了听课必评、当天完成的评课制度。听课后全组一起参与评课交流,学校领导认真点评,促进了课堂教学质量的提高和教师业务水平的提升。

2.总体规划,开设京剧常态课。学校对京剧表演教学进行整体规划,编写了《爱我国粹之京剧唱段》校本教材,并积极探索京剧主题教学的方法。学校每周开设一节京剧常态课,各个年级依据学生的特点设计不同难度的京剧选段。一二年级是《报灯名》《卖水》两个选段,以欣赏和学习京剧发声为主;三年级是《甘洒热血写春秋》,以唱为主;四年级是《这一封家书来得巧》,在唱的基础上加上表演;五年级是《都有一颗红亮的心》,使学生们体验比较现代京剧选段的唱腔和传统京剧的不同;六年级是《包龙图打坐在开封府》《穷人的孩子早当家》,选段在篇幅上有所增加,唱段结构更加完整、技巧性更强。

学校每周每班一节京剧课,采用欣赏、教唱、实践相结合的教学方式进行,力求将京剧生旦净丑不同角色的唱腔、身段等融入六个年级的教学内容当中,使学生在毕业之前接触到更多不同风格和流派的京剧作品,让学生们从知戏、赏戏到唱戏、爱戏,起到推广国粹京剧,传承传统文化的作用。

3.关注特长,开设精品社团课。在普及的基础上,学校为演唱和表演京剧方面有特长的学生开设精品社团课。创办"小梨园京剧念唱班",聘请天津市京剧院和青年京剧院专家培养特长生。精品社团课采用打破年级限制,选课走班的方式,着重培养学生的演唱技巧和表演能力。社团开设以来,由第一年的不足10人发展到现在的40人,由一开始简单的京剧选段《报灯名》到现在的《沙家浜》《智取威虎山》,从一开始单纯地唱京剧,再到学习融入口、手、眼、身、步"五法"。在这六年中,京剧社团作为学校的特色,曾多次为来学校视察工作的各级领导进行演出并接受电视台采访,在新加坡学校学访活动中,京剧社团为远道而来的朋友穿戴京剧服装、画油彩装扮,带领他们了解纯正的中国文化,品读历史的韵味。京剧社团表演的《三家店》《这一封书信来得巧》等唱段,得到了外国友人的阵阵赞叹。同时学生们深深地感受到了自己不仅是中国传统文化的学习者,而且是未来的文化传播者,肩负着继承和发扬民族艺术文化的重任。

（三）在探索中体验，以活动促发展

学生在多年的京剧学习过程中,对于知识已经有一定的积累,但是学校发现对于一些高年级学生来说,正常的京剧社团课已经不能满足他们对京剧艺术的学习,他们需要自主地去获取知识,在社会当中学习更多的有关京剧的知识和表演经验。因此学校让学生放下书本,走出课堂,学校带领全体京剧社团学生走进天津京剧院、天津戏曲博物馆,用活动实践的方式来提升学生学习京剧的兴趣和热情。

本次活动共分为三个阶段:第一阶段为准备阶段,明确参观目的,确定参观目的。第二阶段为实施阶段,主要是学生参观、搜集、采访、汇总。第三阶段为成果交流及汇报演出。

参观之前在准备阶段教师创设情境,启发谈话,生成本次参观活动的大课题,如出示京剧院图片,观看京剧院专家的表演视频,引出本次活动的主题。随后将学生分组,明确活动目标,激发学生兴趣,归纳子课题,如教师通过讲述关于京剧院中收藏的京剧脸谱、衣服头饰的历史故事,激发学生的学习兴趣并且引导学生围绕"京剧院"这个主题,谈谈自己的想法……最后将每个小组的想法和问题形成课题。

实施阶段在天津京剧院进行,主要引导学生通过图书、手机查询等方式学习如何利用网络工具进行收集信息和信息整理并通过访谈和与京剧院专家现场教学的方式教授学生学习京剧唱段,学生对演唱时的旋律、声调、身段、服装等问题积极地进行小组讨论,并寻求京剧院专家的帮助。

最后是小组成果展示的阶段,各小组将本组的研究成果通过手抄报、视频影音、图册展示的形式展示出来,享受与他人协作交流的乐趣,并且通过唱段展演的形式展现学生们的学习效果,增强学生对于京剧的兴趣和民族自豪感。

活动中,学校还安排了参观京剧文物环节。大家边参观边听讲解员对京剧历史进行讲解,这提高了学生的积极性,坚定了自信。

二、做好啦啦操社团训练,培养追求美的少年

啦啦操社团是学校建校第一年就成立的社团。几年来,啦啦操社团在市区

比赛中屡获佳绩,学校被评为全国啦啦操实验学校。学校成立啦啦操社团的目的是给学生创建学习的平台,让学生学习和掌握啦啦操技能,引导学生提高身体机能素质,丰富学生的精神世界,为学生提供展示自我和锻炼的机会。

（一）训练与教学相结合，培养学生学习兴趣

学校啦啦操社团由体育教师执教。在日常的体育课教学中,教师们就会渗透整合啦啦操基本技术动作,培养学生对啦啦操的兴趣。课前会创编简单的啦啦操热身动作,带领学生体验,课上带领学生跟着动感音乐进行热身活动,锻炼身体协调性、柔韧性,教师们还能从中发现具有舞蹈天赋的学生,鼓励学生参与啦啦操社团活动习。对社团学生,注意思想先行,激发意愿,告诉学生啦啦操的表演具有动感活力性和朝气蓬勃、健康向上的感染力,学生通过啦啦操的训练不仅能具有健康的体魄,同时还能拥有健美的形体。教师在社团的课程设计上下足了功夫,并在训练中设置游戏化情境教学,学生不仅锻炼了身体,学习了啦啦操套路,而且收获了自信,产生浓厚的学习兴趣,从而喜欢啦啦操这项运动。

（二）示范与协作相结合，培养自立团队

学高为师、身正为范。每天社团教师都会早早地到达训练场地等候学生,通过自身的行为去感染学生,让学生自觉养成上课不迟到的习惯和认真训练的态度。啦啦操是一项体现个人魅力与团队精神的体育运动,因此在啦啦操训练和表演的时候,要求成员之间要相互配合,团队合作。训练时,通过小游戏的形式来训练学生的合作意识,如把学生排成两路纵队,每名学生把自己的右手搭在前边人的右肩,左手抬起后边学生的左腿形成小火车,第一名学生也要单脚跳前进,不能双脚着地。游戏过后让学生畅谈体会。通过游戏能有效地增强学生之间的信任和合作意识。

俗话说:"一枝独秀不是春,百花齐放春满园。"要让学生知道集体的重要

性,每个人都应该充分发挥自身的价值。在准备上课时师生一起以嘹亮的口号"Sweet girl！Go！Go！Go！（甜美女孩！加油！加油！加油！）"为开始,让学生感受到啦啦操独特的美。课下教师经常与学生沟通,即使没有任何基本功的学生,随着啦啦操训练,身体机能也变得更健康,形体优美,激发学生的自信心。同时教师也会与学生"约法三章",增强时间观念、集体荣誉感和克服困难的精神,让每个学生牢记于心,全身心地投入到训练当中。

（三）科学训练与梯队建设相结合,提高训练水平

啦啦操训练需要力与美的结合,要求学生在做动作时不仅要展现舞蹈的美,还要有控制力量的力度。所以在平时训练中,教师不仅要教学生动作,而且还要进行体能练习、核心素质练习等。啦啦操是一项与时俱进的体育运动,舞蹈的创新必不可少。教师会利用闲暇时间不断在网上观看啦啦操视频并进行整合创新,如观看啦啦操的训练光盘,从中学习训练的各种方法,同时与专业教师交流探索,不断自修。

在训练中,教师会制订月计划、周计划,并且每周进行一次周考核,把本周所学习的动作每人都单独做一遍,其他学生进行打分、总结,巩固舞蹈的动作要领。教师悉心观察,主动改进,如果学生的动作技术没有提高,就改变提升训练计划。啦啦操的训练是要为比赛备战的,因此学校建立了比较完整的人才库,设立梯队体系,分别有比赛选手、备选队员和递补队员。从二年级开始,学校选拔出备选学生,通过每周的训练,等他们到三四年级的时候就会成为种子选手,具备了一定的舞蹈功底。教师每月带领学生观看啦啦操比赛视频,多向取得成绩的组别学习他们身上的优点。这也是教师给自己和学生设定的目标,让大家朝着目标的方向努力,激励学生更加刻苦地训练。在社团训练中,教师把学生练习的小视频发到啦啦操家长群,让家长看到孩子优秀的表现,更配合支持学

校啦啦操工作。

通过持之以恒的训练,学生取得了较大进步,养成了遵守时间的习惯,把集体荣誉感牢记于心,发扬团结协作的精神,让啦啦操社团充满了积极向上的正能量。从刚进社团时个别学生还会不好意思,动作放不开,到现在每个学生在表演时都是热情洋溢,仰首挺胸,散发着自信的光芒,这是学校自立文化的熏陶作用。通过啦啦操训练,教师自身的专业能力也得到了提升。这源于学校给青年教师提供的锻炼机会和专业引领,教师们也深刻意识到一个社团就是一个集体,只有团结协作才能更好地发展。

三、让学生在美术社团活动中感受京剧魅力

学校的美术社团将常规美术活动和京剧特色活动相结合,培养学生对美术的兴趣爱好,增长知识、提高技能、丰富学生的课余文化生活,更有利于体现学校的文化底蕴,推广学校的价值观,促进学校品牌形象的建设。

学校开设了6个美术社团,分别为儿童画、国画、线描画、装饰画、丙烯画、创意漆画。其独特之处在于通过美术知识与技能技巧的教学,将文化创意融合其中,利用京剧元素、京剧符号设计出一批符合学生特点的京剧文化艺术的衍生品。学生将京剧元素设计在帆布包、抱枕、笔袋、文化衫、雨伞、帽子、鞋等学习用品和工艺品上,创作出内容积极向上,有一定艺术品位的作品,培养学生的审美能力和热爱生活的习惯,激发学生对京剧的热爱。

要办好美术社团,教师必须根据学生的具体情况有计划有目的地进行,要将美术社团办得有声有色。一是组织健全美术社团。美术兴趣小组人数不宜过多,大约20名左右。活动固定,每周三、四各两次,活动制度化。教师要做到精心计划,精心备课,精心上课,保证社团活动的深度、广度和力度。二是规划

社团活动内容。美术社团紧紧围绕京剧主题来开展活动,教师将教学内容划分为四部分融入18次社团活动中,分别为:感受京剧生旦净丑不同角色的造型特征,教授以线描为主的京剧人物绘画步骤;通过彩绘人物头饰表现京剧人物生旦净丑各个行当的脸部化妆、头饰的色彩美;通过对京剧人物服饰的欣赏,设计各种京剧服饰,培养学生色彩与形式美感;将学校"自立教育"等内容融入京剧绘画作品中,创作出一批具有文化特色的艺术衍生品。三是定期举办学生作品展览。举办京剧特色美术社团成果展示,交流、回顾、总结学习成果,为学生提供表现自己的机会,增强自信心。作为教师要精心指导,严格把关,各社团评选出10幅优秀绘画作品,设计打印、制作出优秀的文创作品,在学校星光大道、我型我秀等展示区域进行展出,起到示范作用。对于一些才华出众、个性鲜明的学生,提供条件为他们举办联展和个展,努力培养出色的艺术人才。

通过将美术社团活动和京剧特色文化相结合,师生们收获了很多:

一是激发兴趣,提高技能。提高学生学习兴趣是取得良好学习效果的前提,也是促进学生学习动力生成的重要因素。美术社团活动形式灵活多样,学校根据学生的爱好设定学习内容,多以学生喜闻乐见的形式开展。葫芦画、装饰画、丙烯画等教学内容趣味性较强,学生在玩中学到了知识与制作技能,训练了学生的动手能力和造型能力,在宽松、愉悦的气氛中,极大地调动学生学习的积极性。

二是培养创新精神。将美术社团活动与文创设计相结合,注重培养学生的创新思维和创新精神,鼓励学生将自己的创意与京剧元素相结合并用各种形式表现出来。学生们创作作品就是一个思维发散的过程,不仅培养学生们的创造能力,也使他们的思维更加活跃,头脑更聪明,对形成自己的思维体系有很大益处。

　　三是助力特色校园文化建设。通过美术社团的开展,学生深入了解京剧艺术,并将中国传统京剧元素与现代文创产品相结合,创造出了许多艺术衍生品,其形式多样,精彩纷呈,涵盖文化艺术、"非遗"传承、手工制作、创新设计等多个方面。通过美术社团活动的开展,弘扬了民族优秀的传统文化,并以京剧特色教育为抓手,构建了多彩的校园文化体系。这对推进和谐校园建设、丰富校园文化具有非常重要的作用。

第八章

自立的保障

"自立教育" 之环境创设

"人创造环境,同样环境也创造人。"校园环境对学生的健康成长发挥着重要作用,一个布局合理、生机盎然、整洁优美、宁静有序、蓬勃向上、健康和谐的校园环境使人身心愉悦,有利于师生的身心健康,激发师生对学习、生活的热情,有利于培养学生健康、乐观的精神状态。北辰区第二模范小学全力打造"自立教育"环境,以"营造特色环境,浸润自立少年"为出发点,让每一处景观、每一面墙壁、每一条通道、每一个设施都有文化,充分发挥其教育功能,营造学校浓郁的环境育人的氛围。

千教万教，教人求真。千学万学，学做真人。

——陶行知

第一节
氛围营造——"两园六路一农场"的园林文化

"学校无闲处,处处能育人。"这句话充分说明了环境在育人方面发挥的重要作用。学校在环境文化建设方面,以"自立教育"为核心,按照校园、楼道、教室三个梯度进行整体设计。学校环境文化建设着眼学生的成长需求,让每一个角落都富于育人的内涵。

一、"两园六路一农场"的校园文化建设

(一)两园:运河园和自立园

1.运河园。学校坐落在北运河岸边,运河文化潜移默化地影响着每位师生。为传承运河精神,彰显"自立教育",学校建设了两个景观园林,分别命名为运河园和自立园。运河园依北运河河道形状而建,园中主体景观是以九曲十八弯的运河为蓝本建造的微缩运河。两岸建有运河码头、商船、御憩亭等景观,使学生在游览中感受和学习运河文化,潜移默化地理解"积跬步致千里"的含义,受到文化的熏陶。运河园主要景观如下:碑记《北运河苑纪》、戍漕碣、天仓桥、八星座、双子星、三仓石、御憩亭、钟灵树、润禾车、笃勤桥、步元廊、五行凳、博赡门。

图8-1　运河园全景图

图8-2　碑记《北运河苑纪》

（1）碑记《北运河苑纪》。北运河为京杭大运河之龙头，古漕运必经之地。元明清时期，半个天下的粮物赋税皆由此路运往京城。每年有上万只漕船往返运河之上，盛时有上千漕船同时靠岸。古人梅成栋诗云："野水千帆集，人声沸暮烟，楼台两岸诗，灯火一河船。"可知当时场景之壮观。张湾古称白马湾，为北运河九嘴十八湾之一。运河开凿，既循河流自然走向，又属特意而为。防水患，利通漕，"三湾抵一闸"乃能工巧匠之创举。张湾成村于明代永乐年间，南依皇仓，北望京都，东靠京师路，西临古驿道，风光旖旎，水路通达，曾为康熙、乾隆巡经憩息，文人墨客集散之地。周边村庄林立，过客川流，南来北往，车水马龙。中华人民共和国成立后，曾数次在张湾设乡。2014年，北辰区政府于张湾村建第二模范小学,辖张湾及周边小街、汉沟、庞嘴、胡园、郎园、上下蒲口、下辛庄、杨堤之九村学子,润育桃李,普惠乡民,设北运河苑,展历史积淀。御憩亭天子留迹,戍漕碣磐石镇渊;步元廊幼学壮行,博赡门志存高远;五行凳贞循有道,笃勤桥劝进勤勉;三仓石识礼知书,双子星并驰争先;天仓桥古今通贯,八星座功成行满;润禾轮茁苗普育,钟灵树百年垂范。励奋发之壮志,铭历史之渊源。为保护世界文化遗产海屋添筹,为弘扬北运河历史底蕴薪尽火传。

(2)戍漕碣:维护漕运秩序,镇御皇仓漕粮之碣石。

图8-3 戍漕碣

(3)天仓桥:天仓是中国古代星官之一,源于古代人民对星辰的自然崇拜。天仓属于二十八宿西方七宿的胃娄宿,在娄之南,含6星,位于现代星座划分的鲸鱼座。农历的正月二十五,中国民间传说是仓神的生日,即天苍节。"天"乃天子,"仓"乃粮仓,天仓桥寓意搭建皇仓之桥。

图8-4 天仓桥

（4）八星座：八大行星，水星、火星、金星、木星、土星、地球、天王星、海王星，为今星座排序。八星座既指座位，又指星座。

图8-5　八星座

（5）双子星：是双子座的两颗主星：北河二与北河三的合称。两星吸引，互相旋绕不分离。寓意刻苦学习与成功成才不可分离。

图8-6　双子星

（6）三仓石：元代在北运河三岔河口至杨村间建广通仓，设南仓、北仓、仓上，故名三仓石。

图8-7　三仓石

（7）御憩亭：古代通常设十里一铺，二十里一站，为行人过客差役歇息之处，张湾距杨村驿站二十里，康熙南巡、乾隆临津曾在此歇息，故名御憩亭。

图8-8　御憩亭

（8）钟灵树：钟，凝聚、集中；毓，养育。寓意钟灵毓秀，人才辈出。

图8-9　钟灵树

（9）润禾车：灌溉土地，润育禾苗的水车。

图8-10　润禾车

（10）笃勤桥：笃勤意为极度勤勉。"笃勤"出自晋葛洪《〈抱朴子〉内篇》自序："自非至精，不能寻究；自非笃勤，不能悉见也。"

图8-11 笃勤桥

（11）步元廊：元，首的意思。元首、元勋、元帅、状元、亚元、解元，"步元"寓意自立自强，成为模范人才。

图8-12 步元廊

（12）五行凳：取"金、木、水、火、土"五行之意。

图8-13　五行凳

（13）博赡门："博赡"意为知识渊博，丰富之意。"博赡"出自《南史·刘勔传》："辞章博赡，玄黄成采。"

图8-14　博赡门

2.自立园。自立园以学校文化命名，是一个楼间花园。园中长廊、凉亭相互映衬，花圃、果树、银杏树等植物增添了勃勃生机。长廊、自立亭和石子路上安放有座椅，是学生看书、聊天的好去处。为充分体现育人功能，学校将园中两侧墙面进行了精心的设计。学校尊重小学生爱玩的天性，分别绘制了传统儿童游戏和现代体育运动,地面上还有很多传统游戏的区域图,学生们可以在这里玩跳房子、迈大步等游戏。这样,传统运动与现代运动相辅相成,让学生爱玩、会玩、在玩中学,能潜移默化中受到"自立教育"的影响。

（二）六路

"六路"是以"自立教育"六个关键词命名的六条路,即自信路、自主路、自强路、立德路、立功路、立言路。师生漫步校园,随时随地可看到路名,言语传达活动地点,必会说到六条路名。正是在这样潜移默化的影响中,师生都受到了"自立教育"的熏陶感染。

（三）一农场

"农场"指学校"果果与朵朵"农业实践基地。果果指的是园子里的果实,朵朵指的是管理园中植物的学生。人们都说,学生是祖国的花朵。果果与朵朵寓意着学生们通过劳动实践,一起成长,一起分享劳动的快乐。实践基地用白色的栏杆将这片区域进行了班级划分,每班都有自己负责的小菜园,园里种植菠菜、油菜、小水萝卜、大葱、丝瓜、冬瓜、茄子、辣椒、西红柿、豆角等。每班的小菜园里都有一块展牌,上面介绍了所种植物的名称、特点。从播种到收获,学生伴随着植物一起成长,在实践中学习知识。

学校精心设计的校园环境,陶冶着学生的情操,启迪着美好的心灵,激发着开拓进取的精神,达到了一种潜在的、无声的教育效果,实现了"以高尚的精神塑造人,以优秀的作品鼓舞人"的教育功能。如今,漫步在校园,移步换景,美景触目皆是。在浓密的绿荫下,在石畔潺潺的流水里,美好的校园环境为师生寓教于文、寓教于乐的教育活动提供了重要的平台,使师生乐有其所,在求知、求美、求乐中受到潜移默化的启迪和教益,陶冶着美好的情操,塑造着健康的身心。

第二节

处处育人——多维浸润的楼道文化

教育家苏霍姆林斯基说："孩子在他们周围——学校走廊的墙壁上、教室里、活动室里，经常看到的一切，对于他们精神面貌的形成具有重要意义。"教育是潜移默化进行的，楼道文化是校园文化的一部分，更是学校宣传特色办学理念的重要阵地。北辰区第二模范小学对楼道进行了精心设计、统一规划，紧扣特色办学理念，积极营造校园人文氛围，力争让每面墙壁都"说话"，每个角落都育人。

学校楼道为"U"字形，两侧A、C区为教学区，中间B区为办公区。为发挥楼道文化的育人功能，学校注重设计的整体化和主题化，设计时注重横纵相间、多维浸润，让教师、学生置身楼道时，处处可学习，处处受教育。

一、楼道文化设计

表8-1　学校楼道文化设计

横向／纵向 每层主题	A区前厅	A区楼道	A区后厅（人与自然）	B区（与大师面对面）	C厅前厅（情怀教育）	C区楼道（生命教育）
一楼 自立教育	"自立教育"理念	自立少年好习惯展	安全自护	教育家	自立之星 心有榜样	身体健康（绘本）
二楼阅读	少年中国说	诗文推荐	植物	文学家	自立之路 心系学校	心理健康（绘本）
三楼科学	科学世界	科学知识	动物	科学家	爱党爱国 志存高远	和谐交往
四楼艺术	国粹京剧	艺术常识	世界奇观	艺术家	各展所长 我行我秀	星光灿烂

（一）横向楼道文化设计

横向横道文化设计指的是以楼层为分界的设计。各楼层主题依次是：一楼"自立教育"，二楼阅读，三楼科学、四楼艺术。根据主题，我们的前厅四个楼层分别是"自立教育"厅、阅读厅、科技厅和京剧厅。A区也做相应内容上墙。B区则根据教师办公区的特点，依据文化主题设计了"与大师面对面"的内容。每层众多名家大师中都有一位主题人物，学校根据实际选择一句名言，发挥教育的意义。

一楼主题为"自立教育"。A区前厅墙面上展示了学校的"扬自立之精神，育模范之人才"的办学理念、三风一训和校徽；A区教学区楼道中是自立少年好习惯展板，图文并茂地展示了学生学习和生活的好习惯。B区办公区楼道中展示的是"和大师面对面"之教育家，分别展示了陶行知、孔子、叶圣陶、霍懋征、张伯苓、苏霍姆林斯基、夸美纽斯、杜威、布鲁纳9位古今中外的教育家。其中，佳句赏析中陶行知的"先生不应该专教书，他的责任是教人做人；学生不应该专读书，他的责任是学习人生之道"告诉我们"教与学"的真谛。

二楼主题为阅读。前厅墙面上展示的是梁启超的《少年中国说》全文，鼓励学生从小立志担当建设中国的重任，培养积极进取的精神。B区"与大师面对面"之文学家，分别展示了鲁迅、茅盾、老舍、冰心、季羡林、莫言、莎士比亚、雨果、泰戈尔、托尔斯泰、巴尔扎克11位中外文学巨匠。佳句赏析中鲁迅先生的"伟大的成绩和辛勤的劳动是成正比的，有一分劳动就有一分收获，日积月累，从少到多，奇迹就可以创造出来"告诉我们只有付出劳动才能有收获，小积累才会有大进步。

三楼主题为科学。前厅是科技展厅，以蓝色为主色调，屋顶上是太阳系，八大行星环绕在太阳周围。地面上有世界地图和中国地图，学校的外地学生可以通过地图找到自己家的所在位置。墙上有十二星座和伟大发明，厅内陈列着7个实验台，分别展示发电锚、飞轮储电、撞球、翻转镜像、椎体上滚、虹吸现象和勾股定理。学生在课余时间可以探究科学的奥秘。B区是"和大师面对面"的科学家,分别是钱学森、张衡、祖冲之、华罗庚、李四光、袁隆平、伽利略、牛顿、爱因斯坦、爱迪生和居里夫人11位中外科学家。佳句赏析中钱学森先生的"科学精神最重要的是创新。对待科学必须严格、严肃、严谨"告诉我们抓创新就是抓发展,谋创新就是谋未来,对待工作和学习要有一丝不苟的精神。

四楼主题为艺术。前厅中小梨园舞台、京剧人物墙、京剧人物挂画、京剧脸谱、京剧泥塑为大厅营造了浓郁的京剧艺术氛围。B区是"和大师面对面"的艺术家,分别是梅兰芳、王羲之、齐白石、刘天华、贾作光、郭兰英、罗丹、达·芬奇、贝多芬、邓肯和帕瓦罗蒂11位古今中外的艺术家。佳句赏析中梅兰芳先生的"我是个拙笨的学艺者,没有充分的天才,全凭苦学"告诉我们天才是"1%的天分+99%的努力"。

（二）纵向楼道文化设计

纵向设计指的是以主题为分界的设计。各个楼层根据主题进行设计,特别是在C区教学区我们采用绘本上墙的方式,将德育与阅读相结合,采用学生喜闻乐见的漫画书的方式进行展示,深受学生喜爱。四楼C区由于是功能教室区,学校特意设计了"星光大道",楼道两侧展示学生的作品,楼道尽头的"我行我秀"展厅也是学生作品展览之处,充分体现了学生是学校的主人,每个学生都优秀的理念。

二、充分融入阅读特色文化

阅读是学校的特色之一,学校在楼道文化中也对此进行了设计。除了二楼A区整体设计了"少年中国说",古诗、名著的分年级推荐以外,在每班门口设计图书漂流区,书架里摆放着学生从家带来的书籍,以供交流阅读。班级门口展牌智慧苑每月展出阅读方面的内容,如阅读之星、阅读书签等。各班门口还有阅读展示栏,专门用于学生阅读成果的展示。学校还有自立书屋和综合图书馆两个阅览室,供学生在校本阅读课和午间阅读使用。为了充分发挥环境育人作用并满足学生阅读需求,学校将两座教学楼的连廊处修建成了智慧书屋,其门口由中外名著的书脊搭成,屋内书架中摆放着各类图书,还设计了座椅,学生们可以在休息时自由阅读。

学校注重每一个细节的育人作用,尤其是让墙壁"说话",让楼道、走廊发挥"育人"的魅力。学校充分利用楼道文化影响学生,营造浓厚的文化氛围,把涵盖德智体美劳等各方面知识,用学生喜闻乐见的图片的形式布置在学校走廊墙壁上,课余时间大家流连在道德与知识的海洋,这给学生带来的不仅是视觉上的享受,还有心灵的洗礼。学生们经过走廊时,脚步更轻了,声音更小了,真正实现了"润物无声"的教育目的,真正让一面面墙壁、一条条走廊成为一幅幅"无声的诗"。

第三节

精心独具—— 一班一品的班级文化

班级是学生每天生活和学习的场所,为了充分发挥班级文化的育人功能,学校各班分别设计了结构统一、内容各异、形式多彩、一班一品的"两苑三角一评"班级环境文化,充分发挥每一个学生的积极性和主动性,使学生在学习生活中能够发挥自己的兴趣,能够不断地提升自我学习的能力。

一、净化、绿化、美化教室

教室是学生学习、生活的重要场所,也是学生焕发青春活力、生命健康成长的前沿基础阵地。教室环境是班级形象的标志之一,所以净化、绿化、美化教室,即建设了良好的班级形象,可以用优美的环境陶冶人。最主要的是对学生的养成教育、审美教育都有积极的影响。教室里有纸屑,班主任弯腰捡起来,这就是无声有效的教育。教室里养几盆花、盆景,布置几个有创意、有特色的专栏,如学习园地、箴言栏、习作展,既赏心悦目,又能给学生增添生活和学习的乐趣,消除学习后的疲劳。更重要的是,这能够提升教室环境文化的品位,发挥教室环境文化的育人功能,优美的学习环境有助于激发学生热爱班级、热爱学校的情感,促进学生奋发向上,增强班级的凝聚力。

二、"两苑三角一评"班级文化

班级文化是校园文化的重要组成部分。积极向上的班级文化氛围不但能激发学生的学习兴趣,还能培养学生优良的品质,促进学生的全面发展。

"三角"指班级的卫生角、生物角和全员岗位角。卫生角、生物角是将卫生用品统一摆放的地方,能够帮助学生养成良好习惯,同时各班还有自己的小药箱,里面有创可贴等常用药品。生物角中各类植物各班自行安排,有的在书包柜上摆放,有的摆放在窗台上,有的在黑板侧面摆放。这两个角重在营造优雅的教室环境,凸显班级特色。全员岗位角张贴着班级每个岗位的负责人,如电脑管理员、卫生员、板报设计员、节电检查员等,班内人人有岗,人人有责,培养学生的责任心和集体意识。

"两苑"指各班的美德苑和智慧苑。教师根据德育主题组织学生开展校内外实践活动,在美德苑中展出实践成果,以供大家相互学习。智慧苑中展示的是在美德苑中学生的学习成果。这两个板块充分发挥了促进学生德智体美劳全面发展的作用,被展示的优秀学生心生自豪,继续努力;其他学生心有身边之榜样,向榜样学习。

"一评"指各班开展的特色班级评比活动。各班根据班级创建方案,开展特色评比活动,如小荷才露尖尖角、谁的火车跑得快、大苹果我来摘等。评比激发了学生积极向上的意识。各班班主任根据本班特点,制定相应的评比项目,每天评、每周小结,培养了学生自信、自主、自强的精神,营造了比学赶帮超的良好氛围,促进每个学生的成长和班级的建设,充分发挥评比的教育功能。

班级是学生发展的根据地,教室是学生朝夕相处的场所。学校通过班级文化的建设,把外观的视觉文化内化于心、外化于行,真正让班级成为学生生命成长、精神发育的家园。

第四节

践行求真——"自立教育"的环境建设

校园环境是育人的重要组成部分,它作为一种环境教育的力量,对学生的健康成长有着巨大的影响。育人功能环境下的校园文化建设要有一种稳扎稳打的执着精神,校园内的每一面墙、每一株花草,都可以实现良好的育人效果。学校将环境文化建设作为育人的方式之一,不断对环境建设进行丰富和完善。其中以京剧为内容的楼内环境的营造颇具特色。

一、发挥楼道环境育人功能,搭建展示学生风采的舞台

为营造浓厚的京剧文化氛围,学校把走廊作为京剧特色教学成果的展示地,在教学楼四楼设计了星光大道展厅、我行我秀展厅和小梨园戏台,力求构建一种会"说话"的校园育人环境,使这种环境所表达的语言能够影响学生思想、陶冶学生情操。学生能在这种语言氛围中产生良好体验,从而使这种体验能够促进学生积极主动学习和形成良好品德。

(一)星光大道展厅

星光大道展厅位于教学楼四楼C区走廊。两面墙壁装修设计了不同造型的绿色展示板块,用于悬挂、粘贴学生的绘画和手工作品。学校美术课积极探索京剧主题教学的方法,每学期的后半学期集中进行京剧美术教学,各年级依据学生的特点设计不同的形式:一年级毛球脸谱画、二年级马勺脸谱画、三年级

京剧彩刮画、四年级京剧纸绳画、五年级京剧人物卡通画、六年级水墨脸谱画。美术课上将京剧角色的脸谱、服装、道具等内容渗透其中,在积极的创作氛围中,培养学生的绘画技巧和造型能力,继承和发扬民族的艺术文化。每月在各班级内由学生自主评选出优秀作品10幅,由教师进行张贴、悬挂布置。

（二）我行我秀展厅

我行我秀展厅位于教学楼四楼C区走廊尽头。大厅内墙壁上有不同造型的隔断和展示架,展厅周围和正中心位置摆放有玻璃展示柜,此厅主要用于展示摆放京剧社团学生制作的精品美术作品。在普及传统京剧的基础上,学校为热爱京剧的学生开设了美术类精品社团课。美术精品社团课聘请剪纸、泥塑、版画等民间艺人对学生进行培养,每月定期在社团内选拔优秀作品在我行我秀展厅进行展览。学生亲自摆放,发挥创造力和能动性,二次培养学生的审美造型能力。

（三）小梨园戏台

小梨园戏台位于教学楼四楼A区大厅。正面有二模小梨园戏台,左将出、右相入,靠窗位置摆放一排玻璃展柜。小梨园戏台是学校音乐精品社团"小梨园京剧特色班"的上课地点,每堂课都聘请京剧名家着重培训学生的演唱技巧和表演能力。学生们在实践中增长了知识,提高了表演能力,了解了京剧文化。小梨园戏台靠窗展柜主要陈列摆放京剧类服饰和配饰。

学校走廊文化中有京剧演出的舞台,有京剧戏服和配饰的展柜,也有学生作品展示墙及展示架,展出学生的京剧绘画、手工等作品。针对入选展览作品和展示表演的学生,学校会统一颁发证书以资鼓励。学校每月会利用美术课的时间组织全校学生前去参观。经常开展丰富多彩的活动,体现了学校"一切活动都是课程"的理念,为学生提供了展示自我的机会和平台。学校文化走廊记录了学生的成长足迹,激发学生对学校特色教学活动的兴趣,让他们充分感受传统文化的熏陶。

发挥环境育人功能，搭建展示学生风采的舞台。通过环境文化建设来实现启迪学生的心智、塑造学生心灵的目的。学校将继续朝着这样的方向发展，帮助学生形成良好的内心体验，从而帮助学生点燃传承文化、积极进取的思想火花。

二、一班一品的班级文化——向阳花木易为春

王莹老师虽是一个入职两年的青年教师，但在班级环境文化建设方面颇有心得。王莹老师的带班理念是：希望学生每天在班级里都能获得一些正能量，健康成长，积极向上，如向日葵一般向阳而生。因此王莹老师的班名为"向阳班"，班风为"积极向上、奋发昂扬"，班训为"向阳而生、积极成长"，班徽为向着阳光生长的黄色向日葵，班歌为《向日葵》。王莹老师带班理念的确立缘于"向阳花木易为春"这句诗。

这句诗本来是借自然景色来比喻因靠近某种事物而获得优先的机会。王莹老师用作治班理念赋予其新的内涵——在家庭环境和社会因素不可改变的情况下，学生们更应具有的是一种"主动向阳"的能力，正如向日葵的花盘随日光旋转、变换方向一般。教师培养学生积极向上的品格，这样他们才能不惧挫折、不怕失败、遇事沉着、与人为善，给未来的人生带来正能量。在践行向阳理念时，王莹老师以环境文化、制度文化和活动文化这三方面作为抓手：

（一）环境文化

这个环境指的并不是宽敞明亮的教室、整齐干净的桌椅、先进的多媒体，而是学生每日进出班级能看到的、感受到了实实在在的生活和学习氛围。主要包括"两苑三角一评比"。

1."两苑"指的是教室外墙的智慧苑和美德苑，在两苑中王莹老师会根据学

校规定的主题定期更换其中的内容。如果本期智慧苑的主题是图书推荐,那么她会先让学生想想最近看过哪些比较喜欢的图书,回家做一张阅读分享卡,在阅读分享卡中记录书名、内容和自己的读书感悟,也可以摘抄一些比较喜欢的句子,或者还可以将自己读书的照片洗出来粘贴在上面,然后在班里开展一个图书推荐会,由学生进行阅读分享、交流,随后将优秀的阅读分享卡粘贴在智慧苑中供学生观看、借鉴,进而延伸阅读。有时也会让学生亲手制作一些精美书签用作展示。王莹老师希望通过智慧苑播种智慧。

美德苑则属于德育范畴,如行为习惯养成、交通安全伴我行、创文创卫在行动等。王莹老师抓住校会课和班会课的教育契机,对学生进行引导。如行为习惯养成方面,王莹老师会让学生谈一谈目前班里比较好的风气,同时反思一些共性的问题,讨论在日常生活中需要养成哪些行为习惯,借助儿歌或歌谣的方式来记忆,并商量出一些具体可行的改进办法来,然后形之于笔端,通过手抄报的形式加深大家的印象。其中制作精美的作品会被展览在美德苑中。通过这样的方式,能够让学生发现身边的美德。

2. "三角"包括图书角、卫生角和安全角。图书角也叫"图书漂流区"。它是一个独立的,以书架的形式设置于走廊内的别致的图书角。那么书架上的书从何而来呢? 王老师会在学期初让学生们每人从自己家中带来几本,然后大家共享阅读、交换阅读;当然,还会以班级的名义从学校自立书屋借阅另外一部分书,到期末时再以班级为单位归还。这其实就是一场图书的奇幻漂流。古有曲水流觞,今有图书漂流。在图书漂流的过程中,学生首先要懂得的是借阅原则——每次只能拿一本、轻拿轻放、爱护别人的书籍要像爱护自己的书籍一样……如果有的学生做不到以上三点,那他们近期将失去阅读图书漂流区任何图书的借阅权利。接下来王莹老师会每天为他们提供一些"自由"的读书时间,并定期分享交流,希望学生在这个过程中拓宽自己的视野,完成一场又一场阅读之旅,逐渐丰富知识、增长见识,进而为自己的人生蓄力加油。

其次是卫生角和安全角。王莹老师会在卫生角中定期更换一些卫生习惯小口诀,如:"先穿衣,后穿鞋,洗脸刷牙要记牢。不要急着吃早餐,先去把手来洗好。勤洗手,讲卫生,吃得好,身体棒,这些千万要记牢"引导学生养成卫生习惯。在安全角中,王莹老师有时会以借用图画的方式介绍一些交通安全标志(如红绿灯、禁止通行、注意危险等),有时会用一些小口诀介绍交通安全常识(如行人须走人行道、上下楼梯靠右行等),有时会着重介绍地震火灾逃生自救法。为了彰显班级特色,王莹老师常常和学生相互配合,对黑板进行装饰,画上精美的图画、写上有趣的内容,甚至加上花边、贴画,剪出各种造型……

3."一评比":黑板报旁边每班会自行粘贴评比栏。小小的评比栏,其实发挥着大大的作用。以王莹老师的班级为例,他们是以收集小太阳的方式进行的。为了促进学生互相学习,培养积极向上的乐观心态,班级使用一种由游戏"植物大战僵尸"引发的集赞新方式:通过正能量的表现获得葵花卡——学生在日常表现中(包括纪律、卫生、学习等方方面面)每出现一个闪光点或取得一次进步即可获得一枚葵花卡,集齐五张葵花卡便可兑换一个小太阳,贴到自己的姓名栏中,通过获得小太阳的数量换取不同规格的奖励。评比力求让每个学生都能清楚地看到自己的长处和不足,帮助学生们调整努力的目标和方向,比比看哪些"向日葵"成长得最快。

(二)制度文化

王老师班级制度的总体原则:时刻谨记,每个人都是一朵向日葵,浑身充满正能量。为此,王莹老师的班制定具体制度如下:按时到学校,迅速去就座。按时交作业,履行好职责。不交作业者和忘带作业者予以警告。要想学知识,课堂需安静。请同学们学会自律,扰乱课堂秩序者需当着全班同学面读《小学生守则》。课间要文明,礼貌筑友情。禁止在教室和走廊里跑跳大闹、大喊大叫。

读书有素质,时时勤爱护,若有撕毁、丢失现象,需照价赔偿。清洁爱干净,卫生小能手。勤于劳动,轮到自己值日时要打扫干净,维护班级和座位卫生,不破坏别人劳动成果。如有因个人原因导致班级扣分者,需承担起责任,通过做一周卫生去重新培养集体意识。

（三）活动文化

为了丰富学生的在校生活,王莹老师的班级主要设置了三类活动:

1. "汉字之光"。为了激发学生的学习兴趣,同时巩固所学文字知识,每人每周应完成一张汉字小报——通过图文结合的方式介绍本周学过的生字,以此获得"汉字之光"。完成质量较高的学生可获得"汉字葵花星"称号。王莹老师把每一期汉字小报都装订起来,供学生们翻阅,同时互相学习。

2. "能量加油站"。为了培养学生的读书习惯,并通过交流分享训练思维和表达,王莹老师的班级用义卖活动所得的钱来购置班级共读图书,作为学生们的能量加油站。每天抽时间由学生以朗读、讲故事、表演等方式来进行读书分享,分享优异者可获得"读书葵花星"称号。

3. "热心雨露"。热心助人的品格就如阳光雨露一般能滋润人心。为了养成学生们热心助人的品格,形成班级凝聚力,班级里达成了一致的"公约":无论在生活上还是学习上都要互相帮助,大家一起出力、共同进步。每帮助别人一次可获得一个"爱心向日葵"小粘贴,热心助人者可获得"热心葵花星"称号。

班级文化代表着班级的活力,体现班级朝气蓬勃、积极向上的精神,让每一个学生在共同的价值追求中得以发展。首先,学生犯错误时不再去想别人是否也犯了类似的错误,而是首先反思自身;其次,学生间相处时互相帮助的比以前多了,大家关系也更融洽了;再次,学生开始自己和自己比较,将今天和昨天比较,产生了希望自己变得更好的内驱力。学生们真的逐渐开始向阳生长了。

三、萌芽之力，无限之力

宋雅老师是优秀的青年班主任、区名班主任，她们班的班级环境文化建设独树一帜。当今班集体建设面临新的挑战和机遇，网络覆盖率高，信息爆炸式增长，班集体建设需调动学生的积极性，使其参与其中，寻求自我的发展。宋雅老师致力营造遵从学生天性的班级环境，使学生学会尊重和欣赏，体验成长，张扬个性，实现和谐发展。

（一）和之境

宋雅老师首先从两方面着手打造班级环境：有形的外环境与无形的内环境。

1.外环境。外环境是实行无声教育的物质景观。这不仅仅意味着窗明几净，更意味着宣传栏、布告栏相映成趣。走近班级，首先映入眼帘的是教室外墙的宣传栏——智慧苑和美德苑。智慧苑中栏目众多：读书名言、小书虫排行榜、读之星……一个个栏目中记载着学生们阅读的点滴。美德苑主题鲜明：绘制精彩的交通安全手抄报、色彩明丽的行为习惯目标卡、思路清晰的收获清单……一次次主题活动展现着学生们的成长。进入班级，一尘不染的教室环境让人赏心悦目，连卫生角都干净整齐，卫生用具整齐地摆放在卫生角。教室的侧面墙壁上张贴着布告栏——班级岗位分工情况，人人有事做、事事有人管，岗位明晰，职责明确，处处彰显着学生是班级的主人，班级是学生的家。教室布局和谐统一，在外环境促进下逐渐形成班级气质。

2.内环境。教师在面对学生的时候，用心去欣赏他们身上的闪光点，激发起学生心中的小火苗，用积极的言语鼓舞学生继续前行。在浇筑萌芽过程中班级活动必不可少。"她的课桌会说话"：开展活动是为了解决班级中学生不能专心听课的问题。学生设计对话并贴在桌角，使课桌变成了会说话的"小老师""好朋友",或严厉或温柔地提醒着他们。"收获清单":每月一次帮助学生梳理自己的成长,并在评选优秀作品过程中分享彼此的成长。收获清单中记载着大家学到的新知识、板报小组竞选中的脱颖而出、新年分享会中的点滴快乐……

（二）和之制

宋雅老师在评价学生时采取小组评价机制,学生在小组内合作、竞争,抱团成长,同时辅以特别的评价处理机制。经过与全班同学的协商,宋雅老师首先对班级管理机构进行改革,实行"三制一日一券"的班级管理新体制。

1. "三制",即值日生制、人人岗位责任制、小组捆绑制。值日生制打破原有的值日组,为每位学生编上学号,按照学号的顺序每天一位值日生,大家轮流值日,每周会根据值日完成情况评选出一或两位优秀值日生公布在班级博客。学生们在独立值日中产生对班级的认同。人人岗位责任制就是学生根据自己的兴趣、爱好、能力、需要,把班级管理职能分解为具体的岗位,每个学生既是管理者又是被管理者。岗位名单就张贴在班级的公告栏中,公告栏中还有班规、班级公约和奖惩制度等。小组捆绑制,首先建立综合性三人小组,把全班学生按兴趣相近、资源组合、优化组合的原则分成14个小组。在班级量化考核评价中实行小组"捆绑"。宋雅老师组织学生学习《小学生日常行为规范》和学校的相关规章制度,并结合本班和自身实际情况,找出长处与不足,充分发扬民主,通过讨论制定出符合班级实际的评比制度,评比项目简单明了,评比制度条款清晰,评比制度即班级制度,不仅便于操作,更为全班学生提供符合班级群体利益、小组合作竞争以及学生自觉约束与互相督促他人的言行的指南。小组的考核成绩动态呈现在班级和风珍贝评比栏中,以集珍珠的方式展示学习成果。

2. "一日",就是"躲避球特别日"。班级为了消除学生间的隔阂、消除小团体而特别设立了每周三的"躲避球特别日"。游戏很简单,将学生分成两部分,攻方围成四边形,攻击在内的守方。在这个游戏中收获最大的就是大家对学困生齐齐的接纳。起初,齐齐根本不屑于参与这个游戏,独自一人跑到远处,慢慢地他离游戏的场地近了些,脸上也时不时露出笑容。直到有一天沙包滚到他的脚下,他走过去捡起沙包,宋雅老师鼓励齐齐试一试,他用力一扔,正中目标。宋雅老师趁机把他推到场中,密集的沙包攻势让他大呼过瘾。游戏结束,他仍意犹未尽地与同学分享他的初体验,同学热情的回应让本来孤僻的齐齐也变得温暖起来。自那以后,小组合作中多了齐齐努力的身影,运动会上也能看到齐齐拼搏的样子,班级活动中常有齐齐积极的参与。

3."一券",就是"免除券"。这一管理策略目的是使学生体验自主意识和对家庭作业的控制。每学期伊始,学生会得到一张或两张免除券。学生可以在这一学期没有完成作业时使用,不必给任何借口或解释,也不会受到惩罚。这一策略得到学生的欢迎,因为他们有了对于作业的自主权。

班级文化之于学生,就像一阵阵春风。学生们在春风的吹拂下,终将形成良好的习惯,营造良好的班风。宋雅老师所带班级的学生正在身心健康发展的道路上前行。教师用心呵护每一个学生,终将释放无限的希望。

第九章

自立的协作

"自立教育" 之合育共建

联合国教科文组织在国际会议上指出："提高教育改革效率的基本原则是密切家校之间的合作。"学校先后成立了家庭教育领导小组，并制定了家长学校制度和家庭教育实施方案。通过办好家长学校，学校大力弘扬"关爱今天，成就明天"家教理念，形成社会、家庭和学校教育合力，进一步转变家长的家教理念，提升家教水平，从而有效促进学生品德心理的健康发展与学习质量的有效提高。学校十分重视校际合作交流，实现学校间的资源互通、共享，走合作、共赢之路，并积极开展各项交流活动。学校之间通过交流合作开阔了眼界，促进了学校办学质量的提升，促进了教师专业能力发展。

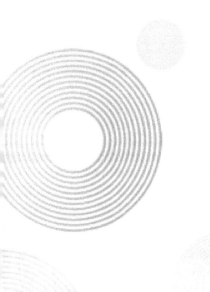

教育不是注满一桶水，而且
点燃一把火。

———［爱尔兰］叶芝

第一节
协同教育——家校合作，和谐共进

　　家庭是人生的第一个课堂，父母是学生的第一任老师，人民满意的教育必是家校合作并取得实际成效的教育。"上好学"不仅要有一个"好的学习过程"，还要有一个"好的教育产出"，学生既学得有趣、学得愉快，又要学有所获、学有所成；既要育人功能的最大化，也要择人功能的最优化，进而有效克服育人与择人之间的内在紧张和外在分离。而在这其中，家长教育理念的转变和教育能力的提高对学生的快乐健康成长起到了至关重要的作用。

一、赋予家长学校管理参与权

　　学校从建校伊始，就非常重视与家长的合作。学校成立了学校、班级两级家长委员会，定期召开会议，真正做到家长参与学校各项重大事务，参与学生在学校的各项大型活动，让家长了解学校、了解老师、了解学生。这样，家长才能增强对学校和老师的认同感，产生责任感，从而与学校携手，与学校教育同步，共同为学生的健康快乐成长而努力。

　　为了更新家长的教育观念，帮助他们掌握科学的育儿方法，学校定期开展家长学校活动，采取理论指导、互动交流等形式提高家长教育学生的能力和水平。学校还成立了家长志愿者团队，与学校携手为学生发展保驾护航。每学期末，开展学生和家长民主评议学校和教师活动，以了解家长对学校和教师的意见与建议,使各项工作更好发展。

几年来,学校在"自立教育"理念的引领下,从多角度入手拓展家校合作的渠道,为学生"系好人生第一粒扣子",不断为学生的幸福成长奠基,并积累了一些经验。任何工作的开展都需要以规范为保障,任何目标的达成都需要以制度为支撑。为开展好家校合作工作,学校成立了以校长、副校长、德育主任、班主任、家长代表为成员的家庭教育领导小组,并明确了具体的职责分工。同时,先后制定了《家庭教育实施方案》《家长学校管理制度》,不断增强学校对家庭教育指导的计划性和指导力,为家庭教育工作的深入推进奠定了坚实的基础。

二、寻找家校共育的幸福密码

学校着力构建"学校、家庭、社会"三位一体的德育工作网络,注重仪式教育,家校携手,办好常规家长会、家长学校,利用学校微信公众号、校园网、班级微信群、QQ群等,拓宽信息发布渠道,增强家校沟通,积极传播正能量。学校鼓励家长积极主动地参与学校管理、教育教学、教师评价,成立家长学校,成为学校教育的合作伙伴。

为了使家庭教育与学校教育形成合力,学校定期组织家长大讲堂活动,聘请来自天津家庭教育指导中心、天津市妇联等家庭教育方面的专家,分别就良好习惯的培养、如何促进学生个性发展等内容为家长们进行科学育人的讲解。通过学习,家长的教育意识和家教水平有了明显的提高,这为学生教育工作的顺利开展提供了有力的保证。

家校合作工作只有学校单方面的参与是不行的,家长也不能只做倾听者。唯有家长参与其中,这种合作才是真合作,才有实效。为此,学校成立了学校、班级两级家长委员会。班级家委会负责班级事务,班主任与家委会成员进行沟通,家委会成员积极配合班主任工作,并组织家长共同为本班学生的成长提供支持。学校家委会成员除了参与学校的管理,为学校工作献计献策,还承担着监督的职责,如配餐公司的选定、餐品质量的问题、家长互导队的选择与分工等,对学校工计划和总结提出意见建议等。这些举措使家长真正参与学校各项工作,参与学生成长,了解学校、理解教师的工作意图,使家校合作真正起到促进学生发展的作用。

三、家校合作,共护安全

安全是一切工作的基础和前提,学校高度重视学生的安全工作,强化常规管理,加强与家长的合作,共同构建平安和谐校园。

（一）加强接送学生车辆的安全管理,保障学生乘车安全

学校定期开展交通安全宣传教育,提高学生和家长预防风险的意识和规避风险的能力。家长密切配合学校,对学生上下学交通情况进行统计,坚决避免学生乘坐不符合要求的车辆,坚决避免超载。家长是学生安全第一责任人,更是监督员。学校随时关注天气变化,针对可能出现的极端天气,提前采取防范措施,及时通知家长,保证学生入学和放学安全。

（二）加强"三防"建设

坚持狠抓人防、物防、技防建设,构筑"三防合一"的校园安全防范体系。全面梳理教育系统技防建设情况,对照公安部、教育部《中小学、幼儿园安全技术防范系统要求》,积极推进校园技防系统建设达标工作,全面提升校园技防水平。在人防方面,学校建立了爱心互导队,各年级家长参与其中,共同维护学生安全。

（三）加强学校消防安全工作

学校落实消防安全责任制,定期开展消防安全检查,对检查中发现的火灾隐患及时进行处理。制定消防安全疏散预案,组织开展消防演练,强化师生的

消防安全意识。学校还通过微信公众号等向家长宣传,邀请家长参与学校的培训和演练活动,增强家长的安全意识,让他们掌握安全自救的方法。同时,学校严格执行校园禁烟令,开展"无烟校园"创建活动,学校内不设吸烟区,不摆放烟具,严禁吸烟并张贴醒目的禁烟标识,引导有吸烟习惯的教师戒烟,家长们也积极配合,做到到校不吸烟,营造了良好的校园禁烟氛围。

（四）加强食品安全管理

学校加强配餐公司的卫生监督管理,杜绝过期、变质食品进入校园,严防"三无"食品流入校园。为了把好食品验收关,学校安排专人对配送食品进行验收,把不安全、不卫生的食品拒之校外。学校建立健全食品卫生安全管理制度,落实各岗位安全责任。同时学校成立了食品安全家委会,家委会代表定期参观配餐公司,定期到校检查配餐温度、卫生等情况,定期到校进行陪餐。家校共同关注,确保学生用餐安全和健康。

（五）建立健全专兼职安全队伍

学校选拔工作态度认真、责任心强的教师充实到安全队伍中来,进一步明确安全工作分管领导和安全责任人。聘用责任心强的学生家长为兼职安全监督员,多渠道加大对校园安全管理工作的监管力度。

四、家校互动，活动育人

学校经常开展有家长参与的各项活动,寓教育于活动之中。德育处开展班级合唱、朗读大会、环保考拉义卖等活动,艺体处开展心运会、全校运动会、艺术节等活动,教务处开展智慧城堡学业质量评价活动、"阅读+"活动、开放课活动等,这些活动都会邀请家长参加,家长走入课堂,走到学生身边,在活动中了解学生在校学习、生活及成长情况,与教师面对面地就学生成长的话题展开商讨与研究,达成共识。

　　通过多方活动交流,家长理解了学校的育人理念和教师的良苦用心,更加支持学校各项工作的开展。家校携手、合作育人,这也是学生健康快乐成长的核心。学校每学年定期举办优秀家长表彰大会,表彰一直默默支持学校教育、辛勤培育子女的家长。这更激发了家长参与学校民主管理的自觉性,他们主动为学校发展献计献策,更好地为学生成长保驾护航。

　　教师与家长是孩子成长最重要的领航者。学校与家长真诚沟通、和平共处、密切合作,为学生营造快乐成长和学习的教育氛围。家校互动成合力,携手同心育英才。

第二节

融合共育——多校交流，携手共赢

学校在发展中十分重视校际合作交流，实现学校间的资源互通、共享，走合作共赢之路。2014年建校后，学校先后与市区多所学校成为拉手校，并于2014年被北辰区教研室授牌，正式成为"教学研究基地校"，有了与区内更多学校进行教学互动交流的机会。学校整体规划与拉手校的合作项目，从管理、教学、学生教育等多层面设计交流活动，从而促进校际多层次的协同发展。

一、区内合作，比肩而行

每一所学校都有自己的办学思想和文化内涵，都有值得借鉴之处，通过学校间的交流互访，让教师在更大的空间接受新的教学理念、教学方法，开拓视野，从而审视、反思、改进自己的教学工作，全力提升教育智慧。建校以来，学校先后与北辰区瑞景小学、辰昌路小学、宜兴埠第一小学等多所学校成为拉手校，校际经常开展以课堂为阵地，以现实教学问题为切入点的互听互学活动。

学校与辰昌路小学开展了主题为"让学生站在课堂最中央"的课堂教学交流活动。活动中两校4名青年教师进行了课堂教学展示，课后围绕如何促进学生积极主动发展、如何拓展课堂空间、如何丰富课堂内涵进行了深入的讨论，促进了青年教师对课堂教学的进一步思考。

学校与宜兴埠第一小学开展了主题为"聚焦课堂，让自主学习真正发生"的课堂教学交流活动。活动中学校的王连娟副校长执教了四年级"麦哨"一课，课后老师们以课例为载体，就如何设置问题才能更好地激发学生的探究欲望这一话题进行了讨论。经过讨论,大家一致认为:要想激发学生自主学习的能动性,就要关注学生真实的学习起点和个体差异,聚焦学生思维的生成点和停滞点,帮助学生理清思路、引领探究的问题,让学生"拨开云雾",走向思维的深处。

作为北辰区教研室基地学校,学校通过多项目的合作,以任务驱动的方式,与区域内各校实现资源共享,推动教学改革的深入开展。2016年12月,北辰区教研室在学校举办了学生学业质量评价改革现场会,学校展示了"11233"学生学习质量评价体系。活动中学校首先从评价理念、评价原则、评价操作等方面介绍了"11233"学生学业质量评价体系,而后邀请与会领导和老师实地参观学校智慧城堡评价现场。当老师们看到学生能在评价中展示更加自信的自己,看到智慧城堡的面试活动能有效解决纸笔测试不能考核的评价盲点,大家不仅拍手称赞,还表示也会在自己的学校积极探索教学评价改革,从而促进学生核心素养的全面提升。

2019年3月12日,北辰区教研室在学校举办了教研基地学校课堂教学研讨活动,展示学校自能学习教学模式研究成果,促进兄弟校间的相互学习、共同交流。活动中学校全学科12位教师参加了模式建设研究课展示。课堂上,教师们在集中展现学校教学模式、教学理念的同时,又注重个人特点的发挥,现场表现异彩纷呈。课后,各校教师均积极参与讨论交流,大家对学校的展示课给予了高度评价,认为能从课堂上寻找到灵感的火花。有的教师表示会将活动中看到的教学策略试着运用到自己的课堂中,还有的教师说出自己的教学困惑,向上课教师求教,各学科均掀起了教学讨论的热潮。最后,教研员进行点评。各学科教研员均对学校的课堂教学展示给予好评,认为学校模式建设研究动手早、走得稳、有创新。

以课堂为载体,与区内各校进行交流互动,校际合作的成效在交流互动中得到了加强和巩固,校际教学探讨的深化则促进校际合作向高层次发展,这种循环互动,有效地促进了学校教学改革的深入开展。

二、跨区合作，互助互补

为了进一步加强城乡学校之间的联系，促进校际交流与合作，实现教育资源共享，教育优势互补，不断提高教学质量和办学效益，2015年3月，学校与天津市河东区盘山道小学结为拉手校。

2015年4月，河东区盘山道小学的领导及老师受邀到学校进行班主任经验交流会。河东区盘山道小学李丽主任、赵维迪老师分别就学校德育文化建设及班级文化建设进行了经验交流。他们的发言既有前沿的理论做引领，又有真实的案例做支撑，让教师收获颇丰。

2016年6月，学校英语教师受邀到河东区盘山道小学参加微课互动交流活动，此活动的目的是提高学校青年英语教师的专业素养，促进青年教师的快速成长。活动中学校教师代表王琦、吕广阅及盘山道小学的多名英语教师进行了微课展示。此次活动推进了教师信息技术应用能力与教学的深度融合。

本着"优势互补、合作交流、携手共建"的原则和共同进步的目标，两所学校以教学研讨、班级管理等为重点，定期组织结对共建活动，把先进的教学理念和教学方法传送给结对学校，为促进城乡学校的共同进步与发展做出不懈的努力。

三、跨地区合作，携手共进

为了加强各地小学教育的互动交流，提高教学质量，增进教师的教学水平，为学生、教师、家长搭建一个学习与教学交流的平台，学校与福建省厦门市海沧延奎小学、上海市沪太新村第一小学、河北省石家庄市东风西路小学、新疆维吾尔自治区昌吉市第五小学、四川省达州市通川区第八小学、广东省台山市台城第二小学、贵州省六盘水市水城县第二小学等学校结为教育共同体。

共同体学校每年通过网络、报道或其他媒体形式开展校际交流。跨地区校际交流合作主要在以下三个层面展开：一是学校行政人员就学校的管理工作开展交流；二是学校间为学生创造机会，让学生彼此沟通，建立友谊；三是组织学校间学生和教师面对面的交流活动。

通过开展丰富多彩的交流活动，学校之间相互学习，取长补短，有效提高了学校管理水平和教师教育教学水平。同时，校际联动合作通过优秀典型引领和对教师主体意识的唤醒，提高教师对教育事业的热爱，促进了学校教学质量的进一步提升。

四、国际合作，拥抱世界视野

学校建立国际合作的初衷是希望能有更多的国际小学生走进学校，了解和学习中华优秀传统文化蕴含的思想观念、人文精神、道德规范，让中华文化向世界展现出魅力和风采。同时，也将遴选更多的自立少年送出国门，拓宽视野，使其拥有世界眼光。

学校先后两次与新加坡莱佛士女子小学进行学访活动。新加坡莱佛士女子小学的师生在学生讲解员的陪同下参观了校园，清新别致的校园文化和鲜明的"自立教育"特色，给来访师生留下了深刻的印象；爱我国粹京剧体验活动，让他们感受到了中华京剧文化的博大精深；自立课程体验活动，更是给来访学生留下了深刻的印象，很多学生在课堂的交流互动中成为伙伴。

加强校际合作是一种教育智慧，它可以为教师打造更大的发展平台，有利于推进学校教育教学改革，有利于课程资源的进一步优化，有利于各校在取长补短中携手前行。学校将在"自立教育"的引领下，大力开展校际合作活动，从而推进学校进一步的发展。

第三节

辐射引领——对口帮扶，促进提高

为全面落实《天津市推进东西部扶贫协作和对口支援三年行动方案》文件精神，倾心倾力做好东西部扶贫协作和对口支援工作，按照区委和区教育局教育精准扶贫要求，学校从2018年1月起与西藏自治区丁青县沙贡乡小学、觉恩乡小学、嘎塔乡小学，甘肃省庆阳市华池二中、悦乐学区4所小学，甘肃省正宁县北辰小学，河北省兴隆县第二小学结成对口帮扶单位，并签署了对口帮扶协议。自签订协议以来，学校积极行动，按照帮扶协议精神，精准帮扶，切实解决他们的实际困难，为助力学校发展和下一步合作奠定了基础。

一、与西藏自治区三所小学结成手拉手姊妹校

（一）签订帮扶协议

为积极落实北辰区政府与西藏自治区昌都市丁青县政府签订的对口帮扶框架协议，促进两地之间的教育交流，北辰区教育局与西藏昌都市丁青县教育局协商，决定在校际建立手拉手姊妹校。2018年1月16日，校长代表学校与丁青县沙贡乡小学、觉恩乡小学、嘎塔乡小学三位校长分别签订《手拉手姊妹校》帮扶协议。

（二）来校参观学访

2018年1月16日，西藏自治区丁青县教育局刘局长和15名校长在北辰区

教育局领导的带领下,到学校参观学访。通过参观,大家进一步了解了学校的办学理念与办学特色,对学校给予高度评价。2018年5月至2020年5月,三所姊妹校师生先后到学校学访。来访教师深入课堂听课,并全程参与课堂说课点评。来访学生来到相应班级体验学习生活。来访时间虽然短暂,但他们因学校热情周到的接待和真诚的帮助深深感动,这架起了北辰区与丁青县师生友谊的桥梁。

(三)助力精准帮扶

2018年8月,学校校长跟随北辰区教育局来到西藏自治区丁青县进行帮扶活动,深入教学一线,了解当地的教育教学情况,利用丰富的学校管理经验,针对拉手校的发展现状,对学校制度提升和教师队伍专业化等提出建议,取得了良好的效果。

二、深入开展对甘肃庆阳华池二中的帮扶

(一)送课、捐助、签订帮扶协议

2018年10月,在校长的带领下,学校教师一行5人来到甘肃省庆阳市华池县第二中学开展结对帮扶活动。首先,两校进行了东西部扶贫协作签约仪式,这拉开了帮扶工作的序幕。然后是捐款仪式。学校师生为该校八年级二班的学生张某进行捐助。张某从小贫血,不幸身患尿毒症,40多万元的手术费使本来贫困的家庭雪上加霜,不堪重负。学校师生得知消息后,积极响应,献出一份爱心,共捐款13836元。学校领导带着这份爱心到患病学生家中,亲自把善款送到其家长手里,家长感动得热泪盈眶,连声感谢。

接着,吕欣颖校长和于红副校长分别做了以"实施双轮驱动研修机制,助推教师素养提升"和"扬自立精神,育自立少年"为题的专题报告。报告现场座无虚席,全校教师认真聆听并做好笔记,两位校长先进的教育理念和教育方法让

华池县第二中学小学部的教师收获良多,大家不时爆发出热烈的掌声。第二天,两校开展了课堂教学交流活动。学校徐丽航和张倩两位老师为华池二中教师和学生们带去了二年级语文课"葡萄沟"和五年级数学课"植树问题"。华池二中王娟娟、安平娜老师分别上了二年级语文课"日月潭"和五年级数学课"可能性",两校教师各有特色,课后进行了评课活动。两位教师还向华池二中教师介绍了自己的经验和做法,得到了与会教师的肯定,为该县教师专业成长提供了帮助。

(二)挂职帮扶

学校的安玉军老师到华池二中进行为期半年的挂职,他克服种种困难,积极开展全县和本校的英语教研活动,极大提升了当地英语教学水平。同时,在学校管理和信息技术方面,他也提供了极大的帮助,得到了华池县和华池二中领导、教师们的一致好评。

(三)来校跟岗学习

甘肃省华池二中8名教师在董校长和张校长的带领下,于2018年10月和2019年3月分别到学校进行跟岗学习。他们参观了学校"自立教育"文化建设环境,亲身感受到这所学校的文化与教学氛围,对学校先进的办学理念、创新扎实的办学行为给予了高度评价。跟岗形式为一对一的跟岗学习,每位青年教师分别跟随一名优秀的学科教师兼班主任,体验一整天的班级管理和教学工作。跟岗学习的教师在一周的时间里听备课组长的常态课,参加校本教研,参与互听互学课,并完成一节教学展示课。

为了让学访的领导和教师充分了解学校,学校组织学访领导和教师参加学校的全体会、班主任技能大赛风采展、学科组教研活动和家委会活动,走进学生社团参与学生活动,还与校长及各处室负责人在德育、教学、党务人事、体卫艺等方面进行深入交流,内容充实、活动精彩纷呈。

三、与河北省兴隆县第二小学结成对口帮扶单位

为了落实北辰区与河北省兴隆县两地对口帮扶协议,北辰区教育代表团赴兴隆就两地间教育领域的对口帮扶工作进行对接。学校校长为该县教育系统干部做了专题讲座,并与兴隆县第二小学结成对口帮扶单位,签署了对口帮扶协议。2019年6月,兴隆县第二小学的领导教师到学校学访,倾听了学校建设经验汇报,并实地参观了学校。两校纷纷表示要珍惜这样的交流机会,积极开展多渠道、多层次的交流活动,相互学习,共同提高,促进两地教育事业的发展。

除此以外,学校还多次与这几所学校开展线上教育教学交流活动。通过线上交流,介绍德育、教学、艺体等方面的经验,建立拉手班级,共享学校的教育教学课件等资源,使帮助无时空距离之阻碍,真正将对口帮扶工作落在实处。

开展对口帮扶工作是教育改革中一项根本性的战略举措。学校坚持从实际出发,注重实效,达到帮扶双方互相促进,共同提高,优质资源共享的目的,让精准帮扶真正落地。

第四节
践行求真——"自立教育"的共建实践

一、重视家校合作，做好班主任工作

联合国教科文组织在国际会议上指出："提高教育改革效率的基本原则是密切家校之间的合作。"可见，加强和改进教育工作，不只是学校和教育部门的事，家庭、社会各个方面都要一起来关心和支持，尤其是家庭和学校必须相互支持、相互配合。那么作为教师，应该怎样做好家校合作工作呢？

（一）了解学生家庭情况

与家长沟通，了解学生的家庭情况非常重要。这其中包括对学生父母职业、文化水平、家庭结构进行详细了解，在与学生家长沟通之前需对上述几方面情况进行全面掌握，这便于教师采取适当的沟通措施。

（二）尊重是做好家校合作工作的基本前提

班主任与家长谈话时，要尊重家长，保持理智，面带微笑，恰当地使用谈话的方法和策略，委婉地指出学生存在的问题，真诚、坦率地提出自己的建议，虚心听取家长的意见，与家长共同研究解决问题的方法。教师不要动辄就向家长"告状"，不要当众责备他们的子女。作为教师，更不能埋怨、数落、指责家长，不说侮辱学生家长人格的话，不做侮辱学生家长人格的事，否则会造成教师与家长之间的隔阂甚至引起双方对立，还可能引发学生对家长或教师的不满，损害教师的形象，降低教育效度。尊重别人是自尊的表现，也是得到别人尊重的前提。

（三）发挥学校在家校合作中的主导作用

实施家校合作最有力的组织者就是学校，教师应主动与家长联系，带动家长积极与学校配合，密切家校联系，坚持"三访"（家访、电访、校访），举办"两会"（家长委员会会议和家长会），填好"一卡"（家校联系卡或家校联系手册）。教师应定期举办"家长开放月"活动，让家长了解学校教育教学动态；聘请优秀家长走进课堂，开发宝贵的教育资源；创办学校校报，建立良好的家校沟通平台；树立榜样，表彰优秀家长，充分得到家长对学校工作的支持；开辟第二课堂，请有专业特长的家长来学校给学生上课，从不同层面对家庭教育进行具体、现实的指导。

（四）畅通家校交流途径

1.成立家长委员会。为促进学校、家长与学生相互间良好的沟通关系，班主任可成立家长委员会。家长委员会的成立是促进学校与家长之间关系发展的重要桥梁。家长委员会的创建可促使广大家长的教育素质及家庭教育水准得到大幅度的提升，有着重要的现实意义。作为学校要为创建的家长委员会提供充分的场地，邀请家长委员会成员代表参与学校民主管理、支持和监督学校做好教育工作，积极传达家长们给出的反馈意见，协调家校之间的合作。

2.举办多元化家长会。班主任可利用各种新颖的方式举办多元化家长会。家长会上班主任可向学生家长汇报学生近期的学习及生活状态，对表现优异的学生和家长提出表扬。同时班主任可陪同家长和学生一块观看励志教育的短片，增进与学生、与家长之间的心灵交流。

3.向家长提供有关家教的优秀书籍。学校指导班主任向学生家长提供有关家庭教育的优秀书籍，譬如黄蓓佳的《你是我的宝贝》、德国安德里亚·比朔夫的《教育者谬误手册》、史蒂芬·柯维的《幸福家庭的7个习惯》等。

（五）有效沟通是建立良性家校合作的关键

教师与家长进行沟通除了要讲求真诚以外，还必须讲究一定的方法和策略，这样才能事半功倍，最终赢得家长的支持与认同。

1.不打没准备的仗。每次与家长交流,无论是电话还是面谈,都应该事先做好充分的准备。事前的准备工作做得越细,谈话所达到的效果就越明显。首先,应该明确本次谈话所要实现的最终目标。其次,应该摸清学生的家庭背景,如可从学生的言行来揣摩家长的性格,从以往的交谈记录来分析家长的态度,从平时与学生交谈中了解其家庭成员情况、父母职业、健康等情况。最后,针对家长的实际情况,分清主次、有步骤地制定谈话策略,在谈话过程中要顾及家长的感受。

2.先求同,再求异。想要赢得家长的认同,在学生的教育上与家长取得共识,首先,沟通双方必须打开一个话题,双方都能够在此话题上敞开心扉地交流。如果家长每提出一个观点,都马上被驳斥,那么必然会导致家长在整个谈话过程中一言不发,最终变成无话可聊,这样的交流过程肯定是失败的。所以,在谈话过程中,老师不能够急于表达反对声音,应该先肯定家长所提出的正确观点,尽量与家长取得共识,然后记住家长的一些错误观点,最后慢慢逐一辨析。总之,不能让家长从一开始就觉得老师是站在他的对立面上的。

3.多肯定,多鼓励,少告状。没有鼓励和肯定,任何人都会失去自信。家长也是,假如老师每次与家长的交谈,都是以告状为主,那么,再配合的家长也会因此而失去耐心。因此,教师充分多发掘学生的闪光点并加以放大,并且要把学生的每一点进步及时告知家长。适当的鼓励是一种投资少、收益大的感情投资。

小学阶段是学生成长的重要时期,是学生思维的成长阶段,亦是学生性格初步确立的关键时期。大多数学生都是在这一时期养成良好的学习习惯,为今后的美好人生打下良好的基础。为此,做好家校合作有着重要的现实意义。

二、加强家校交流,促进学生成长

学校学生家长贾某雷是天津市益清律师事务所律师,也是学校家委会成员。他根据自己的工作特点,积极参与学校工作。在这个过程中,不仅学校教师和学生增强了法律意识,他也对家校共育有了更深的理解。

学生的成长离不开家庭教育和学校教育。《三字经》中的"养不教,父之过;教不严,师之惰",朗朗上口的话语,表明人们在当时就认识到了家庭教育和学校教育对于学生成长的重要作用,可见家庭教育和学校教育从中国古代开始就是紧密相连的。"不论时代发生多大变化,不论生活格局发生多大变化,我们都要重视家庭建设,注重家庭、注重家教、注重家风。"家庭是学生成长的温馨港湾,家庭教育是学校教育的基础,是与学校教育互为补充的重要教育途径。我们每个人都要先接受家庭教育,之后再接受学校教育,并且需要终身接受家庭教育。家庭是人生的第一所学校,家长是学生的第一任老师。家庭教育的使命是要给学生讲好人生第一课,帮助学生"系好人生第一粒扣子",夯实学生成长的基础。

仅有家庭教育是不够的,家庭教育主要侧重修身、立德、成人,学校教育主要侧重求知、明智、成才。学校教育不同于家庭教育,职能的专业性、组织的严密性、作用的全面性、内容的系统性、手段的有效性、形式的稳定性与家庭教育构成了有机互补,从而保证了学校教育的高度有效。

只有实现家庭教育与学校教育的启蒙性和后续性、一贯性和阶段性、血缘性与业缘性、针对性和规模性、灵活性与模式性、实践性与智能性、无序性与系统性、盲目性与科学性的内在统一,才能使教育更加完美。学校教育接力家庭教育,家庭教育配合学校教育,从而使学校教育更加温馨、更富成效。从学校教育到家庭教育,保证学生学习环境与学习过程的连贯性,才是真正的家校合作。因此学生成长需要家长和教师共同努力,只有家校合一,才能最终促成学生的健康发展。

在教育学生的问题上,家长与教师是平等的。两者只不过是不同场合的教育者而已。因此,作为家长要经常和教师沟通,了解学生在校的发展状况,积极配合学校做好学生的教育工作,共同促进学生的发展。如果学生在学校出现问题,教师应在第一时间与家长进行沟通,让家长知道在哪些方面需要与教师配合。同样,如果学生在家出现问题,家长应该积极地与教师沟通,及时把信息反馈给学校,以便学校和家庭共同解决好学生的问题,使其能健康快乐地成长。没有家庭教育的学校教育和没有学校教育的家庭教育都不可能很好地完成培养学生的任务。

强国必强教,强教必强家校合作。良好的家校合作取决于学校教育与家庭教育的一致性、互补性、倍增性。家校分离的教育是高成本、低效率,高抱怨、低满意,高强度、低效益的教育,是不可持续、不得要领、不受欢迎的教育。家庭是学生成长的起始站,学校是学生成长的加油站,只有家校携手,致力于构建一个目标一致、配合密切的和谐教育环境,才能为学生的全面、健康发展创造良好的教育生态,才能为学生的成长、腾飞撑起一片蓝天。

第十章

自立的昭示

"自立教育"之硕果成效

北辰区第二模范小学积极践行党和国家以文化人的教育理念，把立德树人融入思想道德教育、文化知识教育、社会实践教育各环节，力求每位教师、学生乃至家长到校之后都有一种亲近感、归属感。学校走出了一条高水平、高品质的现代学校建设之路。学校以"自立教育"特色文化发展为路径，注重培养学生坚定理想信念、厚植爱国主义情怀，更加关注提高学生品德修养、增长学生知识见识，更加强调培养学生奋斗精神、增强学生综合素质；教育教学质量稳步持续提高，校园文化特色鲜明。学校取得了丰硕的办学成果，赢得了社会的广泛赞誉。

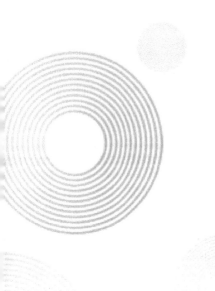

　　读史使人明智，读诗使人聪慧，演算使人精密，哲理使人深刻，伦理学使人有修养，逻辑修辞使人善辩。

——［英］培　根

第一节
跨越发展——学校教育质量持续提高

　　六年办学历史,六年发展成长之路。时光不止,探索不息。面对新时代对人才素质的新要求,学校在发展中收获,也在成长中反思。学校以"自立教育"文化建设为重点,以服务教育教学为宗旨,以素质培养为目标,以前瞻性教学改革为引领的教育教学思想,着眼于每一个孩子的终身发展,致力于探索对社会未来人才的教育。

　　回顾学校多年来的教学实践,在各方的支持与关注下,学校在"自立教育"这条道路上越走越好。多年来,学校投入了大量资源,付出的精力与心血不可估量,学校的努力也得到了越来越多的认可,一项项荣誉既是肯定,更是鞭策。学校在教育质量、学生综合发展、教师专业素养等诸多方面都有提升,真正做到了政府放心、家长认可、社会满意,收获了多项荣誉。

　　百尺竿头,更进一步,教育永无止境,优秀上不封顶,荣誉与奖项既是对过往的肯定,也是对未来的期许。未来,学校将继续加强质量意识,以质量和特色谋发展,努力把我们学校办成令人向往好的学校、受人尊敬的名校。全面提高教育教学质量是学校永远的追求,是教育工作永恒的主题。近年来,得益于教育理念的转变,质量意识的树立,学校的教育教学质量稳步提升。学校的办学成果,能够让社会各界充分了解学校的管理和发展情况,拓宽学校品牌的影响和美誉度,赢得政府、教育部门、社会各界人士、家长对学校更多的关心与支持,增强全体师生员工的集体荣誉感和凝聚力,使全体师生员工在活动中体验、在体验中锻炼、在锻炼中发展,进一步促进学校的发展。

一、获得荣誉

截至2020年7月,天津市北辰区第二模范小学获全国啦啦操实验学校、天津市最美校园书屋、天津市绿色学校、天津市青年京剧团培训基地、天津市中华优秀文化传承学校、天津市文明校园先进学校、天津市青年文明号等称号;北辰区教育综合质量评估一等奖3次、二等奖1次、三等奖1次;获北辰区三八红旗集体荣誉称号2次;北辰区阳光体育先进单位2次;获北辰区文明校园、北辰区绿色教育先进单位、北辰区教育系统优秀基层党组织、北辰区教育系统卫生安全先进单位、北辰区卫生食品安全示范校、北辰区教务工作先进集体、北辰区"担当作为、创新竞进"先进集体、北辰区"我为祖国点赞"教育读书活动先进集体、北辰区未成年人思想道德建设先进单位等荣誉称号。

国家级

2017年11月,获全国啦啦操实验学校称号。

市　级

2017年6月,获天津市最美校园书屋称号。

2018年6月,获天津市绿色学校称号。

2018年9月,获天津市青年京剧团培训基地称号。

2018年12月,获天津市中华优秀文化传承学校称号。

2018年12月,获天津市文明校园先进学校称号。

2019年3月,获天津市青年文明号称号。

区　级

2017年8月、2018年8月、2019年8月,连续三年获北辰区教育综合质量评估一等奖。

2016年8月,获北辰区教育综合质量评估二等奖。

2015年9月,获北辰区教育综合质量评估三等奖。

2016年3月、2019年3月,获北辰区三八红旗集体称号。

2016年9月、2017年9月,获北辰区阳光体育先进单位称号。

2018年6月,获北辰区文明校园称号。

2018年6月,获北辰区绿色教育先进单位称号。

2018年6月,获北辰区教育系统优秀基层党组织称号。

2018年8月,获北辰区教育系统卫生安全先进单位称号。

2018年9月,获北辰区卫生食品安全示范校称号。

2019年3月,获北辰区教务工作先进集体称号。

2019年6月,获北辰区"担当作为、创新竞进"先进集体称号。

2019年7月,获"我为祖国点赞"教育读书活动先进集体称号。

2020年6月,获北辰区未成年人思想道德建设先进单位称号。

二、接待来访

市 级

2014年12月26日,副市长曹小红、区委书记张盛如来到学校视察指导。

2015年4月29日,市教研室小学部曹媛主任和部分区教研员到学校参观指导工作。

2015年5月11日,开展天津市艺术实验校阶段成果展示活动,天津市教委体卫艺处刘处长、北辰区教育局刘家焕副局长参加。

2015年6月11日,天津市"农村义务教育阶段学校校长培训工程"五期培训校际互访活动在学校顺利完成,共有静海区、滨海新区、北辰区等50余名校长参加。

2016年3月12日,天津市外国语大学校党委副书记陈法春、天津外国语大学附属学校校长刁雅俊在北辰区副区长陈文慧和教育局局长郭建新的陪同下来校视察参观。

2016年5月5日,天津师范大学教育处处长贾国锋等一行5人来学校考察并洽谈未来合作意向,北辰区教育局郭建新局长、赵培刚副局长、教研室魏中和主任一同参加了合作洽谈会。

2018年5月10日,举办天津市教师书画研究院"三百活动"暨"一师一优课,一课一名师"美术学科教学研讨活动,市教研室领导何穆彬、赵福楼,区教育局局长郭建新、副局长赵培刚参加。

2018年6月22日,举办天津市小学语文二三年级国家统编教材培训研讨活动,天津市教研室小学部曹媛、何颖参加。

2018年6月30日,举办天津市"津彩假日"红领巾夏令营活动,市区领导王峰、陈健、张玉蕾、李卫东、焦琨、周立群、林家欣、黄福义、庞仲欣参加。

2019年5月29日,举办天津市创办"精品教研"系列展示活动,市教研室领导何穆彬、赵福楼,天津师范大学教授丰向日,北辰区教育局书记局长郑丽莉参加。

区　　级

2015年4月24日,召开学校文化研讨会。市教研室基教所原所长邢真、市教研室小学部主任曹媛、区教研室主任魏中和及相关科室领导到会研讨学校文化建设。

2015年10月21日,区人大常委会副主任刘宗浩和区人大代表在郭建新局长的陪同下视察了学校安全工作。

2015年11月,区妇联段玉环主席一行在刘家焕局长陪同下到校视察。

2016年3月14日,新加坡莱弗士女子小学林汶德副校长及老师一行5人在北辰区教育局党委委员、教育科高兆新科长和教研室魏中和主任的陪同下来到学校参观学访。

2017年4月19日,启动了"环保小考拉,垃圾袋里装"大手拉小手环保教育活动,德育科丁静科长亲临现场,在学校召开环保启动会,全区德育干部到场参加。

2017年9月20日,开展"远离毒品,珍爱生命"禁毒教育进校园主题教育活动,双街镇综治办张春利主任、镇司法所鲁富文所长、镇教委张树清主任、镇城校宋校长出席了活动。

2017年10月13日,参加北辰区喜迎十九大主题大队会节目展演,40名队员排练的歌舞诗朗诵《家风颂》进行了展示,马希荣副区长以及市区团委、区教育局相关领导出席了活动。

2017年12月22日,承办北辰区小学学业发展评价改革现场会。天津师范大学教授丰向日,市区教研员以及北辰区各校校长、教师等200余人参加了会议。

2018年4月15日,举办北辰区小学特色项目建设成果"互比互学互看"活动,北辰区教育局领导黄福义、郭建新及各小学校长参加。

2018年5月16日,举办北辰区第二届教研基地校青年教师课堂教学大展台活动。

2018年7月6日,北辰区人大常委会副主任李志胜带领区人大代表到学校视察。区领导韩文革、郭芃、赵金锁、庞仲欣、刘凤和、吕丽、郭睿和教育局领导郭建新、王宝龙参加。

2018年8月30日,接待新加坡莱佛士女子小学学访活动。

2018年9月27日,举办北辰区京剧进校园活动,教育局副局长田井文参加。

2018年11月14日,举办中华优秀文化艺术传承工作"互比互看互动"活动。

2018年11月23日,举办北辰区第十届小学生英语短剧决赛展演活动。

2019年3月12日,举办天津市北辰区教研基地学校课堂教学研讨活动。

2019年4月23日,举办北辰区与甘肃省华池县教育教学论坛。

2019年5月14日,主办"我是小小生态环境局长"演讲比赛。

第二节
全面提升——学生德智体美劳均衡发展

学校认真贯彻党的教育方针,落实课程计划,践行"自立教育"理念,在强调学生全面发展的基础上,关注学生个体差异,为学生的特长发展提供支持和帮助。因此,学生素养全面,基础扎实,特长突出,很多学生在教育行政部门或社会团体举办的赛事中获奖。以下是学生获奖情况汇总:

国家级

2018年3月,在第十六届"21世纪新东方杯"全国中小学生英语演讲比赛活动中,获1个二等奖、5个三等奖。

2019年8月,在全国故事大王比赛中,学生宋奕璋、杨子卓荣获"故事大王"称号。

市 级

2015年12月13日,在天津市大中小学啦啦操比赛中,获小学丙组自选动作团体第二名、规定动作团体第五名。

2016年10月23日,在天津市大中小学啦啦操比赛中,参加了花球规定动作与自选动作,获得规定动作团体第三、四名和自选动作团体第一、二名。

2016年12月11日,在天津市大中小学啦啦操比赛中,分别参加了花球规定动作与自选动作,获自选动作团体第一、三名。

2017年12月,在天津市文艺展的比赛中,6名学生朗诵《家风颂》获一等奖、3名学生表演的课本剧《矛和盾》获二等奖、20名学生表演舞蹈《么么仔》获三等奖、4名学生表演重唱《猫之二重唱》获三等奖。

2017年10月20~29日,在天津市啦啦操达标展示赛中,获小学乙组自由舞蹈团体第一名、小学乙组自选花球团体第二名。

2017年12月2~3日,在天津市啦啦操比赛中,获小学自选动作团体第四名、小学爵士舞团体第五名。

2017年12月16日,在北辰区中小学乒乓球比赛中,获男子团体总分第六名。

2017年12月17日,在北辰区中小学三跳比赛中,获团体总分第二名。

2018年3月23日,在天津市科幻画比赛中,获1个三等奖。

2018年5月10日,在天津市文艺展演(集体项目)中,获1个一等奖、2个二等奖。

2018年5月10日,在天津市文艺展演(个人项目)中,获1个一等奖、6个二等奖、4个三等奖。

2018年5月25日,在天津市心理健康月比赛中,获1个一等奖、1个二等奖、1个三等奖。

2018年11月10日,在天津市青少年废旧物品创意制作征集评选中,获1个一等奖、2个三等奖、2个辅导奖。

2018年9月1日,在天津市"好书伴我成长"系列读书活动中,获小学组三等奖。

2018年9月1日,在天津市"童心童声,声声环保"视频征集大赛中,获3个优秀奖。

2018年11月13日,在天津市青少年"驾驭未来"车辆模型大赛中,获3个一等奖、2个二等奖、1个三等奖、2个辅导奖。

2018年11月24日,在天津市中小学啦啦操比赛中,获团体第一、二名。

2018年10月22日,天津市文艺展演(集体项目)中,获1个一等奖、1个三等奖。

2019年6月22日,在天津市科技创新大赛中,获科幻画比赛二等奖。

区 级

2015年9月28日,在北辰区班级合唱比赛中,获二等奖。

2015年11月6日,在北辰区中小学文艺展演活动中,歌舞剧《蜻蜓小姐妹》获得一等奖;集体舞《快乐的歌》、时尚舞《欢乐时光》获得二等奖;重唱《红蜻蜓》、表演唱《童心是小鸟》、小合唱《快乐的小歌手》、群舞《ZoobiDbi》、校园短剧《小青虫的梦》获三等奖。

2015年12月12日,在北辰区乒乓球比赛中,获小学男子团体第三名。

2015年12月19日至20日,在北辰区三跳比赛中,获小学组团体总分第十名,个人项目1个第三名、2个第四名、1个第六名、1个第七名,皮筋舞获三等奖。

2016年3月,在北辰区艺术作品展示中,获二等奖。

2016年5月,在北辰区文艺展演个人比赛中,1人获一等奖、6个节目获二等奖、7个节目获三等奖。

2016年6月27日,在北辰区合唱比赛中,获三等奖。

2016年9月27至29日,在北辰区中小学运动会中,集体跳绳、集体花毽、女子跳高跳远、男子铅球取得名次,获团体第二十三名。

2016年11月20日,在北辰区文艺展演集体项目中,二重唱《猫之二重唱》《么么仔》获区级一等奖,《猜调》获二等奖,集体舞《健康快乐动起来》、时尚舞《活力四射》、表演唱《贝加尔湖畔》获三等奖。

2016年12月11日,在北辰区乒乓球比赛中获第四名。

2016年12月17日,在北辰区三跳比赛中获团体第八名、2个第一名、1个第五名、4个第六名、2个第八名。

2016年12月17日,在北辰区啦啦操比赛中,获团体一等奖。

2017年9月29日,在北辰区中小学运动会中,获团体总分第十一名。

2017年10月20日,在北辰区青少年科技创新大赛儿童画比赛中,获1个一等奖、4个二等奖、11个三等奖、13个优秀奖。

2017年10月28~29日,在北辰区啦啦操比赛中,获团体总分第一名。

2018年5月15日,在北辰区学国学诵经典比赛中,获个人一等奖、团体一等奖。

2018年5月20日,在北辰区首届青少年3D打印创意设计竞赛,获三等奖。

2018年6月1日,在北辰区文艺展演(集体项目)中,获2个一等奖、1个二等奖、1个三等奖。

2018年6月1日,北辰区文艺展演(个人项目)中,获20个一等奖、16个二等奖、8个三等奖。

2018年6月13日,在北辰区国学经典诵读比赛中,获团体二等奖、个人一等奖、团体优秀组织奖。

2018年9月19日,在北辰区文艺展演(集体项目)中,获2个一等奖、1个二等奖、1个三等奖。

2018年9月27日,在北辰区运动会中,获第九名。

2018年10月27日,在北辰区中小学乒乓球比赛中,获第五名。

2018年11月1日,在北辰区科学幻想画大赛中,获7个一等奖、4个二等奖、8个三等奖。

2018年11月4日,在北辰区啦啦操比赛中,获团体二等奖。

2018年11月27日,在北辰区三跳比赛中,获第三名。

2019年4月,在北辰区田径对抗赛中,获团体第九名。

2019年4月,在北辰区篮球比赛中,获团体男子第十名、女子第十二名、排球比赛团体男子第十二名。

2019年4月9日,在北辰区文艺展演中,小合唱《爬山 climbing up the mountain》获团体一等奖。

2019年4月9日,在北辰区文艺展演中,组合表演唱《石头剪刀布》获二等奖。

2019年4月10日,在北辰区文艺展演中,管弦乐合奏《演艺人》获团体二等奖。

2019年4月10日,在北辰区文艺展演中,群舞《绣瑶锦》获团体二等奖。

2019年4月11日,在北辰区文艺展演中,时尚舞《爵士舞》获团体二等奖。

2019年4月11日,在北辰区文艺展演中,集体舞《阳光娃娃》获团体三等奖。

2019年6月11日,在北辰区航海模型竞赛——绿眉毛纸船模型拼装赛,获一等奖。

2019年6月20日,在北辰区第34届青少年科技创新大赛中,获优秀组织奖。

第三节
幸福成功——教师专业素养显著提升

《国家中长期教育改革和发展规划纲要（2010—2020）》明确指出，没有好的教师就没有好的教育。教师是学校发展的决定性因素，教师队伍建设是学校工作中的重中之重。教师的专业素养决定了教育教学成果。因此，学校在实行"自立教育"的过程中，率先关注的就是教师专业发展问题。学校根据教师队伍现状，以三年为一阶段，制订了《教师素养提升计划》，分批次遴选、培养专家型教师、能力型教师和潜力型教师。加强教师的自我学习、实践与反思意识；聘请各类专家、市区优秀教师进行专业引领；积极为教师创造外出学习机会，搭建各级平台进行展示交流。

通过不断创新校本研修方式，学校形成了五项修炼校本研修机制，对教师专业素养的提升发挥了重要的作用，也使学校在校本研修方面积累了多方经验。具有本校特色的"11233"学业质量评价体系的研制和施行，增强了教师们的科研意识，树立了以培养核心素养为目标的理念，带动教师从业务型教师向科研型教师的转变。

一、教师获奖

国家级

（展示课15节）

2014年，在第十二届全国优质课大赛中，宋雅执教《恐龙的灭绝》获二等奖。

2016年，在"一师一优课"评选活动中，王连娟执教《巨人的花园》获部级优课。

2016年，在"一师一优课"评选活动中，宋雅执教《巨人的花园》获部级优课。

2016年，在"一师一优课"评选活动中，宋雅执教《爬天都峰》获部级优课。

2016年，在"一师一优课"评选活动中，轧乃君执教《各式各样的鞋》获部级优课。

2016年，在"一师一优课"评选活动中，张静执教《三个儿子》获部级优课。

2016年，在"一师一优课"评选活动中，王超执教 Hello, I'm a monkey! 获部级优课。

2016年，在智慧教育微课大赛中，王超执教《八个常用词汇的用法》获优秀奖。

2016年，在"一师一优课"评选活动中，范伟执教《Lesson 13》获部级优课。

2017年5月，在京津冀优质课展播中，王超执教《Lesson 3》获一等奖。

2017年5月，在京津冀三区教育联盟暨"一十百千万"工程第一届"青年教师优质课展播"活动中，张彤执教的《爬天都峰》一课获二等奖。

2017年7月，在全国第八届和谐杯"说《课程标准》说教材"大赛中，刘莹执教《中华食文化》获一等奖。

2017年11月，在第十五届信息技术与优质课大赛中，陈帅所授《脚印的联想》获全国二等奖。

2018年7月，在第四届全国小学数学人教版课堂教学录像课评比活动中，张倩执教《植树问题》获二等奖。

市　级

2015年10月，在天津市整合课活动中，轧乃君执教《汉字中的象形文字》获一等奖。

2017年，在天津市展示课活动中，王连娟执教《和大人一起读——阳光》一课。

2017年,在天津市双优课活动中,孙元媛执教《蹲踞式跳远》一课获一等奖。

2017年,在天津市双优课活动中,轧乃君所授《十二生肖》一课获一等奖。

2018年6月,在天津市教研活动中,李郑婷执教小学语文一年级下册《动物王国开大会》,被天津市小学语文"单元主题读写教学课例"网络课程资源录用。

2018年12月,在天津市研讨课活动中,张彤执教《铺满金色巴掌的水泥道》一课,被天津市小学语文"单元主题读写教学课例"网络课程资源录用。

2018年,在天津市小学语文教师素养展示中,宋雅执教的《北京的春节》获三等奖。

2016年,在天津市教研活动中,宋雅执教《变形记》一课。

2019年4月,在天津市数字教材研讨中,李郑婷执教《蜘蛛开店》一课。

2019年5月,在天津市精品教研活动中,王双执教《推理》一课。

2019年5月,在天津市精品教研活动中,陈帅执教《京剧的头饰》一课。

二、课题汇总

表10-1　课题情况汇总

课题名称	结题情况	类型	负责人
小学美术校本课程资源开发的研究	2016年结题	市级课题	于　红
小学国画高效教学模式的实践与研究	2016年结题	市级课题	轧乃君
小学美术校本课程资源开发的研究	2016年结题	市级课题	于　红
小学国画高效教学模式的实践与研究	2016年结题	市级课题	轧乃君
"自能学习"课堂教学模式建设研究	2017年结题	区级课题	王连娟
建设"自立教育"办学特色的实践研究	2018年结题	市级课题	吕欣颖
"自主、合作、探究"教学模式在小学排球教学中的应用研究	2018年结题	区级课题	张茜茜
小学自主教育之德育文化建设的实践研究	2020年结题	市级课题	吕欣颖

第四节
践行求真——"自立教育"的感悟实践

为什么要研究制定校本课程？原因在于，适合学生发展的教育，其本质就是提供适合学生发展的课程，课程是学校教育的核心要素，也是学校工作的核心领域，课程实施是学校内涵发展、教师专业发展和学生全面发展的具体表现，也是学校教育追求的体现，更是实现学校教育价值最为重要的路径和平台。

学校对教育价值的理解影响课程构建的框架和思路。学校教育必须要回答为什么教、教什么、要达成什么目标等问题，对于以上问题的回答实际上就是学校对教育的价值理解，学校对于教育价值理解的提炼就是学校办学的教育价值追求。学校对教育的价值理解最根本的呈现是学校教育目标表达，它体现了教育者最核心的教育理念。关于教育、学生、课程、教学等方面的价值追求直接影响着学校课程框架的展开和课程思路的确定。

具体来说，学校对教育价值的理解对于课程开发的意义主要体现在以下几个方面：首先，学校对教育价值的理解决定了课程开发的目的。课程开发的目的是通过课程的开发与实施来实现的。如果学校认为教育是为了人的素质的全面提升，相关课程开发的目的就是促进学生素质全方位发展；如果学校认为教育是个体生命的光彩绽放，相关课程开发的目的就是促成学生智能的差异化发展。其次，学校的教育价值理解决定了课程开发方向。学校对教育价值的理解是学校的教育哲学，也是学校的办学宗旨，回答了学校为什么办教育、怎么办教育的问题，便为课程开发指明了方向。学校认为教育就是把每个学生培养成为"自强自立"的人，在课程开发中就会以"自立"为主题来建构课程体系框架，学校的中心思想和开展活动以及课程都将以自立培养为导向。再次,基于教育价值理解的学校教育目标提出了课程开发要求,课程开发的最终目的是实现学校教育目标,相关课程开发必须以学校价值追求为导向。可以说,学校的教育价值理解决定了学校的教育追求,而学校的教育追求是指导包括课程开发在内的一切教育活动,校本课程开发就是提供能够体现学校教育价值追求的课程体系。

校本课程开发是践行学校的教育价值追求,凡是符合学校教育价值追求,有助于学生学习、生活、交往乃至成长的各方面教育内容均可纳入课程范围。课程是学校教育核心价值目标的表现方式和实现路径,要使课程的开发和建构能够充分体现这一点,就必须在课程开发中体现学校对教育的价值理解,全面渗透学校的价值追求。

课程是学校提供的产品,用课程开发的劳动和课程开发的产品服务学生的成长是教育的义务,按照这一逻辑,好学校提供最有利于学生成长的课程,而好教师则开发高质量课程促进学生发展。校本课程开发是学校教育价值追求实现的主要路径。

从根本上说,学校教育价值追求形成了学校的办学理念、办学愿景、办学目标、办学追求、育人目标等精神追求,这些目标的最终实现需要通过课程开发、课程教学、校园管理等实践活动来实现。课程开发是学校教育中的核心实践活动,也是教育目标实现的关键环节,学校教育活动必须基于课程开发开展教育活动,没有相应的课程,教育就无从谈起。因此,学校以小学生健康成长的规律为依据,汲取地区优秀传统文化的精髓,构建了学校育人文化——"自立教育"的基本框架,为学生提供了"自立教育"的校本课程。学校计划用5~6年的时间,通过有计划的课程建设及对学校教育实践文化的积淀和升华,初步建成有学校育人个性特征的"自立教育"。文化通过课程来彰显,课程将文化浸润学校心田,学校以此达到长久的育人目标。

在"自立教育"校本课程的实施过程中,学校注意将校本课程与综合性学习实践活动相结合,激发学生学习的兴趣,引导学生学会观察、学会收集资料、学会分析问题,培养他们发现问题、分析问题、解决问题的能力和创新精神,提高学生综合素质,促进学生走向自立。我们认为,校本课程的开发是一个民主、开放且不断完善的动态过程。所以,我们没有把校本课程停留在当下的课程体系中,而是把课程开发与管理纳入动态进程中,着眼于学生和教师的持续发展,关注开发的过程。"纸上得来终觉浅,绝知此事要躬行。"我们将会通过不断实践、反思,不断完善学校的校本课程。以下是学校课程开发与实践的部分报道。

国家级

2018年9月27日,新华网报道学校活动《京剧进校园　零距离感受国粹魅力》。

2018年9月28日,《光明日报》报道学校活动《京剧进校园　国粹育少年》,《人民日报》《中国教育报》相继报道学校活动《京剧艺术进校园》。

市　级

2017年11月9日,天津电视台来学校拍摄节目《京剧进校园》,学校《梨花颂》《这一封书信来得巧》等节目得到了一致好评,吕欣颖校长接受采访。

2017年12月29日,学校承办的"北辰区小学学业发展评价改革现场会"相关新闻在《天津教育报》发表。

2018年9月28日,《天津教育报》报道了学校活动《戏曲进校园　覆盖中小学》。

2018年12月26日,《校本培训聚焦核心素养"双轮驱动"促进教师成长》在《天津教育报》发表。

2019年3月20日,《天津教育报》刊登《我是一日小交警》安全教育体验活动。

2019年6月1日,《天津教育报》刊登《培养改革聚焦核心素养　"双轮驱动"

促进教师成长——记北辰区第二模范小学教师培养模式创新成果集萃》。

2019年6月10日,《天津教研网》发布《创新教研校本机制 "五项修炼"提升教师专业素养》文章。

2019年12月1日,《天津教育报》报道学校参观北辰区环境监测中心活动。

2020年4月22日,《天津教育报》报道学校"停课不停学,身心更健康"活动。

2020年4月22日,《天津教育报》报道学校"开展传染病防治法教育"活动。

区　级

2016年3月16日,北辰区有线电视台对学校艺术教育进行了采访。

2016年4月21日,《天津日报·北辰之声》刊登《童年梦想在校园成真——北辰区第二模范小学特色教育侧记》,报道了学校开展的特色教育。

学校通过自身不断的努力与创新,已经逐渐成长为一所设施完备、师资雄厚的学校,成长为让学生骄傲、家长满意、社会认可的学校。但是成绩只能代表过去,在未来的日子里,学校必将继续奋进,以改革谋进步,以创新促发展,续写师生共同的精彩。

开启自立人生　　成就自立未来

在各级领导和专家的关怀和大力支持下,《开启自立人生——天津市北辰区第二模范小学文化建设与实践研究》即将付梓。在此,感谢天津市教科研专家邢真先生在建校初期对学校自立文化建设顶层设计的点拨指导;感谢丰向日、马开剑、曹媛、魏中和四位顾问团专家在学校发展过程中的悉心指导;感谢天津市北辰区教育局各位领导在学校各项工作中给予的支持与帮助;感谢北辰区第二模范小学的各位老师,是你们用智慧和汗水培育了莘莘学子,用团结和拼搏铸就了学校的辉煌。

《开启自立人生——天津市北辰区第二模范小学文化建设与实践研究》是学校六年来在实施"自立教育"过程中的缩影,记录了全体师生在"自立教育"中的所思、所做和取得的成果。书中所录的"自立教育"内容,虽然可能比较质朴和稚嫩,但却实实在在凝聚着师生的智慧与真情、执着与努力。

"自立教育"实施过程中,学校的发展模式、教研模式、教育教学方式、学校风气、师生气质都发生了明显的变化。"自立教育"提高了学校的办学水平,"自立教育"的理念已经融入了学校的血脉。未来,"自立教育"文化建设依然会是学校的重点工作。我们将进一步健全、完善课程的运行机制,更好地发挥文化育人功能,激发学生学习的主动性,最终实现多元发展。这本书既是总结,也是开始,未来,我们将会更加投入,更加努力,将"自立教育"传承下去。

忆往昔，天道酬勤；展未来，任重道远。回首往昔豪情满怀，展望未来希冀在心。在全体师生的共同努力下，我们将继续向着"自立"的方向成长，以社会主义核心价值观为指导，秉承"自立教育"的办学理念，审时度势，同心协力，奋勇前行，开启学校发展的新时代。

2020年6月